全国革命老区县发展史丛书·广东卷

深圳市大鹏区革命老区发展史

深圳市大鹏区革命老区发展史编委会 编

SPM 南方出版传媒·广东人民出版社
·广州·

图书在版编目（CIP）数据

深圳市大鹏区革命老区发展史 / 深圳市大鹏区革命老区发展史编委会编. —广州：广东人民出版社，2020.9

（全国革命老区县发展史丛书·广东卷）

ISBN 978 - 7 -218 - 13961 - 6

Ⅰ. ①深…　Ⅱ. ①深…　Ⅲ. ①区（城市）—地方史—深圳　Ⅳ. ①K296.54

中国版本图书馆 CIP 数据核字（2019）第 237562 号

SHENZHENSHI DAPENGQU GEMING LAOQU FAZHANSHI

深圳市大鹏区革命老区发展史

深圳市大鹏区革命老区发展史编委会　编　　

出 版 人：肖风华

责任编辑：李　敏　温玲玲
装帧设计：张力平
责任技编：吴彦斌　周星奎

出版发行：广东人民出版社
地　　址：广州市海珠区新港西路 204 号 2 号楼（邮政编码：510300）
电　　话：(020) 85716809（总编室）
传　　真：(020) 85716872
网　　址：http：//www.gdpph.com
印　　刷：广州市浩诚印刷有限公司
开　　本：715 mm×995 mm　1/16
印　　张：19　插　页：8　字　数：300 千
版　　次：2020 年 9 月第 1 版
印　　次：2020 年 9 月第 1 次印刷
定　　价：68.00 元

如发现印装质量问题，影响阅读，请与出版社（020 - 85716849）联系调换。
售书热线：(020) 85716826

广东省编纂《革命老区县发展史》丛书
指导小组

组　长：陈开枝（广东省老区建设促进会会长）

副组长：林华景（广东省老区建设促进会常务副会长）

　　　　宋宗约（广东省农业农村厅二级巡视员、广东省老区建设促进会副会长）

　　　　刘文炎（广东省老区建设促进会副会长）

　　　　郑木胜（广东省老区建设促进会副会长）

　　　　姚泽源（广东省老区建设促进会副会长兼秘书长）

　　　　谭世勋（广东省老区建设促进会副会长）

　　　　廖纪坤（广东省农业农村厅总经济师）

办公室

主　任：姚泽源（兼）

副主任：韦　浩（广东省农业农村厅扶贫协作与老区建设处处长）

　　　　柯绍华（广东省老区建设促进会副秘书长）

　　　　伍依丽（广东省老区建设促进会副秘书长）

《深圳市大鹏区革命老区发展史》
编纂委员会

（一）编委会成员

主　　　任：杨　军

副　主　任：刘广阳

委　　　员：韩立清　王继良　刘　峰　梁　珂　鞠晓晨

　　　　　　杨　涛　陆　飒　李　琼　刘建中　李国伟

　　　　　　陈马林

（二）编辑部成员

主　　　编：王继良

副　主　编：程得红

特 约 编 辑：侯月祥　姚国成

责 任 编 辑：吴启鹏

编　　　辑：董　理　莫志敏　刘杨开　孙青青　王志晶

　　　　　　肖　雪　彭逸誉　胡敏蓉　朱慧敏

在举国欢庆新中国成立 70 周年前夕，中国老区建设促进会王健会长请我为《全国革命老区县发展史》丛书作序，作为一名在老区战斗过并得到老区人民生死相助的老兵，回首往事，心潮澎湃，感慨万千，深感义不容辞，欣然应允。

中国革命老区，是以毛泽东为代表的中国共产党人在领导人民推翻帝国主义、封建主义和官僚资本主义三座大山，争取民族独立和人民解放伟大斗争中建立的革命根据地，在这片红色的土地上，诞生了无数可歌可泣的革命英雄儿女，为后人树起了一座不朽的丰碑，她是新中国的摇篮，是党和军队的根。

在艰苦卓绝的战争年代，老区人民把自己的命运与中华民族的命运紧紧地联系在一起，与中国共产党和人民军队的命运紧紧地联系在一起，他们生死相依，患难与共。我曾亲历过战争年代，并得到过老区红哥红嫂的救助，切身感受到发生在身边的一幕幕撼天动地的革命故事，在那极其艰难的条件下，老区人民倾其所有、破家支前，不怕艰难困苦，不怕流血牺牲。"最后一碗米送去做军粮，最后一尺布送去做军装，最后一件老棉袄盖在担架上，最后一个亲骨肉送去上战场"，这是当时伟大的老区人民为建立新中国做出巨大牺牲的真实写照，它将永远镌刻在中国共产党、中国人民解放军、中华人民共和国的历史丰碑上。他们的光辉业绩永载史册，他们的革命精神必将影响一代又一代的革命新人，造就一代又一代的民族脊梁。

在社会主义革命和建设时期，革命老区和老区人民响应党的号召，面对落后的面貌、脆弱的经济、恶劣的生态环境，他们本色不变，精神不丢，自力更生，艰苦奋斗，干一行爱一行。始终坚持"革命理想高于天"，自觉做共产主义远大理想的坚定信仰者和忠实实践者，勇于向恶劣的自然环境和贫穷落后宣战，他们在各条战线上为国建功立业，用平凡的双手创造了一个又一个不平凡的奇迹，彰显了老区人的崇高精神和人格力量。

在改革开放的伟大进程中，老区人民解放思想，勇于创新，发奋图强，攻坚克难，老区的经济社会建设取得了辉煌成就。特别是在改变中国的面貌、中华民族的面貌、中国人民的面貌、中国共产党的面貌的伟大实践中发挥了至关重要的作用。老区人民既是改革开放的参与者，也是改革开放的推动者。

艰苦练意志，危难见精神。老区人民在近百年的革命战争、社会主义建设和改革开放的伟大实践中，孕育形成了伟大的老区精神：爱党信党、坚定不移的理想信念；舍生忘死、无私奉献的博大胸怀；不屈不挠、敢于胜利的英雄气概；自强不息、艰苦奋斗的顽强斗志；求真务实、开拓创新的科学态度；鱼水情深、生死相依的光荣传统。这是党和人民宝贵的精神财富、丰厚的政治资源，是凝心聚力、振奋民族精神的重要法宝，也是社会主义核心价值观的重要内容。

中国老区建设促进会怀着强烈的政治责任感和历史使命感，组织全国各地老促会人员克服困难，尽心竭力编纂《全国革命老区县发展史》丛书，记录老区的光辉历史和辉煌成就，传承红色基因，弘扬老区精神，是功在当代，利及千秋的一件大事。手捧这部丛书的部分书稿，读着书中的故事，倍感亲切，深感这部丛书具有资政、育人、存史的社会功能，有着重要的时代和历史价值。它是不忘初心、牢记使命的源头活水，是赞颂共产党、讴歌老区人民的一部精品力作，是弘扬老区精神、传承红色记忆的丰厚载体，是一项继承优秀传统文化、弘扬革命文化、发展社会主义先进文化，坚定"四个自信"的宏大文化工程。它必将成为一种文化品牌，为各界人士了解老区宣传老区支持老区提供一部有价值的研究史料。希望读者朋友们能从中了解并牢记这些为党和民族的利益不断奉献的老区人民，从中得到教益，汲取人生奋斗的精神动力。

新时代赋予新使命，新起点开启新征程。让我们更加紧密地团结在以习近平同志为核心的党中央周围，坚持以习近平新时代中国特色社会主义思想为指导，增强"四个意识"，坚定"四个自信"，做到"两个维护"，弘扬老区精神，铭记苦难辉煌。为实现"两个一百年"奋斗目标，实现中华民族伟大复兴的中国梦作出新的更大的贡献！

迟浩田

2019 年 4 月 11 日

2017 年 6 月，中国老区建设促进会组织全国各地老促会启动编纂《全国革命老区县发展史》丛书，按照"建立中国共产党、成立中华人民共和国、推进改革开放和中国特色社会主义事业"三大里程碑的历史脉络，系统书写革命老区百年历史，深入挖掘革命老区红色文化资源，这对于充实丰富中国革命史籍宝库、在新时代传承红色基因、弘扬革命精神、强固根本，对于激励人们在新的历史条件下夺取中国特色社会主义伟大胜利，实现中华民族伟大复兴的中国梦具有重要意义。

丛书编纂以习近平新时代中国特色社会主义思想为指导，以《中国共产党历史》《中国共产党的九十年》等重要文献为基本依据，以党的领导为核心，以老区人民为主体，以老区发展为主线，体现历史进程特征，突出时代发展特色，坚持辩证唯物主义和历史唯物主义相统一、历史真实性与内容可读性相统一的原则，书写革命老区从站起来、富起来到强起来的光辉革命史、不懈奋斗史、辉煌成就史，把老区人民的伟大贡献、伟大创造、伟大成就、伟大精神充分展示出来，形成一部具有厚重历史特征和鲜明时代特色的精品力作。这是一部培根铸魂、守正创新，既为历史立言，又为时代服务，字里行间流淌着红色血脉、催生着革命激情的传世之作。丛书的编纂出版将成为讴歌党讴歌人民讴歌时代、传播红色文化、为革命老区和老区人民树碑立传的重要载体。

　　丛书按照编年体与纪事本末体相结合、以编年体为主的编写体例确定框架结构；运用时经事纬、点面结合的方式记述史实；坚持人事结合、以事带人的原则处理人与事的关系；采取夹叙夹议、叙论结合以叙为主的方法展开内容。做到了史料与史论、历史与现实、政治与学术统一，文献性、学术性、知识性相兼容。

　　为编纂好《全国革命老区县发展史》丛书，打造红色文化品牌，中国老区建设促进会认真组织积极协调，提出政治立场鲜明、史料真实准确、思想论述深刻、历史维度厚重、时代特色突出、编写体例规范、篇目布局合理、审读把关严格、出版制作精良的编纂出版总要求，力求达到革命史籍精品的精神高度、思想深度、知识广度、语言力度，增强丛书的权威性和社会影响力。各省（区、市）、市（州、盟）、县（市、区、旗）老促会的同志，以强烈的使命感、责任感和紧迫感，勇于担当，积极作为，认真实施，组织由老促会成员、专家学者等参加的十余万人编纂队伍。编纂工作主体责任在县，省、市组织协调、有力指导、审读把关。各方面人员以高度负责的精神和科学严谨的态度，满腔热情地投入工作，为丛书编纂出版做出了重要贡献。丛书编纂工作还得到了党和国家有关部委、地方各级党委政府及有关部门的大力支持和积极参与，社会各界也给予了热情帮助。中共中央政治局原委员、中央军委原副主席、原国务委员兼国防部长迟浩田上将，对老区人民怀有深厚感情，对革命老区建设发展十分关注，欣然为《全国革命老区县发展史》丛书作总序。

　　丛书由总册和 1 599 部分册（每个革命老区县编纂 1 部分册）组成，共 1 600 册。鉴于丛书所记述的史实内容多、时间跨度长和编纂时间紧，不妥之处，敬请批评指正。

中国老区建设促进会

大鹏标志

大鹏人民会场（吴启鹏　摄）

大鹏所城

《广东人民抗日游击队东江纵队成立宣言》（莫志敏 摄）

土洋联席会议旧址（吴启鹏　摄）

东江纵队北撤纪念碑（吴启鹏　摄）

东江纵队北撤纪念公园
（吴启鹏　摄）

东江抗日军政干部学校旧址
（董理　摄）

东江纵队司令部旧址
（吴启鹏　摄）

王母圩光德学校旧址
（吴启鹏 摄）

岭澳村旧址

庙角岭革命烈士公墓
纪念碑（吴启鹏 摄）

土洋村革命烈士纪念碑（吴启鹏　摄）

西贡村《前进报》遗址（吴启鹏　摄）

油草棚东江纵队部队电台旧址（吴启鹏　摄）

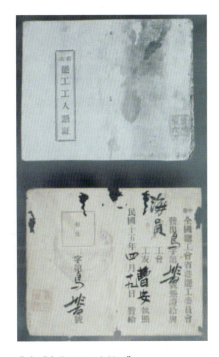

曹安"省港罢工工人凭证"

沙鱼涌"红色记忆"纪念馆（吴启鹏　摄）

大鹏俯瞰图

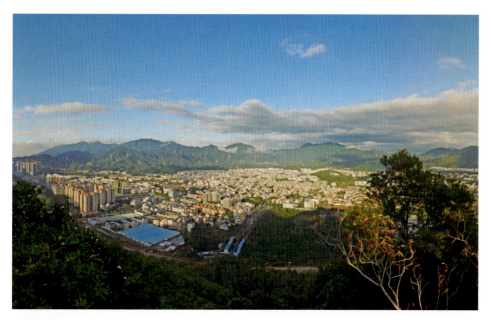

葵涌俯瞰图

南澳俯瞰图

西涌沙滩

月亮湾

深圳国际生物谷坝光核心启动区规划图

坝光海岸（吴启鹏　摄）

东涌红树林

较场尾航拍图

排牙山远眺图

七娘山

深圳大鹏半岛国家地质公园博物馆

王桐山书院旧址（吴启鹏　摄）

赖恩爵振威将军第

浪骑游艇会码头

舞草龙

大鹏凉帽的制作

微信扫描二维码
您立即开展本书的
延伸阅读。

附　录 / 175

自明清以来，大鹏所城就是中国南部的海防军事要塞。作为对外交流的前沿和防御外来侵略的前哨，大鹏历来是兵家必争之地。抗日战争时期，日军首先从大亚湾登陆，撕开入侵华南的口子。大鹏人民同仇敌忾，英勇抗敌。在历次战斗中，大鹏涌现出许多杰出的军事领导人和英雄模范，如游击队的情报官袁庚、让敌人闻风丧胆的神枪手刘黑仔等，他们留下了许多可歌可泣的大鹏故事。

大鹏是具有光荣革命历史传统的革命老区，红色资源丰富。1925 年 11 月 4 日的"沙鱼涌战斗"，是中国共产党在大鹏地域领导武装队伍（铁甲车队）开展的第一场战斗；1943 年 12 月 2 日，广东人民抗日游击队东江纵队（简称"东江纵队"）成立，土洋村成为东江纵队司令部、华南游击战争的指挥中心。在抗日战争及解放战争时期，大鹏先后建立了 100 多个革命老区村落根据地。大鹏革命老区是深圳革命老区的重要组成部分，有着不可替代的历史地位。

2013 年 2 月 4 日，习近平总书记视察兰州军区时指出，要"发扬红色资源优势，深入进行党史军史和优良传统教育，把红色基因一代代传下去"。大鹏的红色革命传统、红色革命基因是老区人民留下来的宝贵财富。大鹏人民铭记历史，让红色传统薪火相传，从革命先辈身上汲取奋发的力量，共同为推进中国特色社会主义伟大事业、实现中华民族伟大复兴的中国梦而努力奋斗。

2011年12月30日，大鹏新区成立，大鹏的历史揭开了新的一页。中共十八大以来，大鹏新区的领导班子"常怀忧患之思，常念人民之托，砥砺复兴之志"，以习近平新时代中国特色社会主义思想统领改革发展全局，以强烈的使命担当、深刻的时代洞察和有力的实践举措，不断开创各项事业发展新局面。短短八年时间，大鹏从基础较差、底子较薄的地区变成特色鲜明的国家级生态文明建设示范区。

大鹏不忘初心、牢记使命，坚持新发展理念，统筹推进"五位一体"总体布局、"四个全面"战略布局，开启高质量"美丽大鹏"建设新征程，聚焦生态文明建设、特色产业发展、民生保障改善、城区规划建设、城市管理治理，全面加快建设世界级滨海生态旅游度假区，打造粤港澳大湾区最亮丽的名片，为深圳率先建设中国特色社会主义先行示范区、社会主义现代化强国的城市范例做出贡献。

历史的车轮滚滚前行，大鹏人民抚今追昔，缅怀先烈，珍惜和平，开创未来。

《深圳市大鹏区革命老区发展史》编委会
2020年3月

第一章

大鹏新区区情概览

　　大鹏新区是深圳市新设立的一个功能新区，原属于深圳市宝安县，辖葵涌区、大鹏区。1986 年 10 月，撤区建镇，属宝安县，辖葵涌镇、大鹏镇、南澳镇。1993 年 1 月，宝安撤县建宝安区和龙岗区，改属龙岗区，辖葵涌镇、大鹏镇、南澳镇。2004 年，镇改街道，又属龙岗区，辖葵涌街道、大鹏街道、南澳街道。2011 年 12 月 30 日大鹏新区挂牌成立后，其所辖的葵涌、大鹏、南澳 3 个街道改为办事处，行政区划仍属于龙岗区。

　　大鹏新区地处大亚湾、大鹏湾，毗邻香港"新界"，具有优越的自然环境和区位优势。新区境内矿产资源、生物资源、旅游资源极为丰富，自然生态景观价值高。区内民风淳朴，民俗文化独特而鲜活。

　　大鹏新区又是广东人民抗日游击队东江纵队的主要根据地之一，是革命老区。据 1997 年统计，深圳市有 740 个革命老区自然村，其中大鹏地区就有 153 个，占 20.7%。大鹏人民为中国革命做出了重要贡献。

大鹏新区基本情况

大鹏新区位于深圳东南部，三面环海，东临大亚湾，与惠州接壤，西抱大鹏湾，遥望香港"新界"，是粤港澳大湾区的重要节点。大鹏半岛的地名来源于《庄子·内篇·逍遥游》。相传大鹏鸟最终来到这里，其昂扬的头，变成大鹏山（七娘山）；其舒展的双翼，一个成为大亚湾，一个成为大鹏湾；其翘起的尾巴，直冲云霄，化成排牙山。

一、区域人口

2011年12月30日，大鹏新区挂牌成立。新区所辖葵涌、大鹏、南澳3个街道改为办事处，行政区划仍属于龙岗区。新区管委会驻大鹏办事处，2013年10月迁至葵涌办事处。大鹏新区辖区面积为600平方千米，其中陆域面积为295平方千米，约占深圳市的1/7；海域面积为305平方千米，约占深圳市的1/4；海岸线长133.22千米，约占全市的1/2。2018年末，大鹏新区下辖葵涌、大鹏、南澳3个办事处，25个社区。全区常住人口为15.29万人，其中常住户籍人口为3.87万人。

二、历史沿革

大鹏半岛的历史悠久。"2006年中国十大考古新发现"之一——咸头岭沙丘遗址的发现，证明早在六七千年以前，就有人

大鹏新区党工委、管委会大楼（吴启鹏　摄）

类在这片土地上生活。

在夏、商、周时代，大鹏新区基本属百越族南越之地。

秦始皇三十三年（公元前 214 年），秦统一岭南后，在岭南设立郡、县，大鹏地区属南海郡番禺县地。此后大鹏新区或属南海郡番禺、博罗县，或属东官郡博罗县。

东晋咸和六年（331 年），属东官郡宝安县。

隋开皇十年（590 年），属广州总管府宝安县；隋大业三年（607 年），属南海郡宝安县。

唐至德二年（757 年），属岭南道广州都督府东莞县。

宋开宝五年（972 年），属广州中都府增城县；宋开宝六年（973 年），属广州中都府东莞县。

元至元十五年（1278 年），属广州路东莞县。

明洪武二十七年（1394 年），属广州府东莞县；明万历元年（1573 年），属广州路新安县。

清康熙五年（1666 年），属广州府东莞县；清康熙八年

（1669 年），属广州路新安县。

1912 年，属广东省新安县。1914 年 1 月，属广东省宝安县。

1949 年 10 月，中华人民共和国成立后，大鹏属惠阳县。1958 年 11 月，划归宝安县，属宝安县。

1979 年 1 月，县改市设区，属深圳市葵涌区。1981 年 10 月，复县撤区，属深圳市宝安县。1993 年 1 月，宝安撤县建宝安区和龙岗区，属深圳市龙岗区。

2010 年 7 月 1 日，特区一体化，纳入深圳经济特区。2011 年 12 月 30 日，大鹏新区挂牌成立，其所辖的葵涌、大鹏、南澳 3 个街道改为办事处，行政区划仍属于龙岗区。新区管委会驻大鹏办事处，2013 年 10 月迁至葵涌办事处。

三、气候特征

大鹏新区地处北回归线以南，属亚热带海洋性季风气候。这里四季温和，夏长冬短，冬无严寒，阳光充足，雨水充沛，干湿季节分明，年平均气温为 22.3℃，年平均相对湿度为 80%，年平均降雨量为 1 933 毫米，年平均降雨 140 天，无霜期 335 天。

四、生态环境

大鹏新区依山傍海，山海资源丰富，山地多平地少，地形较为复杂；大鹏自然地貌以滨海低山、丘陵为主，多为残积坡积碎屑、薄层红壤型风化壳所覆盖，是典型的基崖山地地貌。在山间和海滨零星分布着宽谷小平原。境域内长达 133.22 千米的优质海岸线，拥有大小不等的 21 个黄金沙滩，海滩、潟湖、海蚀崖、海蚀穴、海蚀拱桥、海蚀柱等海积海蚀地貌发育齐全，海岸风光十分优美。

大鹏半岛有十大独立山峰，森林覆盖率超过 76%，广阔茂密的森林中有蟒蛇、眼镜蛇、金环蛇、银环蛇、白鹳、白腹军舰鸟、穿山甲、大灵猫、小灵猫、大壁虎、野猪、果子狸、豪猪、野兔等野生动物；有野生植物 1 656 种，占深圳市的 70%、广东省的 26.4%，其中百年以上的古树有上千株；有陆生脊椎动物 218 种，占深圳市的 44.8%、广东省的 26.3%。珍稀濒危物种多，有 9 种国家二级以上重点保护野生植物、40 种省级以上重点保护陆生脊椎动物。

大鹏湾和大亚湾海域的珊瑚群落覆盖率达到 50%，其中石珊瑚全部属于国家二级重点保护动物，并被列入世界《濒危野生动植物种国际贸易公约》。已探明的四大珊瑚群为大澳湾硬珊瑚区、南澳大鹿港礁石区、东西涌礁石区、杨梅坑礁石区。

大鹏新区境域内河流纵横交错，水网交织，水资源相当丰富。河流坡陡流短，其径流量、流量、洪峰与降水量密切相关，均属于雨源型河流；水系划分属于海湾水系。域内辖区流域面积大于 1 平方千米的河道共 64 条，总长约 145 千米，包括 22 条大鹏湾水系和 42 条大亚湾水系。其中南澳街道辖区的河流较多，均为山区入海河流，较大的河流有南澳河、新大河、王母河等。域内共有 28 座水库（含 2 座市管水库），其中 5 座一级水源保护区水库水质为优，4 座水库达到二级。

深圳市委、市政府对大鹏半岛一直实行严格的保护政策，大鹏新区因此成为深圳市面积最大、保存最为完好、自然生态景观价值最高、历史文化资源相对集中的地区，拥有丰富的滨海旅游和生态生物资源。至 2018 年，大鹏新区拥有四个国家级示范区招牌：全国生态文明建设试点、国家生态文明先行示范区、国家级海洋生态文明建设示范区、国家生态文明建设示范区。

五、资源特产

大鹏的山山水水中蕴藏着丰富的矿产和生物资源。境域内有铁矿石、金、锡、铜、钼、钨等矿产资源，龙岐盐场产优质海盐；两个海湾中盛产鲍鱼、海胆、龙虾、紫菜、响螺、扇贝、石斑等海鲜。地方特产丰富，自成一绝。

东山珍珠岛珍珠 东山珍珠岛位于大鹏半岛东部海滨，南倚七娘山，东临大亚湾中央列岛，与大亚湾核电站隔海相望，是深圳唯一出产海水珍珠的天然良港。东山珍珠岛出产的海水珍珠珠粒大、圆度好、瑕疵少、光洁度高、质地细密、色泽均匀，属优质的"南珠"体系。东山珍珠岛上有养殖基地、珍珠展示厅以及各种珍珠产品，可供游客参观、选购。

南澳鲍鱼和官湖鲍鱼 南澳是全国较具规模的陆地养鲍基地之一。南澳鲍鱼主要产于南澳海湾的海崖险要处，尤以东涌鹿嘴的产量最多。鲍鱼肉质滑爽脆嫩、营养丰富，自古便被视为"鲍、参、翅、肚"四海味珍品之首，更有补血、治眼疾的医疗功用，可滋阴补肾、养颜怡神、调理血压。葵涌办事处官湖社区海边岩礁密布、水质清、盐度高、海藻多，自古以来就是野生鲍鱼天然繁殖的地方。"南澳鲍鱼"和"官湖鲍鱼"已在深圳市场创出品牌。

南澳海胆 南澳海胆是大鹏半岛闻名的海鲜特产，主要生长在南澳近海（杨梅坑、西涌亦有养殖）。南澳海胆大如拳头，小如鸡蛋，布满尖刺，每根刺有 3～7 厘米长，浑身是宝，成为南澳当地极具特色的美食。由于南澳海域水质好，这里的海胆色泽金黄，肉质鲜嫩细滑，味道清甜鲜美且营养丰富。每年的农历三、四月，正是海胆最肥美之时。

南澳花蟹 南澳花蟹又名梭子蟹、枪蟹。其头、胸甲呈菱形，十分宽，两侧带长刺。呈暗紫色，有青、白色云斑。背有三个疣状突起，一个在胃区，两个在心区。螯足长大，第四对步足扁平似桨，善游泳，常群栖浅海海底。南澳花蟹含有丰富的蛋白质及微量元素，具有养筋益气、理胃消食、散诸热、通经络及解结散血等功效，且对于淤血、黄疸、腰腿酸痛和风湿性关节炎等有一定的食疗效果，而且还有抗结核的作用。

南澳红虾仔　南澳红虾仔为野生海虾，是大鹏半岛周边特有的海产，在南澳常见。体长5～9厘米，体重1.5～9克，体红色，第一至第六腹节后缘颜色较浓，呈鲜红色带状，头、胸甲较大，易脱落。个头偏小，但味道鲜甜，肉质细嫩，可连壳带肉一同食下。

大鹏云雾茶　大鹏云雾茶生长在南澳七娘山上，历史悠久，品质优良。茶叶中富含茶多酚、生物碱、矿物元素等。饮用该茶可提神解渴、清暑利尿、消胀、去腻降压、消除疲劳、增进记忆。该茶色、香、味俱全，令人饮后心旷神怡。因七娘山是没有开发的深山，故该茶采摘难度大，产量少。

大鹏濑粉仔　大鹏濑粉仔是一种有着独特制作工艺的米粉，主要流行于大鹏半岛及周边区域，尤其以大鹏所城为代表。大鹏所城建于明代初年，当时军士多来自南方各省，比较喜欢吃米粉，因为军营条件有限，所以人们因陋就简。将大米浸泡后，用石臼舂成粉，再以生熟粉混合，加凉水调成浆，直接盛入椰壳中，在椰壳下面钻一个直径2厘米左右的圆孔，人们手执椰壳不停地摇晃、抖动，让米粉浆从孔中流到下面铁锅的沸水中，煮熟后放上油盐调料，即可食用。当地人称这种以手摇动椰壳、让米粉浆从孔中流出的动作为"濑"，以这种方式制作的米粉为"濑米粉"。大鹏濑粉仔在制作过程中有与众不同的地方，在制作原料上要选择上等冬米，因冬米所舂出的米粉更细腻。在辅料中选用鲜猪肉、鸡肉等，加之大鹏所城地处南海之滨，具备得天独厚的环境，使得濑粉仔中可以加入海产品，其中最具特色、最受喜爱的便是海胆。在制作工艺上，先将鸡肉、猪肉等辅料入油锅炒，爆香后加水熬制，汤沸后开始"濑"粉。2014 年 8 月，传统手工技艺大鹏濑粉仔正式入选《大鹏新区非物质文化遗产名录》。

六、历史遗存

大鹏新区拥有海防文化、渔农文化、渔村文化、客家文化，现有不可移动文物 127 处，文物类别有古遗址、古墓葬、古建筑、近现代重要史迹及代表性建筑等。新区的重要文化接待窗口——大鹏古城博物馆，是以专业技术提供社会公益服务为主体的事业单位，是展示"全国重点文物保护单位"大鹏所城历史文化的地方性、综合性博物馆，同时也是省级爱国主义教育基地。东江纵队北撤纪念亭、东江纵队司令部旧址等历史文化遗迹保存完好。

自新石器时代开始就有人类在大鹏半岛繁衍生息，随着经济的繁荣和中外交往的日益频繁，其内涵不断丰富，外延不断扩展，突出表现为海洋民俗文化、海洋信仰文化、盐业文化、中外交融的海洋商贸文化、渔业文化等。大鹏海洋文化虽历经数千年的演进、整合与重构，但其基本精神却是一脉相承的。原住民由于长期生活在海边，在婚姻嫁娶、传统艺术等方面均体现出海洋文化色彩，具有代表特色的有大鹏海防体系与渔民娶亲。

大鹏半岛有多座防御工事遗存，包括所城、烟墩等。在全国同类遗存中，大鹏所城保存较为完整。600 多年来，大鹏所城所在的鹏城村涌现出多位将军和提督，如明代武略将军刘钟、徐勋，清代赖氏"三代五将"，清代刘起龙"父子将军"。1839 年 9 月 4 日，大鹏营参将赖恩爵率中国水师，在九龙附近海域英勇抗击以义律为首的英国殖民主义者侵略的"九龙海战"，是中国近代史上反抗英国殖民主义者侵略的第一战,打击了英军的嚣张气焰,大长了中国人的志气,为鸦片战争谱写了辉煌的一页。抗战时期,曾被朱德总司令称为"中国抗战的中流砥柱"之一的广东人民抗日游击队东江纵队,长期活动在大鹏半岛一带。该纵队的英雄人物、港九大队(全称为"东江纵队港九独立大队")的刘黑仔就是鹏城村人。刘黑仔在战斗中练就了一手好枪法,百发百中,被誉为"神枪手"。刘黑仔率领的短枪队,使日军、汉奸闻风丧胆,其传奇事迹至今仍广传于当地民间。鹏城村先后获得"中国历史文化名村""广东省文明社区""广东省卫生村"等称号;大鹏所城先后被评为"广东省文物保护单位""全国重点文物保护单位""深圳市爱国主义教育基地",并获"深圳八景"之一等荣誉。

东山寺位于大鹏所城东门外仅一箭之地的龙头山上,始建于明朝,是传承中国禅宗"东山法门"的岭南名刹。1944 年 7 月,东江抗日军政干部学校在这里创办,培育了大批革命人才。

七、民俗文化

大鹏地处广东三大民系(广府、客家、潮汕)的交汇点,因而造就了独特而鲜活的民俗风情。用大鹏所城军语演唱的大鹏山歌、纪念阵亡将士的大鹏太平清醮都已被列为省级非物质文化遗产;饮食文化的代表打米饼、濑粉仔,服饰文化的代表大鹏凉帽,都已被列为区级非物质文化遗产;渔民娶亲、舞草龙等民风民俗被列入广东省非物质文化遗产名录。大鹏民风淳朴,保留了较多的民间风俗文化,其中具有代表性的有:

渔民娶亲　渔民娶亲是南澳最具特色的风俗之一。在渔村女子成亲之日,新娘被众多渔家姐妹簇拥前行,身后有锣鼓乐队和几组舞龙舞狮队载歌载舞,紧随其后的是由一名男扮女装的渔民带领着一群头戴渔帽、手操船桨的渔家妇女列队而行,一路撑桨,迎亲到家。

太平清醮 相传源于600多年前建筑的大鹏所城，据传当时建好使用前，北城门一带发生瘟疫，人畜死亡，引起百姓恐慌。负责建城的头领马上请来堪舆大师，认为北门是白虎门，除了堵上此门外，还请来道士"打醮"做法事。大鹏所城明清以来为海防重地，抗日战争和解放战争时期又是革命根据地，战事不断。因而大鹏清醮在相当一段时期内是为纪念阵亡军士和超度海上罹难孤魂的"瘟醮"，并由此形成习俗，渐渐发展为酬谢神恩、祈求神灵保佑平安、安抚阵亡的无名将士和出海罹难的渔民等而举行的大型祭奠活动。后来的太平盛世就做"太平清醮"。大鹏所城是比较偏远的海防要塞，数百年来大鹏所城人通过太平清醮这个盛大的民间仪式，传承着道家"和"（和谐）、佛家"善"（施予）、儒家"忠和孝"、天后"同舟共济、救死扶伤"等优秀传统。

南澳舞草龙 南澳舞草龙又称"舞火龙"，已有300多年历史，是南澳渔民在长期海上生活劳作中形成的风俗，已被列入广东省非物质文化遗产。它以舞草龙拜祭为载体，含有历史、民俗、艺术等诸多文化内容，是南澳极具特色的风俗，也是南澳渔民独有的民间狂欢节。每年正月初二的晚上，渔民小伙子用草扎成"巨龙"，一节节加起来后长达二三百米，再在这条"巨龙"身上插满燃烧的香火。随着"巨龙"游动，乐队敲锣打鼓，穿街过巷。龙身舞动之时，上下闪闪发光，犹似一条火龙在翻腾。草龙所经之处，人潮如涌，气氛热烈，人们燃放烟花爆竹，祈求紫气常临、如意吉祥、兴旺发达，呈现一派节日的喜庆景象。

大鹏凉帽 大鹏当地妇女所戴的大鹏凉帽，是当地最具特色的传统服饰。凉帽用细竹篾编成，底是正圆形平板状，边缘上卷成沿，像一个平底圆盘，中间留一个圆孔，外圈直径约50厘米，中间圆孔直径约15厘米。这一部分的形状及制作与周围地区客家妇女所用的凉帽完全相同。但是，大鹏凉帽四周所用垂饰布料的颜色与客家凉帽的黑色不同，全用蓝色；大鹏凉帽顶部一般也不用竹篾本色，而是涂成大红色。对于垂饰布料颜色不同的原因，大鹏人公开的解释：一是黑色不大吉利；二是这里离海较近，故用蓝色。至于大鹏凉帽顶部的大红色，据推测是由于大鹏人都是军人出身，而清代的军帽顶部都是红色的，因而是对光荣身世的一种暗示。大鹏凉帽戴起来显得秀气、妩媚，增添了一种朦胧的美感和风韵。同时，戴凉帽既轻便又凉爽，因此世代相传，流传至今。

大鹏话　大鹏话暂未被归类为粤语、客家话其中一种，它是大鹏原住民自己的语言，是深圳市内一种极具特色的方言。它既有白话的元素，又有客家话的元素，此外还有一种独特的语调，当地人称之为"千音"。明朝初年，明政府决定在大鹏修筑大鹏守御千户所城，从中原地区调来一批将士。来自天南地北的官兵突然聚集到一处巨大的军营堡垒中，内部交流必须使用一种当时的"普通话"。久而久之，这种"普通话"逐渐定型，形成了一种独特的军营专用话语系统。在古文献中，这种话被称作"军语"或"军话"，用现代学术语言讲，就是这里形成了一个"军语方言岛"。在明朝，中国的边疆地区布满了军事卫所和屯田军人，许多地方都形成过"军语方言岛"。经过数百年，大部分的"军语方言岛"已经消失了，而大鹏"军语方言岛"却在某种程度上侥幸被保存了下来，并几经变化，成了今天的"大鹏话"，广泛流传在大鹏办事处、南澳办事处的各个自然村落，它的存在对语言学研究具有独特的价值。

八、旅游资源

大鹏新区是深圳经济特区中的生态特区,有丰富的滨海旅游和生态生物资源。新区成立之初就被深圳市委、市政府赋予"三岛一区"(生态岛、生物岛、生命岛和世界级滨海生态旅游度假区)定位。

大鹏的旅游资源十分丰富,整个半岛山光、水色、林海、潮音、海鸥、沙滩、船帆浑然一体,宝刹古迹星罗棋布,是深圳市生态旅游重镇。比较具有代表性的旅游景点有:

大鹏所城　大鹏所城是深圳的"全国重点文物保护单位"之一,为"深圳八景"之一,是目前全国保存最完整的明清海防卫所之一。大鹏所城作为我国东南沿海重要的海防军事要塞,城内有大量的保存完好的明清时期的民居,还有多座将军第、粮仓、赵公祠、天后宫等建筑,以及近十万平方米的明清民居建筑群,古建筑鳞次栉比、古色古香。

杨梅坑　在南澳的西北面,七娘山脉上有一片长满了杨梅的山丘,山丘下面的村庄就叫作"杨梅坑村"。杨梅坑面向大亚湾,由两条大坑汇合而成:一条是正尾坑,源头在大雁顶与三角山之间;另一条便是大坑湖,源头是七娘山。杨梅坑一带旅游业兴旺,是深圳人周末休闲度假胜地。杨梅坑旅游有"四宝":可乘游艇搏击海浪,可租渔船出海,可登山溯溪,可骑车漫游。其中骑车漫游最受人欢迎,从杨梅坑出发,一路可沿海边骑行至鹿嘴山庄,途中青山做伴,大海为邻,山海辉映,碧水接天,让人流连忘返。

东涌沙滩　东涌沙滩长 630 米,沙滩地势平坦,沙白水碧,水体清澈。在东涌海滩沙坝后面是潟湖,面积为 18 公顷,水深为 2 米。潟湖近岸浅滩分布有近 4 公顷的红树林。该红树林是各种生物的繁衍栖息地,有很多候鸟来这里过冬,如翠鸟、白鹭、斑鸬等，整个红树林鸟翔鱼跃，一片生机盎然。据粗略估计，栖息在东涌沙滩的白鹭约有 600 只。

西涌沙滩 西涌沙滩位于西涌湾，是深圳最大的沙滩和海滨浴场，也是大鹏半岛作为中国最美八条海岸线之一的代表性海滨风景区。西涌沙滩长 3.3 千米，有高 12～15 米的沙坝、1.57 平方千米的潟湖及 2 个涨落潮通道。西涌湾宽约 3 千米，三面环山，沙坝上生长着茂密的木麻黄防风林，平坦腹地达 3.5 平方千米，是深圳海滨旅游景点中海滩最大、腹地最广的一个，属世界级景观地。西涌湾内有"情人岛"，也叫"赖氏洲岛"。西涌海滨浴场沙滩平缓、海水清澈、沙粒洁白，有快艇、浮床、海上摩托艇、沙滩排球、沙滩足球等娱乐项目，还提供烧烤炉具、野外帐篷、太阳伞及骑马、潜水等配套休闲娱乐服务。

东、西涌海岸线 东、西涌海岸线由岩石滩、砾石海滩、岩石岬角和少量小沙滩交错构成，有千姿百态的海蚀地貌遗迹景观，还有大量海蚀洞、海蚀崖、海蚀平台、海蚀柱等，部分区域为大鹏半岛国家地质公园地质遗迹重点保护区，是具观赏性和科普教育价值的旅游资源地。

大鹏半岛国家地质公园博物馆 大鹏半岛国家地质公园博物馆位于南澳办事处新大社区七娘山穹丘（高程 869 米）行旅区脚下，建筑面积为 5 410 平方米，设置序厅和"地球探秘""大鹏半岛""矿物""城市与地质环境"等展厅及临时展厅，还设有 3D 科普影院、多功能报告厅和恐龙室外展场。展示形式多样，采用大量的现代化展览手段：展厅内循环播放 44 部多媒体影片，包括"宇宙的形成""海洋的形成""澄江动物群""火山爆发动态背景"和"沿海城市地质灾害"等；精心制作了反映海啸灾害的 3D 影片；复原海蚀洞、火山喷发、宝石形成、海岸地质灾害、岩心采集等十余处景观场景，再现独特的古火山地貌和海岸风光。

较场尾 较场尾位于大鹏银滩路东、鹏飞路南至龙岐湾之间狭长的海滨地带，北面与大鹏所城和鹏城村相邻，建村历史已有300年左右，因位于西较场尾部而得名。较场尾总面积约33万平方米，环境优美。村落面向龙岐湾，与南澳新大及七娘山隔海相望。海岸线长约3千米，岸边为沙滩，退潮时最宽约50米，沙质较粗并夹杂少量石块。沙滩外是浅海，潮间带最宽处达1千米，退潮时见底，可以捡拾海产。

改革开放后，较场尾的原住民大部分陆续搬离村子，民房大量空置。近年来，随着大鹏滨海旅游业的不断升温，民宿业迅速发展，在珠三角甚至全国具有较高的知名度，成为大鹏新区旅游业发展的一张名片。

大鹏革命老区概况

中国革命老根据地简称革命老区或老区，是指土地革命战争时期、抗日战争时期以及解放战争时期，由中国共产党创建的革命根据地。大鹏地区是广东人民抗日游击队东江纵队的主要根据地之一，1943年12月2日，广东人民抗日游击队东江纵队成立，大鹏地区的土洋村成为东江纵队司令部、华南游击战争的指挥中心。中华人民共和国成立后，各级党委、政府不忘老区人民的贡献，制定政策，划定革命老区，帮助老区人民恢复生产，发展经济，大力扶持老区建设。

一、开展革命老区评划

为了帮助老区人民恢复生产，发展经济，广东省根据中央的规定和本省的实际，制定政策，以自然村为单位，从1953年开始，先后几次在全省范围内评划革命老区村。1957年4月，广东省人民委员会根据国务院有关评划革命根据地的规定，发出《关于评划革命根据地标准的通知》，规定评划革命老区的标准为：必须建有党的组织、群团组织，建立了革命政权，并坚持武装斗争半年以上者；同时在革命低潮时，各组织无背叛革命的行为。

1979年6月24日，经国务院批准，民政部、财政部颁布划定革命老根据地的标准。第二次国内革命战争根据地的划定标准是：曾经有党的组织，有革命武装，发动了群众，进行了打土豪、分田地、分粮食、分牲畜等运动，主要是建立了工农政权并进行了武装斗争，坚持半年以上时间的。抗日根据地的划定标准是：曾经有党的组织，有革命武装，发动了群众，进行了减租减息运动，主要是建立了抗日民主政权并进行了武装斗争，坚持一年以上时间的。划定革命老根据地应以生产大队为单位。如果一个公社内属于革命老根据地的生产大队超过半数，这个公社可算作革命根据地。

二、大鹏革命老区村庄名录

1957 年，根据广东省人民委员会发布的《关于评划革命根据地标准的通知》精神，宝安县划定老区自然村 330 个，1959 年调整为 321 个。

深圳经济特区成立后，部分老区自然村属于深圳经济特区。1985 年，宝安县有老区自然村 284 个，分布在 16 个区镇，其中大鹏地区有老区自然村 88 个。

大鹏地区 1985 年老区自然村分布

区镇	自然村数（个）	户数	人数	耕地面积（公顷）
大鹏	59	2 595	10 533	520.13
葵涌	29	1 304	5 615	480.67

到 1986 年，宝安县老区自然村有 11 个迁散，其中大鹏迁散 4 个，葵涌迁散 6 个。这时，全县老区自然村有 273 个，其中大鹏地区有老区自然村 78 个。

大鹏地区 1986 年老区自然村名称①

区镇	村庄名称
葵涌 （23）	屯洋、洞背、溪涌、新围、石场、上塘、东心、澳子吓、田寮下、屯围、岭村、澳头、高源、上径心、下径心、大埔牵、契爷石、深水田、坝岗、洞梓、西乡、盐灶、产头
大鹏 （55）	乌涌、四和、东南、西南、西北、东北、较场尾、岭吓、大坑上、大坑下、大石理、沙尾、大围、上围、木棉树、涌街、碧洲、横岗、新大、岭澳、长湾、大网前、欧屋围、上围、高屋围、油草棚、王母、鸭母脚、下围、咸头岭、中山里、王母围、王桐山、西贡、学斗、沙岗、格田、南沙、兰薪（芽山）、大碓、高岭、杨梅坑、布锦、南坑埔、布尾、石桥头、新桥、水头、水沙石、龙岐、上企沙、下企沙、半天云、鹅公、枫木浪

1989 年，深圳市按照省府办〔1988〕129 号文精神也曾补划过一次老区村庄。补划后，深圳市有老区自然村 368 个，其中大鹏地区的老区自然村仍为 88 个，约占 23.9%。

1992 年，广东省参照国家政策，补充评划了解放战争时期的游击根据地。所以，广东的革命老区包括土地革命战争、抗日战争、解放战争三个时期的革命根据地。到 1997 年，深圳全市有老区自然村 740 个，其中大鹏地区有 153 个，约占 20.7%。

---

① 摘自宝安县志编辑委员会编：《宝安县志》，广东人民出版社 1997 年版，第 761 页。

大鹏革命老区村庄名册①

所在乡镇	所在管理区	老区村庄名称	人口（人）	耕地（公顷）	山地（公顷）	类型	备注
南澳	水头沙	水头沙	116	2	100	抗战	
	西涌	西贡	246	16.2	366.67	抗战	
		学斗	348	20.67	166.67	抗战	
		西涌沙岗	272	17.13	206.67	抗战	
		格田	83	6.13	120	抗战	原格洋村
		南社	118	10.07	166.67	抗战	
		芽山	221	12.27	166.67	抗战	原兰新村
		西洋尾	57	0.67	166.67	解放	
		西涌新屋	130	4.87	133.33	解放	
	东涌	东涌沙岗	44	3.33	120	抗战	
		东涌大围	760	2.73	146.67	抗战	
		木棉树	41	4.47	80	抗战	
		东涌上围	52	5.33	133.33	抗战	
		冲街	33	2.73	66.67	抗战	原冲干村
		大理石	36	3.93	120	抗战	
		马料河				抗战	已迁散
	东农（东山）	大碓	75	2.77	125	抗战	原大对村
		高岭	109	7.33	333.33	抗战	
		杨梅坑	155	6.67	1 066.67	抗战	
		鹿嘴				抗战	已迁散
		东山沙埔	62	1.73	53.3	解放	
		东山	122	2	24	解放	
		荔枝山	57		100	解放	

---

① 摘自广东省民政厅：《广东省革命老区村庄名册》（1997）。

（续上表）

所在乡镇	所在管理区	老区村庄名称	人口（人）	耕地（公顷）	山地（公顷）	类型	备注
南澳	东农（东山）	沙林棚	75	2.77	123	解放	
		东山梁屋吓	18	0.8	18.67	解放	
	东渔	东渔	153			解放	
	南渔	南渔	539			解放	
	南农（南隆）	上企沙	100	1.07	46.67	抗战	
		下企沙	71	0.67	40	抗战	
		半天云	123	2	120	抗战	
		鹅公	131	6.33	133.33	抗战	
		枫南	24	1.33	26.67	抗战	从枫木浪村分出
		大山				抗战	已迁散
		大龙	31	2.2	40	解放	
		南隆沙坑	14	2.1	33.30	解放	
		南三	96		53.3	解放	
		畲吓	23	0.33	40	解放	
	新大	新圩	150	16.27	26.67	抗战	原新大村
		上横岗	207	8.87	66.67	抗战	
		下横岗	99	5.6	20	抗战	
		碧洲	136	13.07	100	抗战	
		枫新	102	8.47	66.67	抗战	从枫木浪村分出
		大岭吓	105	10	66.67	解放	
		坪山仔	113	3	133.33	解放	
		欧书园	78	8	20	解放	
		新大新屋仔	50	4	30	解放	

（续上表）

所在乡镇	所在管理区	老区村庄名称	人口（人）	耕地（公顷）	山地（公顷）	类型	备注
大鹏	鹏城	东北	195	5.07	45.33	抗战	
		东南	271	5.67	46.67	抗战	
		西北	299	12.2	70	抗战	
		西南	217	2.33	49.67	抗战	
		乌涌	189	3.53	63.73	抗战	
		四和	139	3	58.93	抗战	
		较场尾	335	12.93	25.33	抗战	
	王母	中山里	300	5.93	1.6	抗战	原中山村
		黄岐塘	125	12.33	2.67	抗战	
		王桐山	29	3.47	3.2	抗战	
		王母围	104		4	抗战	
		大鹏山庄	127	13.33	13.33	抗战	原鸭母脚村
		王母	608			抗战	
		下围	119			抗战	
		咸头岭	47	3.47	1.47	抗战	
		岭吓	75			抗战	
		迭福上围	108	9.8	2	解放	
		迭福下围	74	11.6	2.33	解放	
	岭澳	大围	174			抗战	原岭澳村
		长湾	78			抗战	
		大网前				抗战	已迁散
		新屋	72			解放	
		北龙	39			解放	

（续上表）

所在乡镇	所在管理区	老区村庄名称	人口（人）	耕地（公顷）	山地（公顷）	类型	备注
大鹏	下沙	欧屋围	162	2.33	0.4	抗战	
		下沙上围	197	2.93	0.33	抗战	
		下沙高屋围	102	0.2	0.21	抗战	
		油草棚	69	2.33	0.2	抗战	
	布新	布锦	75	2.73	0.4	抗战	
		南坑埔	53	2.87	0.33	抗战	
		布尾	32	1.66	0.33	抗战	
		石桥头	179	4.27	0.73	抗战	
		新桥	19	3	1.34	抗战	
		新屋围	24	0.93	0.47	解放	
		水贝	53	2.8	0.67	解放	
	水头	水头	287	8.67	2	抗战	
		龙岐	396	5.33	3.33	抗战	
	大坑	大坑上	165			抗战	
		大坑下	81			抗战	
葵涌	坝光	坝光	271	18.7	277	抗战	
		洞梓	184	12.7	150	抗战	
		西乡	153	14.3	150	抗战	
		盐灶	350	19	145	抗战	原洋稠村并入
		产头	160	8	130	抗战	
		澳子吓	65	5	131	抗战	
		田寮吓	116	6.3	150	抗战	
		高大	76	6.3	138	抗战	原大埔峯村

（续上表）

所在乡镇	所在管理区	老区村庄名称	人口（人）	耕地（公顷）	山地（公顷）	类型	备注
葵涌	坝光	坪埔				抗战	
		坝一	156	9	137	抗战	原坝光村
		坝二	115	9.7	140	抗战	
		白沙湾	107	10.4	140	解放	
		坝光老屋	49	5.7	123	解放	
		坝光李屋	45	5	120	解放	
		楼角	77	12.3	147	解放	
		石鼓墩	92	9.5	137	解放	
		山下	30	5.7	123	解放	
		双坑	64	4.3	132	解放	
		坪埔	85	5.7	130	解放	
		横山	88	7.3	123	解放	
	高源	深水田	100	32	233	抗战	
		高源	338	109.5	533	抗战	
		老围				抗战	已迁散
		大新				抗战	
	三溪	三溪中新	134	2.1	100	抗战	原契爷石村
		石陂	75	4.1	48	解放	
		三溪曾屋	123	9.4	67	解放	
		围之布	89	4.1	54	解放	
		油榨	32	1.6	47	解放	
		三溪新屋仔	70	1	53	解放	
		三溪黄屋	81	2	53	解放	
		福田	65	1.1	47	解放	
		下禾塘	95	2	53	解放	
		上禾塘	115	6.1	54	解放	

（续上表）

所在乡镇	所在管理区	老区村庄名称	人口（人）	耕地（公顷）	山地（公顷）	类型	备注
葵涌	葵涌（葵丰、葵新）	新围	463	1	210	抗战	
		石场	72	2	67	抗战	
		上塘	79	4	100	抗战	
		东心	117	5.2	134	抗战	
		屯围	123		100	抗战	原同围村
		白石岗	185		200	抗战	
		澳头	120		133	抗战	
		新村岭	33	0.7	67	抗战	原岭村
		对门岭				抗战	已迁散
		新村				抗战	
		新二	117		67	抗战	原新围村
		新三	80		40	抗战	
		东门	92		27	抗战	
		张屋	82		33	抗战	
		新罗	92		43	抗战	
		东一	65	2.3	67	抗战	原东心村
		东二	52	2.9	67	抗战	
		白一	48		67	抗战	原白石岗村
		白二	137		133	抗战	
		松树	77		67	解放	
		横头	43		17	解放	
		上角	69		10	解放	
		双伍	90		33	解放	
		欧屋	78		13	解放	
		虎地排	49		53	解放	

（续上表）

所在乡镇	所在管理区	老区村庄名称	人口（人）	耕地（公顷）	山地（公顷）	类型	备注
葵涌	土洋	土洋	486	4.4	355	抗战	原屯洋村
		官湖	306	9.1	265	解放	
		沙鱼涌	98		0.1	解放	
	溪涌	洞背	117	5.3	533	抗战	
		溪涌	154	1	467	抗战	
		盐村	102	0.3	200	解放	
		上洞	195	0.67	333	解放	
	居委会	上径心	83	18.3	3 333	抗战	
		下径心	250	30	6 667	抗战	

第二章
抗日救亡与中共组织的建立

　　大鹏老区的中共组织是在抗日救亡兴起的基础上建立起来的。1935年，在中国共产党领导和推动的"一二·九"北平青年学生爱国运动的影响下，大鹏进步青年在大鹏半岛坝岗村（现为坝光村）成立了海岸读书会，开展抗日救亡宣传活动。1937年抗日战争全面爆发后，大鹏进步青年于1937年8月又在葵涌坝岗村成立了海岸流动话剧团，向广大民众宣传抗日救国的道理。这些宣传活动，为大鹏地区中共组织的建立奠定了基础。

　　1938年11月，中共惠宝工委派中共党员黄国伟到大鹏地区发展党员，建立大鹏地区第一个党小组。此后，又先后在王母圩、大鹏城、坝岗、土洋、葵涌、沙鱼涌等地发展了一批进步青年入党，于1938年12月建立了中共大鹏地区支部。至1939年春夏间，全区共有中共党员近40人，分别在王母圩、大鹏城、坝岗、葵涌、沙鱼涌等地建立了党支部，在这个基础上，于1939年3月成立了中共大鹏区委。从此，大鹏地区人民在中共大鹏区委的领导下，成立了人民抗日武装，建立了抗日民主政权，开展了艰苦卓绝的抗日武装斗争。

第一节 党组织建立前大鹏的社会变革

大鹏地区地理位置独特，成为新事物易于输入、新风气易于传播的地方，也是近代中国社会各种矛盾既集中又尖锐的地区。大鹏富有光荣的革命传统，在反抗帝国主义侵略和推翻封建统治的斗争中先行一步。

一、王桐山书院传播新思想

王桐山书院位于大鹏新区大鹏办事处王母社区的王桐山村。王桐山钟氏旧时是大鹏地区的望族，钟氏大宅平面布局为五开间三进两天井，砖木结构，前厅有望楼，后有高四层的"天一涵虚"炮楼。钟氏家族重视教育，在"天一涵虚"炮楼创办了大鹏王桐山书院，是当时大鹏一带极具影响力的教育机构。钟氏还从家族财产中划出一部分专门资助教育，为这方土地培养出了不少仕途贵子、革命志士。族人钟胜，1880 年生，16 岁时就外出当海员，赚钱养活寡母和两个年幼的妹妹。他勤思好学，较早接触到西方先进思想，20 多岁就成为香港海员工会的小头领，负责为同盟会筹款。他曾给母亲写信说："我现在赚的钱计划分三份，一份寄回乡养家侍奉母亲，一份留在身边以备不时之需，一份捐给孙中山先生，希望母亲能够理解。"① 这计划得到

---

① 深圳市大鹏党工委办事处、钟惠坡编著：《红色的足迹》，新华出版社2019 年版，第 426 页。

了母亲的赞许。钟胜的计划一直坚持到辛亥革命成功。

到了20世纪初，为了让村里的适龄人获得良好的教育，钟家还专门请来一位留洋归国的老师——蓝翼成。蓝翼成早年接触了不少西方文化，在书院里教授学生们先进思想，一时名声大噪，吸引了大鹏、葵涌、南澳，甚至坪山、惠州一带许多其他村庄的子弟前来求学。当年广东人民抗日游击队东江纵队的袁庚、钟原、蓝造等一批骨干都启蒙于此，后来积极投身革命。2001年，钟氏宅第被龙岗区列为文物保护单位。

二、省港大罢工与沙鱼涌之战

1925年，震惊中外的五卅惨案发生后，引发了全国范围的反帝怒潮。6月5日，中共中央发表《中国共产党为反抗帝国主义野蛮残暴的大屠杀告全国民众》书，号召全国人民反抗帝国主义野蛮残暴的大屠杀，把长期的民族斗争坚持到底，"务使野蛮残暴的帝国主义在中国之特权与统治不断地动摇，务使其在华的政治经济地位发生永久的危机"。

同年6月19日，为声援五卅运动而举行的震惊世界的省港大罢工正式爆发。为了一致反对英、日、美、法帝国主义，广州国民政府财政部每月资助罢工委员会1万元，并在物资上援助省港罢工工人。7月9日，省港罢工委员会发出实行封锁香港的通告，宣布"实行封锁香港及'新界'口岸，自本月十日起，所有轮船轮渡一律禁止往港及'新界'，务使绝其粮食制（置）其死命"。7月23日，省港罢工委员会派罢工工人纠察队第三大队第九支队进驻深圳，沿沙头角至沙头约30千米的边境水陆要冲布防，把守河口，日夜巡查，禁止所有轮船往来香港岛和"新界"口岸，断绝粮食、蔬菜和生活用品供应，严密封锁香港。随即，铁甲车队也奉命陆续开抵深圳，协同罢工工人纠察队执行全面封锁香港的任务。

此时，驻深圳地区的工人纠察队只有 3 个支队，负责东起沙鱼涌、西至宝安南头一线的封锁任务。为了破坏大罢工，英帝国主义唆使陈炯明残部在大鹏一带进行骚扰破坏活动。1925 年 10 月 30 日，陈炯明残部、粤军第二师陆战队总指挥邓文烈与莫雄残部团长罗坤等部队在港英当局指使下，武装袭击驻沙鱼涌王母圩的工人纠察队，抓走队员 10 余人，挑起事端。铁甲车队闻讯后，派周士第、廖乾五率领 4 个班共 50 余人由深圳赶往沙鱼涌救援。

沙鱼涌是一个狭深的小港湾，面海背山，港湾内东侧住有十几户渔民。东西两山脊伸入海中，东面山嘴的东北面，有一座小拱桥，是沙鱼涌通往葵涌、坪山、大鹏的必经之路，也是大鹏湾通往葵涌、坪山的咽喉要塞。英帝国主义强租"新界"后，它成了走私港湾。为了遏制走私，清政府曾在此设立九龙关沙鱼涌缉私关厂。省港大罢工期间，蔡林蒸率领的省港罢工工人纠察队第十支队驻扎在沙鱼涌关厂。

港英当局侦知沙鱼涌驻守的铁甲车队和工人纠察队武装兵力总共才 100 余人后，唆使陈炯明率部并纠合当地民团、土匪共 1 000 多人的兵力，妄图一举将革命武装消灭在沙鱼涌。11 月 4 日凌晨，敌人趁天黑抢占了沙鱼涌东、南、北三面山头，控制了西边一片海滩，将工人纠察队和铁甲车队团团包围。周士第命令班长黄华然率领 1 个班坚守小高地，进行抗击。敌人集中火力向铁甲车队、工人纠察队阵地扑来，包围圈越来越小。天明时，2 艘英国小兵舰拖着满载敌人的 4 艘小船向沙鱼涌方向驶来。敌军登陆后随即发动进攻，铁甲车队和工人纠察队战士们英勇抗击包围过来的敌军。7 时 30 分左右，突然又有 1 艘英国兵舰从香港驶来，向铁甲车队、工人纠察队阵地扫射，并有 1 架英国军用飞机在阵地上空盘旋，掩护敌军进攻。黄华然率 1 个班抵抗数百名敌人，最后全部壮烈牺牲。铁甲车队和工人纠察队顽强作战，打退敌人多次进攻，但终因寡不敌众，于上午 9 时开始向东突围，后在三区农协会农民的引导下绕道龙岗、横岗，于 11 月 5 日凌晨 2 时左右返回深圳。附近很多农民闻讯后十分高兴，纷纷携带慰劳品前来慰劳战士们。

沙鱼涌之战，在敌兵 10 倍于我的情况下，铁甲车队和纠察队战士们奋勇杀敌，弹尽援绝后与敌人展开肉搏战。此役击毙敌参谋 1 名、连长 2 名、排长 5 名，敌军伤亡共约 200 名。铁甲车队伤亡 20 多人，纠察队伤亡 10 多人，纠察队第十支队队长蔡林蒸和铁甲车队排长李振森壮烈牺牲。

11 月 14 日至 15 日，《工人之路特号》上刊登了周士第的演讲稿。他表示，沙鱼涌之战"可说是对陈炯明战争，也即是对香港战争"，并勉励参加集会的工友和农友："我们知道工人是革命先锋队，我们应该团结起来，与世界无产阶级及弱小民族一起奋斗，革命很快会成功，大家奋斗！" 12 月 10 日，省港罢工委员会在广州隆重举行了追悼铁甲车队和纠察队阵亡烈士大会。邓中夏在会上发表演说，指出烈士们是"为民族解放牺牲的，这一次罢工得胜利，都是那几位烈士流血换来的"。他希望工人群众"以后仍要继续向前奋斗，务达罢工胜利目的，以慰各烈士在天之灵"。追悼会成为打倒列强、铲除军阀的誓师大会，激起了罢工工人反抗到底的决心。

省港大罢工使港英政府在经济上受到沉重的打击。香港的出口货物有二分之一输入华南地区，由于罢工工人实行封锁，香港的输入输出，1925 年仅为 1924 年的一半，税收锐减。航运业也受到了极大的影响，到港船数和吨数较 1924 年都大为减少。由于各行各业无法经营，人们纷纷离港，提款突增，银行出现挤提现象。香港被封锁后，肉食蔬菜几乎断绝，一般物价比罢工前贵了 5 倍以上。由于清洁工人罢工，街上垃圾堆积如山，加上天气炎热，臭气冲天，香港成为"臭港"。港英政府只得出动英军清理垃圾。

轰轰烈烈的省港大罢工，从 1925 年 6 月爆发至 1926 年 10 月结束共长达 1 年 4 个月，是中国工人运动史上规模最大、影响最深、时间最长的一次罢工运动，也是世界罢工运动史上一个伟大的创举。省港大罢工期间，深港穗三地人民表现出了强烈的爱国热忱。这次大罢工沉重地打击了帝国主义势力，极大地提高了无产阶级及其先锋队——中国共产党的威望，对北伐战争的胜利进军和推动当时国内革命形势的发展做出了重大贡献。

大鹏抗日救亡运动的兴起

大鹏地区的抗日救亡运动，是由在外地教书的一批大鹏进步知识青年开展起来的。他们先在大鹏的坝岗村组织当地青年成立海岸读书会，阅读进步书刊，开展文艺歌咏活动，后又组织海岸流动话剧团，到各地巡回演出。1939年秋，在中共地方组织的领导下，还成立了大鹏青年抗日同志会，出版刊物，办农民夜校、妇女训练班等，在当地产生了较大的影响。

一、坝岗村海岸读书会

1935年12月9日，在中国共产党的领导和推动下，爆发了震惊全国的"一二·九"北平学生爱国运动，有力地推动了全国抗日救亡运动的开展，也激发了大鹏地区知识青年的抗日热情。

这一年寒假，在外地教书的大鹏进步知识青年黄闻、陈永、陈培、黄业、蓝造（蓝兆麟）等回到大鹏，集中在坝岗村，一起讨论如何开展抗日救亡运动的问题。他们决定在坝岗成立海岸读书会，并从香港购回了一批进步书籍，广泛吸收当地青年参加，阅读进步书刊，同时举行时事座谈会和文艺歌咏等活动，开展抗日救亡的宣传，要求国民党政府改弦更张，停止内战，联合抗日。蓝造、李惠群、李伯棠、陈培、黄捷英、陈通等人也先后来到葵涌土洋村崇德学校任教，同时开展抗日救亡的宣传活动。学校宣传队按照《松花江上》《大路歌》《码头工人》《义勇军进行曲》

等抗战歌曲的内容，编成文艺表演的内容，经常到葵涌、沙鱼涌和溪涌等地演出，宣传抗日，抵制日货。宣传队还发动学生做纸花义卖，组织商民捐献，发动沙鱼涌渡船和东筦驳艇船工做义工，以实际行动支援抗日救国。

二、坝岗村海岸流动话剧团

1936 年 9 月，中共南方临时工作委员会（简称"南临委"）成立，薛尚实为负责人。此后，南临委积极恢复和领导南方各地党组织开展抗日救亡运动。在南临委和各地党组织的发动、组织下，深圳地区的抗日救亡运动逐步开展起来。

1937 年 8 月，由黄闻等进步青年发起，在葵涌坝岗村成立海岸流动话剧团。剧团的主要成员有黄业、黄岸魁、陈培、蓝造、陈永、黄林、陈通、陈秀、陈瑞、黄捷英、黄德明、黄贯东、林丰时、黄文琛、钟少华、欧阳珊（袁庚）、钟宝斌、刘锦进（刘黑仔）、赖仲元、张平、潘清等人。

海岸流动话剧团成立后，开始编排节目，筹集行装、道具，进行了一番紧张的准备。之后，海岸流动话剧团的成员就抬着锣鼓，挑着道具和简单的行装，在大亚湾、大鹏湾海岸沿线的偏僻乡村进行巡回演出。他们以坝岗村为起点，经大鹏、东山、东涌、西涌、下沙、沙头角、葵涌、淡水、澳头、小桂等地，行程 100 多千米。演出的主要剧目有《放下你的鞭子》《保卫家乡》等，向沿途的民众宣传抗日救国的道理，揭露国民党的不抵抗行为和日军在中国领土上烧杀抢掠的罪恶行径。

海岸流动话剧团从成立到结束虽然只有几个月的时间，但它的活动和宣传演出，在惠宝沿海地区产生了很大的影响，为后来的抗日斗争培养了骨干和中坚力量。

三、青年抗日同志会

在中国共产党的领导下，大鹏地区的抗日救亡运动广泛地开展起来。中共组织以大鹏城区立小学、王母圩新民小学、王母圩光德小学、坝岗小学、葵涌竞新小学、沙鱼涌崇德小学等为据点，采取办夜校、开座谈会、出墙报和演剧等形式，对群众开展抗日救国宣传。1939 年秋，中共大鹏区委组织了全区性的青年团体——大鹏青年抗日同志会（以下简称"青抗会"），会长为袁庚，副会长为蔡觉民。青抗会出版了《青年群》油印刊物，每期印 500 份，在大鹏各地发行。青抗会的主要功能是进行抗日救亡宣传，扩大中国共产党的政治影响，同时在乡村开办夜校和训练班，动员青年参加部队。青抗会的活动是在中国共产党的领导下进行的，而青抗会的成员大部分是教师，因而基本上控制了大鹏地区的教育阵地。

大鹏党组织通过青抗会在王母、鹏城、沙溪等地办了八九间农民夜校和三期妇女训练班，并在一些乡组织了农民协会。通过这些活动，团结了各界青年，并公开成立了"大鹏书报合作社"，大鹏党组织派人参与领导，社长先是蓝造，后是张平。

在青抗会的推动下，各地普遍建立起人民自卫队，并先后动员了几十名青年参加曾生领导的抗日游击队。为了进一步动员广大群众投身抗日洪流，大鹏党组织做了具体分工：张平、刁燊负责王母乡；赖仲元、张群、王舒、袁庚、王柏负责当时反动势力较为顽固的鹏一乡；李惠群负责沙溪乡；陈培负责桂岗乡。他们在各乡深入学校，发动师生，组织抗日救亡宣传队，广泛宣传抗日。中共大鹏区委还根据党的抗日民族统一战线的方针、政策，对大鹏的农工民主党（全称为"中国农工民主党"）积极开展统战工作，曾派黄闻、赖仲元、袁庚等到农工民主党协助工作，共同抗日。

1939 年下半年，国民党宝安县党部从南头搬到大鹏。县党部书记文鉴辉、特派员黄贺顽固执行蒋介石反共反人民和卖国投降的反动政策，于 1939 年底下令封闭和解散大鹏青抗会。为了公开揭露国民党的反共投降阴谋，中共大鹏组织于 1940 年元旦在王母圩光德学校门前召开了一次规模较大的青年座谈会（后称"元旦座谈会"），并请国民党宝安县党部书记参加。与会群众当面质问国民党县党部书记："青抗会是不是抗日的？抗日团体为什么要封闭？"党部书记支支吾吾、无法对答，最后只好说"是奉上级的命令，不得已的"。会后，国民党反动军队开出黑名单，准备逮捕革命同志。为了保存力量，上级中共组织把大鹏一部分公开活动的党员及时调到外地工作，中共大鹏组织也转入隐蔽的地下活动，对党组织的负责人同时做了新的安排。1940 年春，中共惠阳县委调蓝造任中共多祝中心区委书记，调张平往坪山工作，调王柏往高潭开展妇女工作。下半年，中共大鹏区委书记由陈培担任。青抗会的成员一部分参加部队，一部分宣传抗日救亡活动和参加支前工作，如收废弃钢铁供部队做地雷或运送枪支弹药。

中共大鹏组织的建立

1938 年，一些共产党员奉命到惠宝沿海地区活动，大鹏半岛的葵涌、大鹏等地的青年，深受这些共产党员的影响。1938 年 11 月，中共惠宝工委派中共党员黄国伟到大鹏地区发展党员，建立党组织，成立了大鹏地区第一个党小组。自此，大鹏地区有了中共地方组织。

一、大鹏第一个党支部

为了更好地开展抗日救亡宣传工作，1938 年 1 月，中共香港海员工委派严尚民、叶锋、刘宣带领香港惠阳青年回乡救亡工作团 18 人回到惠宝沿海地区，在淡水、坪山、坑梓、葵涌、大鹏等地开展抗日救亡运动。工作团党支部书记由朱快鸣担任。

1938 年 10 月，八路军驻香港办事处主任廖承志根据中共中央的指示，派曾生、周伯明、谢鹤筹从香港带领一批党员和积极分子到坪山。10 月 24 日，曾生等人回到坪山；10 月 30 日，曾生在坪山召开工作组扩大会议，并成立了中共惠宝工作委员会，曾生任书记。中共惠宝工委做出在惠宝地区发展党组织、组建惠宝人民抗日游击总队等几项重要决定。

1938 年 11 月间，中共惠宝工委派黄国伟到大鹏地区发展中共党员。黄国伟到大鹏后，首先到下沙的潮歌学校教书，并发展中共党员。在他的教育和帮助下，黄闻、陈培和陈永 3 人加入中国共产党。不久，黄国伟和黄闻在坝岗发展蓝造和黄业入党，在王母发展钟原入党。黄业入党后不久，就参加了曾生领导的抗日游击队。留下来的黄闻、陈培、钟原、蓝造和陈永5个党员建立了大鹏地区第一个党小组，由黄闻任组长。接着在大鹏坳下的一个茶寮召开了第一次党小组会议，讨论如何开展大鹏地区工作的问题，决定：（一）在大鹏半岛各地发展党员，建立党的组织；（二）放手发动群众，积极开展抗日救亡活动，建立和发展各种群众组织和群众武装；（三）开展抗日民族统一战线工作，团结一切可以团结的力量共同抗日。

这次党小组会议后，经过艰苦的工作，从1938年11月到1939年初，大鹏党小组先后在大鹏城、王母圩、坝岗、土洋、葵涌等地发展潘清、赖仲元、戴机、郭平、赖枫、张平、袁庚、王柏、张敏、钟少华、李秀灵、李惠群、刁燊等人加入中国共产党。

由于中共组织的发展壮大，1938年12月，中国共产党在大鹏半岛建立了第一个党支部——大鹏地区党支部，书记为黄闻，支部委员为钟原、蓝造。

大鹏地区的党组织建立后，积极领导人民开展抗日救亡运动。日军进犯大亚湾后，大鹏党支部曾两次组织人民群众，配合抗日游击队英勇袭击敌人，并在1939年春配合抗日游击队解放了大鹏区的葵沙乡。与此同时，大鹏党支部还积极开展妇女工作，先后在鹏城、王母、坝岗、葵涌等地开办妇女夜校，向广大妇女宣传抗日救国的道理。1939年冬，全区开办妇女夜校近10间，入学妇女共800多人。中共党员钟原、赖仲元、袁庚、张平、李惠群、王柏、王作、王舒经常到妇女夜校上课，向青年妇女传授文化知识，同时向她们宣讲革命道理。夜校经常组织学员深入农村，宣传抗战，并发动学员搞捐献，慰劳抗日部队。妇女骨干利用夜校讲坛，宣传共产党抗日救国的主张，激发妇女群众的抗战热情。

妇女通过学习，提高了觉悟，许多人成了抗日救亡积极分子，有的还光荣地加入了中国共产党，如王柏、赖枫、张敏、萧燊妍、王作、欧阳红、黄通等，都是在抗战初期入党的。1940年初，因国民党反动军队制造"坪山事件"，妇女夜校停办。

二、中共大鹏区委成立

自从大鹏地区建立了党组织以后，广大民众在党组织的带领下，将抗日救亡工作搞得有声有色，各乡村的青年、妇女都动员起来，积极参加各种抗日团体，有的还参加了中共组织。大鹏地区中共的力量不断发展壮大。

1939年春夏之间，大鹏半岛的中共组织已有了较大的发展，大鹏地区中共党员发展到近40人，在王母圩、大鹏城、坝岗、葵涌、沙鱼涌等地分别建立了党支部。3月，中共大鹏区委成立，黄国伟任书记，辖大鹏、王母圩、坝岗、葵涌、沙鱼涌等党支部。

1939年7月，中共惠宝工委撤销，原为中共惠宝工委管辖的坪山、大鹏、龙岗、葵涌、盐田等地的党组织，划归中共惠阳县委领导。

第四节 大鹏人民奋起抗日

1938 年 12 月，中国共产党先后在惠东宝等地组织人民抗日武装。一支是"惠宝人民抗日游击总队"，由中共香港海员工委书记曾生任总队长，周伯明任政委；一支是"东宝惠边人民抗日游击大队"，由中共东莞中心县委武装部部长王作尧任大队长，何与成任政训员。这两支队伍是东江纵队的前身，当时惯称"曾、王两部"。在以梁广为书记的中共东南特委和东江军委的领导下，这两支队伍以勇战强敌的姿态出现在东江敌后战场上，担负起抗日的重担。其中曾生部队以坪山为基地，在葵涌、沙头角、盐田、横岗、龙岗、淡水一带与日军作战 30 余次。

一、开展抗日游击战争

1938 年春夏间，日军先后侵占了华北各省中心城市和交通要道，并把战线推到华中、华南，准备围攻武汉和广州，中华民族的危机进一步加剧。面对日军的野蛮侵略，大鹏地区的进步知识青年十分愤慨。为了保卫家乡，蓝造等进步青年在坝岗一带组织群众建立抗日自卫队。暑假期间，经过整顿，自卫队正式命名为坝岗乡抗日自卫队，队长为黄岸魁，队员有 30 多人，枪有 20 多支。坝岗乡抗日自卫队是在日军登陆大亚湾前当地组织起来的一支人民抗战队伍。

与此同时，黄闻又和赖仲元、袁庚、钟原、陈培等协助大鹏中华民族解放行动委员会（农工党的前身），组织大鹏民众建立抗日自卫大队，积极参加抗日救亡、保家卫国的斗争。此后，坪山、盐田等地也相继建立了民众抗日武装队伍。

1938 年 7 月，香港惠阳青年回乡救亡工作团举办了"惠阳沿海青年自卫武装干部训练班"，为期 2 个多月，坪山、坑梓、盐田、沙鱼涌等地都派了中共党员或进步青年参加。学员结业后，回到家乡都带头组织和参加抗日自卫队。

抗战初期，正值国共合作期间，基于斗争策略的需要，经过统战工作，曾生部和王作尧部以港澳同胞、华侨和东江民众武装的名目，于 1939 年 4、5 月间，先后取得国民党部队的番号。其中，惠宝人民抗日游击总队于 1939 年 5 月改为第四战区第三游击纵队新编游击大队（简称"新编大队"），大队长为曾生，政训员兼副大队长为周伯明。部队虽然改了番号，但始终坚持中国共产党的绝对领导和独立自主的原则，在东江英勇顽强地开展抗日游击战争。

从 1939 年夏开始，新编大队在葵涌、大梅沙、小梅沙、沙头角、横岗一带积极开展游击战争，与日军作战 30 余次，不断打击敌人。1939 年 8 月 14 日凌晨，日军第十八师团步兵第一一四联队主力、步兵第一二四联队 1 个大队，以及炮兵、工兵一部分在南头附近登陆，国民党守军不战而退，深圳镇沦陷。8 月 15 日，日军占领沙头角一带。9 月 12 日，新编大队主动出击，夜袭葵涌，日军于拂晓前仓皇从海上逃窜，新编大队一举收复葵涌、沙鱼涌，缴获大批军用物资。9 月 16 日，驻沙头角侵华日军 200 余人经盐田、梅沙进攻坪山，企图消灭新编大队，夺回葵涌、沙鱼涌。新编大队与抗日自卫队密切配合，在马峦头一带山地伏击敌人，日军遭打击后撤回沙头角。

正当新编大队取得节节胜利、不断发展之际，国民党顽固派从 1939 年冬开始在广东部署反共摩擦军事行动，大造反共舆论，围攻人民抗日武装。1940 年 3 月，国民党广东当局纠集 3 000 余人"围剿"曾、王两部。曾、王两部避敌东移，转移至海陆丰山区一带。1940 年 9 月，根据中共中央 5 月 8 日的电文指示（即"五八指示"），重回惠东宝地区，两部整编，决定不再使用第四战区给予的部队番号，改称"广东人民抗日游击队"，旗帜鲜明地以人民抗日军队的面目出现在东江人民面前。

二、清除汉奸和日军谍报人员

日军占领大鹏后，大批难民逃到香港。1941 年 3 月，在香港的中共组织发动海外侨胞捐款，与国民党在英占地方坪洲建立义民营，收留从大鹏地区逃难出来的难民。直至 1941 年 8 月，日军退出大鹏，义民营才逐渐撤销。国民党派乡长袁少春等人，香港红十字会派医生，中共大鹏组织派七八名地下党员，来到义民营，均由王舒负责统筹，其中刘黑仔、张群负责事务工作。女党员王柏、张敏负责水源，欧阳红、陈化负责伙食与卫生。夜晚男党员被指派回沦陷区，配合中共大鹏区委赖仲元等清除汉奸。

日军需要什么，汉奸都帮忙。人民群众非常痛恨汉奸的行为，多次警告无效后，决定采取清除汉奸行动。清除的汉奸有：李桃仔、袁德仔、刁云珠、徐祝水等。

1941 年 4 月 29 日下午，12 个日军乘一艘小型"书信船"渡过鹏城较场尾海港，在岭澳村海港登陆。日军登陆后，由沙岗吓田向新屋村进犯。守卫在海港边制高点胶边岭的抗日救亡自卫队员发现敌情后，向新屋、北龙、大围村鸣锣报警，并呼喊村民迅速离村防敌。村妇罗养婆来不及躲避，被 5 个日军追到新屋村石古秃（山名）轮奸。

日军的暴行激起了村民的义愤，地下党员李四发立即组织青年村民扛枪拿刀追杀日军。自卫队负责人李华韬带领李水带、董福等9名队员，包围了3个逃到浦圳坡流苏棚（一种野生植物）里的日军，并点燃火把抛入流苏棚中。其中1个日军被逼得从火坑中跑了出来，李华韬和郑容生等人趁机杀死了这个日军。其余2个日军趁着天黑逃回鹏城据点。另一股在逃的日军，被李水带、李灶福、李福祥、董炳香4名自卫队员追到岭澳海港，自卫队员俘虏1个看守船只的日军，缴获"书信船"和一批书信。当日黄昏，李水带、董珍、董鸿等人焚烧了日军的"书信船"，并于当晚将被俘的日军押到大王亚公棚吉岭（地名）处决。半夜时分，日军出动大批人马包围岭澳村，施行"三光"政策，杀害村民数人，烧毁房屋数十间，抢去耕牛十余头，掠去财物一大批。

抗战期间，广东人民抗日游击队先后派出几支小型武工队，包括由队长黄冠芳、副队长刘黑仔带领的短枪队，进入香港九龙地区，开展敌后抗日游击战争。短枪队首先肃清了当地的十多股土匪、汉奸，保护了人民群众，建立起抗日游击区和根据地。尤其是让敌人闻风丧胆的神枪手刘黑仔留下了许多传奇故事。其中，智除汉奸陈养、活捉日军特务东条正之、击毙汉奸特务队长肖九如被传为佳话。[1]

（一）智除汉奸陈养

1941年底，日军占领港九以后，沙田一带的汉奸、特务，靠着日军的势力，横行霸道，引起极大的民愤。刘黑仔奉命率领武工队先后击毙了牛皮沙的廖发、沙田围村的谢水仙和排头村的丘观养等汉奸和密探。

香港沦陷后，好吃懒做的沙田头村陈养通过给日军当翻译官

---

[1]　旗红大鹏湾编纂委员会编：《旗红大鹏湾——大鹏革命斗争史录》，海天出版社2005年版，第173页。

的亲戚介绍，投靠了日军，专门刺探游击队行踪。

刘黑仔带领武工队在沙田头村活动时，发现有人跟踪，但一时未查清是谁，便吩咐队员睡觉时提高警惕，随时做好撤退的准备。一天，刘黑仔带着武工队来到吊草岩，果然遭到日军的袭击，幸而早有准备，将队伍化整为零，及时避开，使日军扑空。到底是谁向日军告密？刘黑仔决定查个水落石出。几天后，他又带领武工队到吊草岩住宿。队员休息后，他便带着邓初和丘达埋伏在沙田头村路口的草丛中。

天刚破晓，村中闪出一个人影，鬼鬼祟祟地向日军营地走去。丘达欲将其擒获，被刘黑仔按住。由于天色暗，难以辨认此人是谁。当天上午日军又出动大队人马进击吊草岩，结果再次扑空。日军两次扑空便怀疑告密者提供了假情报。佐藤中佐怒气冲冲地质问告密者为何欺骗皇军，告密者吓得直下跪，哀求佐藤再给一次机会。

如何才能将这个告密者除掉呢？几天后，刘黑仔将武工队直接带到沙田头村，住在村中祠堂，吃过晚饭后，他安排队员早早睡下。

告密者看到刘黑仔和武工队又住在村中祠堂，趁天黑溜出村向日军告密。天刚破晓，告密者领着日军大队人马再次围剿沙田头村，可是，祠堂空荡荡的，还是扑了个空。恼怒的佐藤拔出指挥刀，正要挥刀劈告密者时，日军翻译官连忙拉住佐藤求情。这时村后传来"砰砰砰"的枪声和一阵冲锋喊杀声，佐藤听到枪声，连忙指挥日军向村后东山扑去。山路崎岖难行，日军上到山顶，哪有游击队的影子。

"砰砰砰"，又从村西传来枪声。佐藤又指挥日军气喘吁吁地直扑西山，赶到山上还是不见游击队的影子。

"砰砰砰"，南山又传来枪声。日军来不及喘口气，慌忙赶去，也不见游击队的影子。疲惫不堪的佐藤气急败坏，认为是告密者串通游击队，拔刀狠狠地刺死了告密者。日军撤走后，看到被刺死的告密者原来就是汉奸陈养。

（二）活捉日军特务东条正之

东条正之是日本高级特务，其军衔为大佐，曾在日本受过特殊训练，身怀绝技，还会说流利的广东话，因而被派到香港，化名陈新义，协助侵华日军中国派遣军司令部对付在港九地区活动的抗日游击队。

一天，东条正之带着一个助手，乘坐军用小车来到西贡界咸。恰好刘黑仔带领武工队驻扎在界咸村，接到上级指示后，刘黑仔立即率领邓初和詹云生，准备捉拿东条正之。在矿山附近的蚝涌村，刘黑仔及 2 名游击队员以迅雷不及掩耳之势，生擒停在村中车上的日军，并将其绑在车上。接着 3 人赶到界咸矿山，合围活捉了东条正之和他的助手。

东条正之不知道刘黑仔等 3 人的来头，操起流利的广东话向刘黑仔求情，刘黑仔深知此人身份重要，便有意稳住他，考虑到将东条正之押到港九大队部，途中要经过日军岗哨，就骗他说是汪精卫主席的部下。东条正之深信不疑，便跟着上了蚝涌的小车。车上日军松绑后，也一起挤进小车。当小车来到西贡路段的一处岗哨，日军拦车检查，刘黑仔早有准备，悄悄地用短枪顶住东条正之，让他拿出证件应付检查，安全地通过了哨卡。

当晚，东条正之被带到十里乡一间学校暂住。为了防止他逃跑，刘黑仔用手铐将他锁住。东条正之却突然把锁住他的手铐打开了，拍拍手说："不用锁我，手铐对我是不起作用的。"刘黑仔和 2 个队员都感到惊奇，再次将他铐住，可是再次被他打开。刘黑仔发现东条正之是经过特殊训练的，不敢大意，拿粗麻绳将他五花大绑。东条正之顿时动弹不得，惶恐地问："你们到底是什么人?"刘黑仔这才正色道:"我们是抗日游击队,汪精卫的死对头,东条先生,你该明白了吧!"东条正之一听,顿时瘫倒在地。

(三)击毙汉奸特务队长肖九如

刘黑仔带领武工队除了在九龙市郊活动外,还经常深入市区打击日军汉奸,其中影响大的一次就是在金塘酒家击毙汉奸特务队长肖九如。肖九如是混迹黑社会多年的流氓头子,香港沦陷后,他摇身一变,当了汉奸特务队长。这天他要在金塘酒家设宴,宴请汉奸特务同伙。

刘黑仔掌握准确情报后,率领3名队员,经过乔装打扮,驾驶缴获的东条正之的小车,直奔金塘酒家二楼,将肖九如击毙。同来的3名队员顺势将几个正要拔枪的特务一一打倒在地。

三、参与香港秘密大营救

1941年12月8日,日军偷袭美国海军基地珍珠港,太平洋战争爆发。同日,日军向香港进攻。12月25日,香港沦陷。

太平洋战争爆发当日,中共中央、周恩来曾先后电示廖承志等迅速做好应变准备,务必将因遭受国民党当局的政治迫害而聚居在香港的文化名人和爱国民主人士抢救出来。在中共中央南方局书记周恩来的组织部署下,大营救工作秘密而迅速地展开。

东江游击队抢救滞留在香港的民主人士、文化界人士,大多是让他们混在难民中,从陆路回到宝安游击区,少数政治面目已暴露或易被敌人认出的,则走水路。当时,在九龙半岛,东江游击队已经开辟了两条秘密路线:一条是从青山道经荃湾、元朗进入宝安游击区的陆上交通线;另一条是九龙至西贡,经土洋沙鱼涌进入惠阳游击区的海上交通线。土洋沙鱼涌是海上交通线最重要的交通站,部分文化名人和爱国民主人士,从这里登岸进入惠阳游击区再转入内地。

广东人民抗日游击队政委林平（尹林平）指示蔡国梁迅速组建一支港九护航队，从曾生、王作尧两个大队调十几名政治条件好、有航海经验的指战员，组成护航小队（2个班），任命肖华奎为护航小队的小队长（后由陈志贤继任），王锦为副小队长。队员有黄友、赖连、吴传、何锦祥、郑水等。护航队准备了2条艋仔船，一条是向翊詹桂借的，翊詹桂及舵工随船来帮助驶船，他们对大鹏湾、大亚湾及港九航线的情况都很熟悉；另一条艋仔船是打土匪缴获的船。

日军占领港九后，兵力不足，仅能控制市区和前沿防线。"新界"以东沿海，除沙头角和大埔有日军驻守外，西贡一带没有驻守日军。大鹏湾的沙鱼涌至盐田一带，则被东江人民抗日游击队惠阳大队所控制。日军在沙头角和大埔的海上警备队，有几条巡逻艇，每艇不足十人，每天上午9时从大埔港开出巡航，至沙头角码头停泊，下午4时返航。这一带也有五六股土匪和海盗，东江游击队对他们是采取扭转少数、争取多数的政策，尽量排除障碍，保证护航顺利进行。

从西贡岐岭下到大鹏湾有几条航线，里程有三四十千米，艋仔船在顺风顺水的情况下天亮前便可到达。护航队根据敌情、匪情，通常采取夜航完成护航任务。

1942年1月初，林平指示李健行亲自送廖承志（八路军驻香港办事处主任）、连贯（后任八路军驻香港办事处党支部书记兼华侨工委委员）和乔冠华（抗日战争时期从事新闻工作，撰写国际评论文章，后任中华人民共和国外交部部长）到西贡游击区，并由黄冠芳和江水短枪队护卫。他们是大营救的组织者，也是第一批被营救者。在大环头村等候的港九游击队队长蔡国梁，接待了廖承志、连贯、乔冠华，汇报了护航的准备工作。

夜幕下，蔡国梁带着廖承志、连贯和乔冠华一行4人，来到岐岭下码头，上了在此等候的护航队队长肖华奎和黄友的指挥船。指挥船配有一挺英国造的磨盘机枪做掩护。另一条由赖连和黄康护航的船则在前方做导航。大约凌晨3时，2条武装护航船，顺利到达沙鱼涌海域。直至凌晨5时才靠岸，由前来接应的惠阳大队高健接走。

最早通过海上交通线被护送离开的，还有走同一条路线继他们之后抵达东江游击区的中共南方工作委员会副书记张文彬和广东人民抗日游击队政委尹林平。

1942年1月中旬，中共地方组织把邹韬奋的夫人沈粹缜及其3个孩子送到黄冠芳处，由江水短枪队护送到西贡，交给护航队，再由护航队送到惠阳大队大队长彭沃处，然后转送到白石龙附近的阳台山区，与邹韬奋团聚。

张友渔、韩幽桐夫妇（张友渔时任《华商报》的总主笔，韩幽桐时任"全国各界救国联合会"常委），也是由护航队护送回内地的。中共组织派人把他们夫妇俩送到黄冠芳处，由江水短枪队护送到西贡交通站，再由蔡国梁送到护航队乘船。

1942年1月一天傍晚六点多钟，张友渔、韩幽桐夫妇在西贡深涌湾上了赖连的指挥船。另一艘导航船由黄康负责。起航后，一路相安无事。午夜后，黄康船到坪洲岛附近时，发现一条匪船，迎头从坪洲方向气势汹汹地冲来。护航船偏侧让路，而匪船却有意拦截，喝令停船检查，妄图拦路打劫。磨盘机枪手吴传把机枪架在船头，黄康则呵斥匪船闪开。匪船用轻机枪开火扫过来，黄康船用"红毛十"（英国造的步枪）开火还击，匪船更加凶狠，继续用机枪扫射。这时赖连命令磨盘机枪手开火，猛打匪船。磨盘机枪一开火，匪船就抵挡不住了。敌匪见捞不到便宜，便慌忙驶船逃跑。由于护航重任在身，赖连、黄康放弃追击匪船，继续前行，并于拂晓前安全抵达沙鱼涌，将张友渔、韩幽桐夫妇送到交通站，再由交通站派人护送到田心村惠阳大队高健处。

不久，又护送了农工民主党负责人李伯球、爱国商界人士邓文田夫妇及其兄弟邓文钊。均由中共组织的联络员李健行护送到黄冠芳、江水短枪队处，由短枪队护送到岐岭下上船，再由护航队送到沙鱼涌。

抗日战争期间，为了巩固抗日民族统一战线，还帮助和营救了不少国民党官员和眷属。国民党第七战区司令长官余汉谋夫人上官德贤及其随从人员，就是经护航队营救而脱离虎口的。上官德贤住在九龙塘别墅，财物很多，香港沦陷后，得悉东江人民抗日游击队已营救出许多知名人士，便派人与港九游击队联系，请求协助脱离虎口。蔡国梁队长便安排人帮她雇挑夫，把她的几十担行李从九龙塘送到西贡沙角尾村，再由江水短枪队从西贡雇人，把行李从沙角尾运到岐岭下上船。

傍晚时分，上官德贤化装成平民百姓，上了临时租用的大钓艇。该艇长35米，宽8米，后舱有2层楼，载重30吨，有3支桅帆。由大队部新上任的队长陈志贤带2艘艇仔船护航，一条在大钓艇的前头导航，一条在后头掩护。短枪队员黄清在上官德贤夫人的钓艇上当联络员。翌日凌晨5时安全抵达上洞海面，把上官德贤交给了前来接应的惠阳短枪队队长丘荫棠。

此后，护航队还护送了国民党南京市市长马超俊夫人及其姐妹和著名电影明星胡蝶等人。营救文化名人和爱国民主人士是抗战史上的一个重大历史事件，大鹏湾作为海上交通线的重要节点，在大营救中扮演着十分重要的角色。在历时半年的护航斗争中，有多位文化名人、爱国民主人士和盟国友人经大鹏湾脱险。

四、扩大抗日武装队伍

1941年12月23日，茜坑、马鞍岭抗日自卫队奉命返回葵涌、沙鱼涌组织海上护航队。24日，在中共大鹏区委的支持下，部队借到1艘艚仔船作为武装船，正式成立海上护航队，刘培任队长，叶基任副队长。

1942年1月，广东第三党（1930年8月，创建中国国民党临时行动委员会。1935年11月，改名为中华民族解放行动委员会，即农工民主党的前身，当时被称为第三党）在大鹏组织了大鹏民众联防自卫大队，负责人为李瑞柏。当时，第三党及民盟（全称为"中国民主同盟"）的负责人李伯球、胡一声、黄药眠曾到惠州，找当时正布置接送文化名人的廖承志等人商谈，确定中共与第三党等民主党派合作的方案。1月至2月，叶基、罗哲民领导的长杆（枪）队奉命从惠阳县淡水以东的活动地区转移到葵涌、坪山、沙鱼涌，联合刘培、江水、赖祥领导的茜坑、马鞍岭抗日自卫中队，在大鹏半岛沿海地区活动。长杆（枪）队奉命改名为罗春祥（罗哲民的化名）中队，驻防沙鱼涌海关。

在广九铁路东、大鹏湾、大亚湾一带，为配合中共的敌后抗日游击战争，中国农工民主党负责人彭泽民利用当地上层人士在香港购买的枪械，于1938年建立了大鹏人民自卫总队。1941年春，日军第二次进攻东江时，在中国共产党的帮助下，在彭泽民、李伯球的支持和领导下，张平（大鹏新区大鹏办事处王母社区石禾塘村人）和叶锦荃重建了大鹏人民抗日自卫大队，后改用"国民兵团大鹏联防自卫大队"的名义活动，先后由叶锦荃、张平任大队长。自此与中共领导的东江纵队密切合作，共同打击敌人，并与中共合作在大鹏地区建立抗日民主政权"路东新一区民主联合政府"，将双方武装合编为东江纵队江南独立大队，由张平任大队长兼政委（后兼任路东新一区区长）。东江纵队江南独立大队成为活跃在东江南岸的一股重要的抗日军事力量。

香港沦陷之后，广东沿海大部分地区沦为敌占区。日军为进一步实行"以战养战"的方针，一方面加强对沦陷区的掠夺，另一方面对东江人民抗日根据地发动大规模的军事进攻。广东人民抗日游击总队建立初期，虽然加强了军事活动，展开了对日伪军的军事攻势，但以坪山为中心的惠宝边敌后抗日根据地尚未真正建立。部队活动范围受到限制，能够控制的地区只限于梧桐山以东、葵涌以西、坪山以南至沿海一带约 800 平方千米的地区，回旋余地很小。

根据惠宝地区日、伪、顽军混杂的斗争形势，中共地方组织和部队进行了认真研究，决定采取"利用矛盾，争取多数，孤立少数，各个击破"的方针，在积极打击日伪军的同时，对相互间存在尖锐利益冲突的国民党杂牌部队实行争取与打击相结合的办法——打击顽固派，争取改造中间派，扩大人民抗日武装力量，建立和巩固大鹏半岛抗日根据地。

1942 年 2 月 11 日，广东人民抗日游击总队集中力量在葵涌围歼盘踞大鹏半岛的国民党杂牌部队梁永年大队的 1 个加强连，毙伤 50 余人，俘虏 10 余人，迫使梁永年部撤往澳头。3 月，为了争取国民党杂牌部队王竹青大队抗日，中共地方组织在保持人民抗日武装独立性的原则下，决定将茜坑、马鞍岭抗日自卫队，长杆（枪）队和塘埔抗日自卫队，以 3 个中队的名义编入王竹青大队，驻防葵涌一带。4 月 12 日，已编入王竹青大队序列的刘培中队的 1 个小队和 1 个班，在关湖海滩阻击企图登陆的日军，毙伤敌人 10 人。第二天，刘培中队在沙鱼涌缴获伪军陈乃秀机帆船 1 艘，俘伪军 8 人。

五、建立抗日游击根据地

为了打击日伪军的"扫荡"和反击顽军的进攻，取得大鹏湾海域的控制权，进一步巩固和扩展惠宝边敌后抗日根据地，广东人民抗日游击总队做出加强惠宝边的军事力量、扩展惠宝边敌后抗日根据地的决策。一是往西向梧桐山周围扩展，力求全面打通与宝安阳台山抗日根据地的联系，同时打通与港九大队的陆上联系，形成与阳台山抗日根据地相互策应之势；二是往东向大鹏半岛扩展，建立游击队根据地，确保与在大鹏湾海域活动的部队保持联系，增强海上活动，为进一步控制大鹏湾海域创造了条件。

为了开辟惠宝敌后游击根据地，惠阳大队一方面频频对日、伪、顽军作战，打击地方反动势力；一方面积极组织民运工作队，深入乡村宣传，发动群众，组织青年参军参战。中共前东特委与广东人民抗日游击总队政治部还从中共地方组织以及海外归来的党员中，抽调了一批素质较强的党员充实民运工作队。各民运工作队的队长，多由区委一级干部担任。当时，部队党组织围绕巩固中心地区和扩展梧桐山周围及大鹏半岛地区，组成了大鹏、盐田、坪山、坑梓、横岗、龙岗等 10 个民运工作队，形成了整个惠宝边区的民运工作网。各民运工作队深入各地乡村，宣传抗日，发动群众建立乡村各种抗日组织。经过一番努力，大鹏地区逐渐成为稳固的抗日游击根据地。

粉碎顽军的"围剿"

为了"剿灭"中共领导的东江人民抗日武装力量，国民党顽固派从 1942 年冬一直到 1944 年夏，多次对东江人民抗日武装力量发动进攻。但在中国共产党的坚强领导下，在人民群众的大力支持下，国民党军队的每次进攻和"围剿"都是以失败而告终。

一、坝岗坳伏击战

1942 年 11 月，国民党顽军兵分两路，向大鹏半岛抗日根据地大举进攻：一路是国民党正规军一八七师的一个加强营，从淡水出发经茜坑、金龟肚直扑葵涌、沙鱼涌；一路是国民党杂牌军袁亚狗和陆如钧两个大队，从澳头出发经小桂、坝岗直扑大鹏城、王母圩，企图围歼广东人民抗日游击总队刘培海上独立中队（简称"刘培中队"）。刘培中队早已获悉情报并安全转移，袁、陆扑空后，转为"驻剿"，对葵涌、大鹏城、王母圩和南澳各村进行反复搜索"扫荡"。

12 月上旬，驻葵涌顽军撤回淡水，袁亚狗从王母圩撤到澳头驻防，留下陆如钧大队分驻半岛的大鹏城、王母圩和葵涌三个点，继续"驻剿"。刘培中队得知这一情况后，决定找机会把陆如钧部队赶出半岛。23 日，桂岗乡乡长、地下党员陈培获取情报后送来岭澳，称"陆如钧部队的两个中队驻大鹏城，王母圩和葵涌也有他的部队。陆如钧每天派一个中队从大鹏城出来到坝岗、小桂一带村庄搜索游击队，抢劫老百姓"。根据这一情报，26 日，刘培中队召开会议，讨论伏击返回大鹏城的敌人的计划。

1943 年元旦拂晓前，刘培中队进入伏击位置，但这一天陆如钧部队没有出来。翌日，刘培中队仍按原计划进入伏击位置，不久，发现陆如钧部的王玉如中队 60 多人向坝岗、小桂方向"进剿"。下午 2 点多钟，王玉如中队原路返回大鹏城，待其全部进入伏击圈后，刘培一声令下"打"，指示部队进行攻击。这些国民党顽军在突如其来的火力袭击下，死的死，伤的伤，余者四处逃命，溃不成军。刘培中队仅用十多分钟即结束战斗，全歼陆如钧大队的王玉如中队，俘虏 30 多人，毙伤 20 多人，缴获轻机枪 2 挺、长短枪 50 多支。

此战开创了广东人民抗日游击总队以一个中队歼灭国民党顽军一个中队的先例。曾生司令员接到战报后，立即写信表扬刘培中队打得好，希望他们再接再厉，多打这样的歼灭战。坝岗坳伏击战的胜利，对国民党顽军震动很大。第二天，驻大鹏城、王母圩和澳头等地的国民党顽军慌忙撤回淡水。

二、马鞍岛海战

马鞍岛位于大鹏半岛东面，是渔民出海捕鱼和港内航运交通的要地，地理位置险要。日军入侵广东以后，派伪军在岛上驻守，将该岛变为切断大亚湾水路交通、监视抗日游击队往来活动的一个重要的海上哨所。

当时，日军为确保其近海运输船的安全，阻止刘培中队进入大亚湾，以及陆上抗日武装继续向稔平半岛及其以东地区发展，将其在龟灵岛上收编的一批土匪成立的伪海军大队，即"中华民国广东省反共救国军海军第四总队第四大队"，从红海湾调至大亚湾，试图在大亚湾港设置军事据点。1943 年 6 月中旬，伪海军大队的队长陈强带领 100 多人和 5 艘"大眼鸡"船窜入大亚湾，锚泊在马鞭岛前 400 米的海上，派出 2 艘船游弋于从霞山港、金门堂、牛过水、虎头门、大勒格到鹿咀一带海面，控制渔民出海打鱼，封锁大鹏半岛与澳头间来往渡船的交通运输，抢掠、没收渔民的渔网、渔具，进行敲诈勒索。

刘培海上独立中队为粉碎日伪在大亚湾港设置军事据点的企图，破坏日军的近海航运，于 1943 年 6 月 20 日夜进驻大鹏半岛的岭澳村。部队驻扎后立即召开干部会议，研究敌情，分头动员群众，准备战斗。先后 2 次派人到附近海面侦察，侦知伪海军大队有 3 艘船停泊在马鞭岛附近海面，中间是指挥船，两侧是警戒船，呈"品"字形配置。独立中队从指战员中挑选了 15 人组成突击队，又从要求参战的渔民中挑选出 3 家的渔船和 6 名舵工，并进行明确的战斗分工。任命叶振明为第一突击组组长，带领 4 名队员，乘张壬生的渔船，负责突击歼灭伪军指挥船的任务；任命林英为第二突击组组长，带领 4 名队员，乘郑容生的渔船，负责突击歼灭位于左侧警戒船的任务；另一组配轻机枪 1 挺、冲锋枪 2 支、英式步枪 2 支，乘董锦珍驾驶的董均祥家的渔船，掩护突击船突袭。

7 月 4 日黄昏，突击队登船出击。当晚正是上弦月（农历六月初三），能见度高，船距伪军警戒船数百米时被伪军哨兵发现，鸣枪警告船不得靠近。舵工用大鹏话回答："我们是来打鱼的，不要开枪。"随后假装收网返回岭澳。第一次出击未成，独立中队总结经验教训，重新做了布置。

7 月 6 日晚上 8 时，副中队长叶基带领突击队在岭澳的大网前登船出击。11 时半左右，进至距伪军指挥船约 30 米时，伪军哨兵发出口令，舵工一面回答"我们是渔民，来打鱼的"，一面使劲摇橹靠近伪军指挥船左舷，展开突然袭击。经过 40 多分钟的激烈战斗，歼灭伪海军第四大队3艘武装船，缴获轻机枪2挺，步枪、短枪40多支，俘伪海军40多人，击毙伪大队长陈强以下官兵50多人。独立中队政治服务员叶振明、小队长魏辉、手枪组组长王健、战士刘光明等4人阵亡，副中队长叶基脚部负轻伤。

马鞍岛海战开创了东江抗日游击战争史上以3条"小艋仔"吃掉3条"大眼鸡"、16名勇士歼灭伪海军近百人的海战范例。此役粉碎了日伪军在大亚湾港设置军事据点的企图，减轻了东面敌人配合国民党"扫荡"大鹏带来的压力，为保证独立中队船队互相配合作战、建立游击根据地、开辟稔平半岛及其以东地区的抗日根据地创造了条件。

三、夜袭南澳海关①

南澳毗邻香港，商贸往来频繁，是国民党政府税收主要来源，设有海关。南澳海关建在一座小山上，位置险要，周围布有铁丝网，易守难攻。

1943年，国民党海关迫于东江纵队的威慑撤走后，又来了一批以陈姓大队长为首的国民党杂牌军。得悉国民党杂牌军驻南澳海关后，刘培海上独立中队打算消灭这股匪军，刘培派郑汉侦察敌情。在侦察过程中发现有温姓熟人挑着松枝在街头摆卖，正好有海关匪兵来买松枝，郑汉趁机扮成挑夫跟着敌兵前往海关营地。通过侦察，郑汉发现营地有2挺机枪、70余支长枪，海关营地前门有1名持枪哨兵，后门可通往海关后面的小山。

郑汉获悉情报后迅速回到油草棚中队部，刘培海上独立中队迅速制订方案，由海上队赖桂队长领30人配1挺机枪攻打敌营后

---

① 旗红大鹏湾编纂委员会编：《旗红大鹏湾——大鹏革命斗争史录》，海天出版社2005年版，第116页。

门；中队长带 40 人主攻敌营正门，另外 30 人分成 2 组，从东西两侧夹击驻地敌人。

当天午夜 12 点，刘培中队各队成员埋伏在匪军营地四周各个据点。守伏 5 个小时后，趁天还没亮，刘培中队长下令攻击，敌人一边应战一边想从后门突围。赖桂队长下令集中火力封锁后门，不让敌人向后山逃走。敌军陈姓中队长趁乱在铁丝网上破洞逃出。战斗持续了 30 分钟，赖桂队长和 1 名战士不幸中弹牺牲。

围歼敌人的战斗胜利结束，缴获机枪 2 挺、长枪 60 余支。

四、多次击退国民党顽军的进攻

广东人民抗日游击队坚持东江敌后游击战争，既要与日伪军作战，粉碎日伪军的疯狂"扫荡"，又要时时提防国民党顽固派的"反共摩擦"，应对国民党顽军的进攻，斗争环境极为艰苦。但是，广东人民抗日游击队在广大人民群众的支持下，经受了考验，越战越勇，不仅沉重打击了日伪军，而且多次击退国民党顽军的进攻。

1944 年春，国民党顽军独立第九旅 4 个营、独立第二十旅 1 个营，在第九旅旅长罗懋勋的带领下，会同徐东来、李乃铭等国民党杂牌军共 2 000 人，分三路强攻大鹏半岛，意图歼灭东江纵队。东江纵队港九大队 1 个中队、护航大队 1 个中队、大鹏联防队等 500 余人，在护航大队政委袁庚的指挥下，与来犯的国民党顽军战斗两天两夜，打退了国民党顽军的进攻。

2 月 12 日，国民党顽军独立第九旅 1 个团、徐东来支队和杂牌部队分两路向大鹏半岛东江纵队驻地发起进攻，遭东江纵队护航大队的顽强抗击。次日，国民党顽军窜进王母圩、大鹏城和水头，大肆抢掠后，于 14 日撤走。

3 月 28 日，国民党顽军独立第二十旅 1 个团、徐东来支队和李乃铭大队，以大鹏半岛为主要目标，发动大规模进攻，集中兵力由淡水直取葵涌，经下径心进入王母圩。护航大队在下径心至王母圩、王母圩至坝岗圩的山地，以及澳头至淡水的三间店，以麻雀战、伏击战毙伤国民党顽军 70 余人。

5 月，东江纵队护航大队、港九大队 1 个中队联同大鹏联防大队、坝岗和澳头抗日自卫队，由袁庚、曾源统一指挥，在东线的小桂、坝岗、上径心、下径心等地抗击国民党顽军，在坝岗坳、将军坳结合地雷战进行阵地防御。从 5 月 2 日至 29 日，毙伤国民党顽军 200 余人，击退国民党顽军的多次进攻。

经过多次打击，国民党顽军的反共气焰有所收敛，大鹏地区的斗争环境也得到了相应的改善。

东江纵队在大鹏成立

惠宝人民抗日游击总队，自 1938 年建立以来，就在中国共产党的领导下，坚持敌后抗日游击战争。但由于客观条件的限制，加上为了便于开展活动，一直没有正式公开中国共产党的领导地位。随着抗日战争形势的发展，中共中央根据抗日战争形势发展的需要，指示将广东人民抗日游击总队的番号改为广东人民抗日游击队东江纵队，东江纵队正式公开宣布接受中国共产党的领导。

一、人民抗日队伍不断壮大

频繁的战斗，既消灭了敌人，也锻炼了队伍。活动在大鹏地区的人民抗日武装在打击日、伪、顽军的斗争中，不断发展壮大。

1943 年 7 月 6 日，刘培中队取得马鞭岛海战的胜利后，海上游击队在大鹏湾黑岩角（鹅公湾）又夜袭了一艘日军的运输船，全歼该船敌人，缴获运输船和西药、布匹、烟叶等一大批物资。

7 月中旬，刘培中队从岭澳转移到大鹏半岛枫木浪后，奉总队部命令扩建为护航大队，刘培任大队长，曾源任政委，叶基任副大队长。陆上编 2 个中队和 1 个独立小队，一中队由叶基兼任中队长，韩藻光任指导员；二中队由赖祥任中队长，林英任指导员；袁贤任独立小队队长，刘贤任指导员。海上编 2 个中队，海队一中队在大鹏湾活动，由吴海任中队长；海队二中队在大亚湾活动，由邓金任中队长。下圩门村的陈柏如和戴鉴全、石禾塘村的吴水福和饶善奎、王母围村的李伙都参加了护航大队。

1944 年上半年，护航大队在大鹏湾海面俘获日军武装运输船 3 艘。

东江纵队在大鹏半岛东西两侧有 2 支海上游击队，即以刘培为大队长、曾源为政委的护航大队和以陈志贤、王锦为正、副队长的海上游击队。后来第六支队成立海陆大队，由吴海任大队长，黄秉任政委，在大亚湾和大鹏湾开展了 3 年多海上游击战，俘获敌机动船 43 艘、大木船 10 多艘，击坏、击沉敌机动船和大木船 10 多艘；曾组织进攻大亚湾，歼灭伪军海军陆战队 1 个大队，生擒伪大队长，扰乱了日军的海上运输线，控制了南海数百里沿线区域，有力地策应和配合了东江纵队陆上游击队对敌人的打击。

在这一年多的反"扫荡"战斗中，大鹏人民对中国共产党领导下的游击队的爱护和支持是值得永远赞颂的。在战斗期间，他们向前线送茶水、送饭，挖掘战壕，抢救伤员。在战争间歇期间，他们帮助游击队侦察情报、镇压汉奸、运送公粮、为军属代耕等。

抗日战争期间，曾生所领导的抗日游击队也到现大鹏新区南澳西涌一带开展革命活动。该村村民对抗日救亡活动颇为支持，想尽办法为游击队提供所需物资，并积极参加革命活动。曾生当时就居住在现西涌社区的格田村。他居住的房屋现在仍保留着，高两层，在 20 世纪 90 年代进行过重修。

二、东江纵队在大鹏土洋村成立

1943 年，世界反法西斯战争的形势发生了根本性的变化，同盟国由战略防御转入战略进攻。2 月，苏联红军在斯大林格勒战役中一举歼灭德军 33 万余人，德国法西斯从此走向失败。7 月，美、英联军在意大利南部登陆，意大利于 9 月投降。在太平洋战场，美军逐渐取得优势，转入战略反攻，日本丧失了战略上的主动地位。德、意、日法西斯联盟走向瓦解。

在世界反法西斯战争形势发生转折的同时，中国共产党领导的敌后抗日战场开始摆脱严重困难的局面。广东人民抗日游击总队也在这一年里先后粉碎了日军对惠阳、东莞、宝安沿海地区的围攻、"扫荡"和"清乡"，对日伪军的作战取得很大的胜利，惠阳、东莞、宝安抗日根据地得到了进一步的巩固和发展。东江人民抗日武装坚持敌后抗战，由于客观条件的限制，一直没有公开宣布是中国共产党领导的队伍。随着抗日战争形势的发展，东江人民抗日武装在抗击日伪军的斗争中不断取得胜利，根据地范围不断扩展，人民抗日武装队伍日益壮大，从而打开了东江敌后抗日游击战争的新局面，这就为东江纵队的成立准备了条件。

1943年7月10日，中共广东省临委书记、东江军政委员会主任兼广东人民抗日游击总队政委尹林平致电周恩来，认为"我们虽始终以人民立场出现，但英、敌、顽三方对我们的关系都确切了解，由你们出面交涉乃是公开承认，对此间实际活动，则无甚妨碍"①，特向中共中央建议：向社会公开宣布广东人民抗日游击总队这支由中国共产党领导的抗日武装。

8月23日，新华社在延安《解放日报》上发表的《国共两党抗战成绩的比较》和《中国共产党抗击的全部伪军概况》中，第一次公开宣布广九铁路地区有中国共产党领导的抗日游击队在抗击着日伪军。随后，中共中央发出指示，将广东人民抗日游击总队的番号改为"广东人民抗日游击队东江纵队"，并指示其可以发表成立宣言和领导人就职通电，正式公开宣布接受中国共产党

---

① 《林平致恩来电——我队面目公开对实际活动无碍》（1943年7月10日），载中央档案馆、广东省档案馆编：《广东革命历史文件汇集》（1941—1945），第267页。

的领导。

遵照中共中央的指示，1943年12月2日，广东人民抗日游击队东江纵队正式公开宣布成立，司令部设在大鹏半岛葵涌土洋村，司令员曾生、政委尹林平、副司令员兼参谋长王作尧、政治部主任杨康华，联合发表《广东人民抗日游击队东江纵队成立宣言》（简称《宣言》），庄严宣告：广东人民抗日游击队东江纵队是东江人民的子弟兵，坚决拥护中国共产党的政治主张，接受与拥护中国共产党的领导，坚持团结抗战的政策，"为打败日本帝国主义，建设独立自由幸福的新中国而奋斗！我们深信，我们有中国共产党的英明领导，也一定能够克服一切困难，坚持敌后的游击战争，争取最后胜利"。

《宣言》指出：东江纵队"在中国共产党领导之下，为彻底解放中华民族而奋斗到底"，"坚持抗日民族统一战线"。坚持抗战，反对投降；坚持团结，反对内战；坚持进步，反对法西斯"一党专政"和官僚资本的垄断剥削。主张各界同胞在团结抗日的目标下，互相帮助，互相忍让，以解决一切纷争，改善人民生活，增强各阶层的合作。东江纵队"保护一切爱国同胞的人权财权"，"欢迎伪军反正"，欢迎一切不愿做亡国奴的人们参加抗日。东江纵队是"中国共产党领导下的部队，也是中国人民自己的队伍"，"除了中华民族与中国人民的利益之外，并没有其他利益"。

《宣言》向国际人士宣告：东江纵队"坚决拥护反法西斯统一战线"，愿与"各盟邦及国际友人密切合作"，"希望能与国际友人在互相尊重、密切合作下，共同完成打倒日寇的任务"。①

---

① 《广东人民抗日游击队东江纵队成立宣言》（1943年12月2日），载广东省档案馆编：《东江纵队史料》，广东人民出版社1984年版，第83~85页。

1944 年 1 月 1 日，曾生、尹林平、王作尧、杨康华公开发布《就职通电》，并发布第一号布告，重申东江纵队的宗旨和统一战线等各项政策。随后，东江纵队分别向中共中央军委和南方局、周恩来报告了部队成立情况。

东江纵队成立时，下辖 7 个大队：第三大队，大队长为邬强，政委为卢伟如；第五大队，大队长为彭沃，政委为卢伟良；惠阳大队，大队长为高健，政委为李东明；宝安大队，大队长为曾鸿文，政委为何鼎华；护航大队，大队长为刘培，政委为曾源；港九大队，大队长为蔡国梁，政委为陈达明；独立第二大队，大队长为阮海天，政委为李筱峰。总兵力共 3 000 余人。

1944 年 1 月 25 日，土洋、龙华等地召开群众大会，庆祝东江纵队成立。东江纵队司令部设立后，因战斗的需要，纵队的领导机关经常随着部队在大鹏半岛转移，如东江纵队司令部设在土洋的天主教堂，东江纵队的一些机关也设在土洋，中共广东省临时委员会和东江军政委员会的领导机关、东江纵队的电台、《前进报》报社等则设在大鹏半岛的半天云、油草棚、西涌等地。在南澳西贡村，东江纵队编印的《前进报》在该村的谭仙古庙设有印刷厂。东江纵队还曾在此设立电报培训基地，训练部队电报人员掌握电报机的使用方法。这一时期，大鹏半岛成为惠东宝抗日根据地的中心地区，而且也是广东和华南领导抗日的中心地区。

三、东江抗日军政干部学校与青年干部班

1944 年 7 月，随着抗日斗争的深入，东江纵队力量不断扩大，已发展到近万人。为了提高部队的战斗力和干部的文化水平，根据中共中央指示，东江纵队在大鹏所城的东山寺开办了东江抗日军政干部学校（亦称"抗日军政大学第七分校"），由东江纵队副司令员王作尧兼任校长，李东明任政治委员，林鄂任教育长，

饶卫华任秘书长。

东江抗日军政干部学校在大鹏所城东山寺先后培训了两期学员。第一期对连、排干部进行政治、军事、文化教育训练，学员有200多人，设军事队和政治队两个培训队。第二期培训排、班干部，并招收一部分中学生、高小生，设立了党员队和学生队，学员约有400人，学制为半年。第二期开办时曾吸收部分海外华侨参加学习。学校开设多种课程，政治课主要学习《论持久战》《中国革命和中国共产党》等毛泽东的著作和中共中央有关方针政策。军事课主要学习队列、四大技术（射击、投弹、刺杀、爆破）、三大战术（袭击战、伏击战、麻雀战），以及班排进攻与防御学、地形学、军事技术和简易通讯等。东江纵队司令员曾生、副司令员王作尧及政委尹林平等领导人曾亲临学校讲课。当时的学习条件相当艰苦，寺内地上铺上杂草，便成为学员的宿舍兼课堂。学员们没有桌椅板凳，只能席地而坐。由于人多，寺内住不下，许多人只能在山坡上搭建草棚住宿。学员们克服各种困难，以极大的热情安心学习，圆满地完成学习任务。1945年2月，东江抗日军政干部学校随东江纵队司令部迁至罗浮山，后又随军辗转粤北地区。

1995年5月，大鹏所城东山寺大门右侧镶嵌了东江纵队原司令员曾生题字的石匾："一九四四年七月东江抗日军政干部学校创建于此。"

为了加强对青年干部的培养，1944年8月，东江纵队政治部在大鹏所城开办规模较大的青年干部训练班，共举办7期，每期有100～200个学员。学员的来源主要有几个方面：一是原中共粤北省委一部分恢复党的关系的党员；二是原派去国民党第十二集团军工作的部分青年党员；三是各地方党组织动员输送来的党员及青年知识分子。训练班仿照延安"抗大"的办法，过着团结、紧张、严肃、活泼的军事化生活。学习内容主要有《论政策》《统一战线中的策略问题》及军事知识、游击战术、政权建设等。①

四、土洋会议

日本帝国主义为了挽救其在太平洋战场上的失败，发动了打通平汉、湘桂、粤汉铁路大陆交通线的作战，企图使在中国的日军和孤悬南洋的日军联结起来，依靠中国大陆进行垂死挣扎。1944年7月25日，中共中央对东江纵队发出了关于进一步加强敌后游击战争的指示，指出日军打通粤汉线仍势在必行，东江纵队应本着开展敌后游击战争之方针，加紧进行工作。

在此背景下，8月，中共广东省临委和东江军政委员会在大鹏半岛的土洋村召开联席会议。尹林平、梁广、曾生、连贯、王作尧、杨康华、罗范群等参加会议，饶彰风、邓楚白、黄宇、李嘉人、饶璜湘等各地区负责人列席。会议由中共广东省临委书记尹林平主持，深入讨论了中共中央7月25日的指示，分析了当时广东尤其是东江地区的斗争形势，并根据中央指示精神做出如下重要决定：

第一，在全省继续放手发动群众，武装群众，开展敌后游击战争，建立根据地与发展游击区。首先创立罗浮山以北，翁源以南，东江、北江之间的根据地，并向东江、韩江（潮汕在内）之间扩展，再准备向粤赣湘边、粤桂湘边发展。中区则普遍展开，进而向西江、粤桂边区及南路前进。然后两方面配合，取得对广州的包围之势。

---

① 《东江纵队史》编写组编：《东江纵队史》，广东人民出版社1995年版，第200页。

第二，战略方针是独立自主的游击战争，对于不抗日而专门反共的杂牌军，如徐东来、梁桂平、陆如钧及特别行动队，则予以消灭。

第三，东江纵队建立支队编制，下辖大队，相应建立主力团。要加强部队的思想建设，加强军事教育，加强各项制度的建设，提高作战能力与指挥能力。

第四，普遍建立不脱产的抗日自卫队与脱产的常备队。

第五，恢复和加强地方党的组织活动，号召共产党员都要参加到以武装斗争为中心的革命斗争中来，打开广东的新局面，积极开展对敌斗争。

第六，成立珠江三角洲指挥部，林锵云任司令员，梁嘉任政委，谢斌任副司令员，周伯明任参谋长，刘向东任政治部主任，并成立军分委；中区指挥部（暂不公开）军事负责人为梁鸿钧，政委为罗范群，副司令员兼参谋长为谢立全，副政委兼政治部主任为刘田夫，并成立军分委。广东军政委员会扩大至9人，增加梁嘉和刘田夫。

这次在大鹏半岛土洋村召开的会议，对加强广东党组织的建设和军队建设，全面发展广东的抗日武装斗争具有重大的战略意义。会后，中共广东省临委将情况向中央和南方局做了报告。中央电示：中共广东省临委的决议与中央的精神相符，中央完全同意会议所提出的工作方针和任务，要动员全省党员为实现"八月决议"而努力，并要注意开展广西和向北发展的工作。

大鹏抗日民主政权的建立

1943 年底，日军打通广九铁路，占领了铁路沿线的重要据点，广东人民抗日游击队活动范围被分割为铁路以东和以西两个地区。为了适应新的斗争形势，加强领导，统一指挥，东江纵队将广九铁路两侧的抗日根据地划分为路东解放区和路西解放区。随着人民抗日武装的壮大，解放区的扩大和逐步巩固，在解放区普遍建立抗日民主政权的问题被提上了议事日程。部队不断壮大，需要有巩固的根据地为依靠，需要有自己的政权做地方工作，以便解决部队的钱粮枪弹和兵员补充的问题。同时，随着对敌斗争的不断胜利，解放区的不断扩大和逐步巩固，建立抗日民主政权的条件亦已成熟。

一、路东新一区抗日民主政府成立

1942 年至 1944 年，中国共产党领导大鹏人民配合抗日武装部队，粉碎了日、伪、顽军的"围剿"与"扫荡"，取得了夜袭南澳海关、坝岗坳伏击战和马鞭岛海战等的重大胜利，盘踞大鹏的反动武装力量遭受沉重打击，大鹏出现了可喜的革命形势，为建立抗日民主政权提供了条件。

1944 年 1 月 20 日，中共广东省临委书记、东江纵队政委尹林平，就如何在东江抗日根据地建立和扩大抗日民主政权问题请示中共中央，要求中共中央给予具体的指示。1 月 31 日，中共中

陈伙楼（吴启鹏 摄）

央发出《中央关于东江游击区建立抗日民主政权问题给林平的指示》，指出："东江游击区的抗日民主政权的基本精神应该是新民主主义的，三三制的。但在实践上既不必照国民党的形式，亦不必抄华中、边区的办法，而要因地制宜，根据你们当地具体情况采取某些便于游击发展和军队转移的政权形式。如东宝某些区乡可开代表会者则开代表会选举区乡政府，如不可能开代表会，而其地区又经常被敌伪侵占者，则不妨组织武装工作队，统一军政工作。县级代表会亦可名参议会。县以上是否成立联合政权，视情况需要定之。选出的各级政府应实行民主集中制。关于三三制，一方面应注意我党领导权的确立；另一方面应吸收党外联共的和不反共的人士多多参加，施政纲领可参照陕甘宁边区的纲领，加以切合当地实际的变动。"① 根据中共中央的指示精神，东江纵队政治部向全军发出建立抗日民主政权的指示：凡是部队所到之处，都宣布废除国民党统治时期的一切不合理的制度和苛捐杂税，发动群众组织起来，建立民主政权；在老区凡未成立民主政权的地方，立即成立，有计划地组织地方武装，积极大胆地提拔地方干部。以民主政权为机构，进行抗日根据地的建设，使东江抗日根据地成为有武装、有政权、有广大群众基础的抗日根据地。

1944 年 9 月，王母乡成立了大鹏区第一个民主乡政权，民主选举王舒为乡长，张群为副乡长。接着沙溪乡、桂岗乡、鹏一乡民主政权也先后建立，并在此基础上积极酝酿区政权的建立。

9 月底至 10 月初，中国共产党和农工民主党商谈统一大鹏武装以及建立大鹏区抗日民主政权等问题。经协商，于 1944 年 10 月 10 日正式建立大鹏地区抗日民主政权——路东新一区抗日民主政府，同时农工民主党领导的自卫中队和共产党领导的自卫中队合并为自卫大队，作为区抗日民主政权的武装，由区府和江南指挥部双重领导。

新建立的路东新一区抗日民主政府，赖仲元担任区长，张平任军事股长兼自卫大队长，袁少春任民政股长，王介任生产股长，邱石林任文教股长，欧维任总务股长。中共路东新一区委员会也同时建立，书记为赖仲元，组织委员为彭明，宣传委员为王舒，委员有张平、欧维、邱石林、王介。区政府成立不久，又先后建立了南平乡（乡长为王春松，副乡长为王灶金）、水上乡（乡长为郭贵）和葵华乡（乡长为张燕山）民主政权。

---

① 《中央关于东江游击区建立抗日民主政权问题给林平的指示》（1944 年 1 月 31 日），载中央档案馆、中共中央文献研究室编：《中共中央文件选集》（第 12 册），中共中央党校出版社 1986 年版，第 415 页。

路东新一区抗日民主政府受路东新行政委员会领导，下辖王母、南平、水上、鹏一、葵华、沙溪和桂岗 7 个乡。大鹏区乡民主政权建立后，主要做了如下工作：（一）开展"二五"减租减息运动。运动先在王母开展，然后扩展到其他各乡。当时鹏一乡的大鹏城斗争比较激烈。（二）动员青年参军。民主政权建立后，大鹏地区有四五百个青年先后参加了中共领导的惠阳大队、护航大队和广九大队等人民抗日武装队伍。（三）带领人民群众开展对敌斗争。（四）组织人民搞互助合作，发展生产，改善生活，支援抗战。（五）坚持战时教育，实行禁烟禁赌，维护治安。（六）协助部队开办各种训练班。

由于大鹏民主政权在开展各项工作中成绩显著，1945 年受到路东新行政委员会的通令表扬。路东新一区的抗日民主政权日益巩固，成为东江纵队当时的主要后方。

二、民主政权的抗日宣传活动

抗日根据地的文化事业，是随着抗日根据地的巩固发展而发展的。1940 年 9 月 10 日，中共中央就各抗日根据地推行文化运动做出指示，要求"各地党部与军队政治部应对全部宣传事业、教育事业与出版事业做有组织的计划与推行，用以普及与提高党内外干部的理论水平及政治水平，普及与提高抗日军队抗日人民的政治水平，要使各根据地干部、军队与人民的理论、政治及文化水平高于与广于全国各地"。[①]

在创建东江抗日根据地的过程中，大鹏地区的党组织一直非

---

① 《中央关于发展文化运动的指示》（1940 年 9 月 10 日），载中央档案馆、中共中央文献研究室编：《中共中央文件选集》（第 11 册），中共中央党校出版社 1986 年版，第 488 页。

常重视开展文艺宣传和文化教育工作，在日、伪、顽军重重封锁，战事频繁，物质条件相当困难的情况下，始终坚持发展东江抗日根据地的宣传和文化教育工作，使宣传教育工作成为团结教育人民、团结各阶层人士、打击敌人的有力武器，为争取敌后抗日游击战争的胜利起到重要作用。

东江纵队成立后，东江纵队司令部机关曾驻在大鹏半岛的半云天、油草棚、西涌等地。东江纵队机关报《前进报》报社亦设在此地，在南澳西贡村的谭仙古庙还设有《前进报》的印刷厂。《前进报》大量刊登中共广东组织和东江纵队领导人的文章、讲话，发表社论，报道东江抗日根据地的新闻，宣传中国共产党的抗日主张、方针和政策，既教育了当地的广大党员和人民群众，也指导了东江抗日根据地的抗日斗争。

东江纵队成立后，还建立了以"拖拉机"为代号的政工宣传队，把民主政府的政策精神和抗日军民英勇斗争的事迹编成话剧、民歌等，在大鹏半岛各地乡村宣传演出。政工宣传队平时还教群众唱抗战歌曲，既宣传了抗日道理，又活跃和丰富了群众的文化生活。

三、重视民众文化教育

抗日民主政府成立后，非常重视民众文化教育，在乡村开办各种学校、农民夜校、识字班等，让适龄儿童、青年农民、妇女学习文化知识，接受文化教育。

当时，为了做好在乡村民众中开展文化教育这一工作，东江纵队政治部还提出具体的政策与措施："第一，积极推动开办学校、识字班、夜校，使所有儿童、青年农民、妇女都有读书识字的机会，实行普及教育。第二，实施成年补习教育，加强干部教育，推广通俗书报，奖励自由研究，提倡科学知识与文艺运动，欢迎科学艺术人员，保护流亡学生与失学青年，实行公务人员的两小时学习制。第三，在遵守政府法令的原则下，允许任何外国人在本区做宗教与文化的活动。"① 由于东江纵队和路东新一区抗日民主政府的重视，大鹏地区的民众文化教育工作很快便开展起来。

在此期间，大鹏地区的王母圩光德小学、坝岗小学、葵涌竞新小学等学校，除了招收适龄学童进校读书之外，还逐渐兴办了农民夜校、识字班，对青年农民、妇女进行扫除文盲、普及文化教育，并对广大群众开展抗日救亡宣传教育，提高民众的文化水平和政治觉悟。其中，葵涌土洋村的此项工作做得很出色。该村将民众教育作为一项重要的工作来办，村里很快就办起了民众夜校和识字班。没有老师，他们就请来各村学校的老师担任；没有课室，夜校就晚上利用学校的课室。上课的时间是逢周一至周五的晚上，既不妨碍小学生们上课，也不影响农民们的生产活动。土洋村的村民们对参加民众夜校学习十分积极，夜校刚开办时就有50多人报名参加，参加学习的民众每人还发给一本文化课本。课堂上，老师们除讲授课本文化知识之外，还宣传抗日救亡的道理和讲解毛泽东的《论持久战》等著作，深受民众的欢迎。

四、根据地的电台建设②

抗战期间，惠宝人民抗日游击总队和惠东宝边人民抗日游击大队两支人民抗日武装，在惠东宝敌后前线对敌作战，受日、伪、

---

① 《关于中国共产党在东江敌后前线地区实施各项政策问题的谈话》（1944 年 1 月 21 日），载广东省档案馆编：《东江纵队史料》，广东人民出版社 1984 年版，第 107 页。

② 旗红大鹏湾编纂委员会编：《旗红大鹏湾——大鹏革命斗争史录》，海天出版社 2005 年版，第 94 页。

顽军的三面夹攻。由于远离中央，为及时得到中共中央的直接指示，同上级党组织取得无线电联络，1939年秋，曾生调王彦芝、戴机等人筹建电台。1944年初，根据中共广东省临时委员会的意图，拟建立部队电台。

1944年1月至6月开办第一期报务训练班，地点设在大鹏半岛西涌村。学员有丘海生、张婉玲、余绿波、吴文辉、李子芳5人，由江群好任报务教员。第二期于1944年8月至12月开办，地点设在大鹏半岛油草棚村，学员有戴昌华、李文、卢毅、杨碧群、黄楚珊、文键、卢侃、黄作材、伍惠珍、陈伦、刘婉、梁冰玲、邹顺平等13人，报务教员是江群、王强2人。电台安装在叶氏宗祠小房间楼上，陈志华任台长，操作员代号为0046。

在抗日战争期间，部队经常通过电台与中共领导直接联系，使指挥员能及时得到上级的指挥，打击敌人。

1944年12月中旬，驻惠州国民党顽军徐东来、罗懋勋两部，组织大批军队对大鹏半岛进行"扫荡"，油草棚村被包围。曾生司令员指挥部队和自卫队队员在油草棚后山设卡、埋伏，一边对敌作战，打退敌人的进攻，一边让油草棚自卫队护送电台撤往南澳西涌村。战斗中，油草棚村自卫队队员叶木培壮烈牺牲。电台撤离后，经西涌海运迁到盐田三洲田村，后转到罗浮山华首台。

第三章

人民自卫斗争和大鹏解放

抗战胜利后，国民党悍然挑起反人民的内战，大鹏老区人民在中国共产党地方组织的领导下，与国民党军队展开了英勇的斗争。尤其是在1946年东江纵队北撤山东后，面对"白色恐怖"的恶劣环境，大鹏老区人民不畏艰险，坚定信念，义无反顾地积极支援东江纵队留下的人民武装，开展自卫斗争。经过几年的艰苦奋战，终于打败了国民党军队，迎来了大鹏的解放。

第一节 抗战胜利后国民党发动内战

抗战胜利后，历尽了千辛万苦、做出了极大牺牲的人民群众，欢欣鼓舞，迫切希望能有一个和平安定的环境来医治战争的创伤，建设家园。但是，国民党不让人民过和平、民主和幸福的生活，相反要夺取人民的胜利果实，发动反人民的内战。

一、全面内战在广东爆发

抗战胜利后，人民革命斗争进入新的历史发展阶段。蒋介石集团为了抢夺人民的抗战胜利果实，在美国的武力和经济援助下，加紧策划内战。1946 年 6 月，蓄谋已久的国民党政府以围攻中原解放区为起点，悍然发动了全面内战。广东的局势随着全国内战的全面爆发而发生了急剧的变化。

在广东，国共两党的力量对比悬殊，国民党在经济上、政治上和军事力量上都占有绝对的优势。国民党统治集团图谋利用军事上的绝对优势，以两三个月的时间彻底消灭广东境内的人民武装。深圳地区在抗战期间既是广东党组织领导机关的所在地，又是东江纵队开展敌后游击战争的主要根据地之一。因此，国民党广东当局一直将包括惠东宝解放区在内的东江解放区作为军事进攻的重点，投入大量的兵力，妄图一举摧毁广东党组织的领导机关，消灭东江纵队，以实现其完全控制整个广东的战略目标。

1945 年 10 月 20 日，国民党广州行营主任张发奎在广州召开粤桂两省"绥靖会议"，策划对广东解放区的全面进攻，扬言要在2个月内"肃清"人民武装力量。会后，张发奎调集了8个军22个师的兵力，大举进犯广东解放区。

在国民党军队大规模进攻的情况下，江南指挥部进行了严密的部署，卢伟如、黄宇、叶锋率第一支队一部、第二支队、第七支队一部，分散在惠东宝老区坚持斗争；高健、黄高阳率第一支队一部、第七支队一部及港九独立中队，挺进惠阳、紫金一带活动。为了避开国民党军队优势兵力的进攻锋芒，进行分散的自卫斗争，尹林平、曾生于1945年12月30日做出决定：（一）主力部队立即向惠阳、紫金方向突围，开辟新的活动区域；（二）组织武工队，坚持斗争，保护群众，解决经济困难；（三）精简人员，保存干部，适当将一些干部撤到香港及其他地区；（四）原地区党组织做好顽军占领后的军政特两面工作及群众对敌工作；（五）干部分散负责，曾生、黄宇、卢伟如坚持在东莞指挥反击斗争，高健、黄高阳率主力突围，各地委、县委干部分散坚持斗争；（六）中共广东区党委机关转移至香港。活动在大鹏地区的部队，贯彻上述决定精神，组织武工队，保护群众，坚持斗争。

抗战结束后，深圳地区军民在中共组织的领导下，坚决执行中共中央和中共广东区党委分散坚持斗争的方针，与国民党军队进行了英勇的斗争，给敌人以狠狠的打击。在斗争中，虽然东江纵队大量减员，但各支队都保存了骨干队伍，为中共中央与国民党政府进行"北撤"谈判创造了有利条件。

二、积极配合东江纵队抗击国民党军队

在谈判过程中，国民党当局继续调集军队进攻东江解放区。在东江南岸地区成立以国民党广东省保安副司令韦镇福为主任的绥靖区指挥所，以保安第三、第七、第八、第十一、第十二团共

5 个团的兵力，加强对惠东宝地区的进攻。国民党广州行营向所属部队发布命令，声称"'剿匪'工作必须在 4 月底以前完成，整军与人员的改组，将依照'剿匪'功绩决定"①。

1946 年 2 月 23 日，国民党新一军进攻王母圩、大鹏城、澳头等地。24 日上午，海上独立大队第二中队 2 艘武装船，在中队长肖华奎的率领下，于小桂东面大亚湾辣甲岛海面，与国民党海军"舞风"号炮舰和 2 艘炮艇展开激战。战斗持续到下午 4 时，终因与敌人在船舰性能和火力上的悬殊，武装船被击沉，中队长肖华奎和副指导员陈华等 16 位同志英勇牺牲。3 月中旬，东江纵队第一支队由路东返回宝安阳台山根据地活动，与第六团银星大队联合作战，在章阁击退国民党军的进攻。此战中，银星大队大队长黄锡良牺牲。

1946 年 3 月，根据中共中央和中共广东区党委坚持自卫斗争、保存力量的方针，东江纵队主力部队粉碎了国民党反动军队 7 个师的兵力对惠东宝解放区的进攻。国民党军"清剿"的锋芒基本消解。这次大"清剿"历时 3 个多月，国民党调动大量兵力，采用"填空格"战术，村村驻兵，对游击区进行"围剿"，妄图消灭革命武装力量，结果失败。

在国民党发动内战、向东江地区的人民抗日武装发动进攻之后，大鹏老区的人民群众积极支援东江纵队，配合东江纵队的作战。为解决慰劳部队的经费，沙溪乡妇抗会在黄鸡妹、溜马石村开拓荒地 1.33 公顷，青抗会在余庆堂门前垦出荒田 0.13 公顷，都种上花生和水稻等作物，作为慰问部队之用。土洋村的群众凡遇部队驻防，就自动打扫驻地，预先借好床板、门板，拿出稻草

---

① 《东江纵队史》编写组编：《东江纵队史》，广东人民出版社 1995 年版，第 365 页。

给部队同志铺床，收拾柴火给部队做饭。

人民群众对部队非常热情，甚至不怕牺牲，保护革命同志，出现了不少革命堡垒户。1946 年 11 月，国民党驻布吉的一个加强营长途奔袭驻在土洋村的江南税务处，该村群众黄英发现后，立刻向江南税务处工作人员报告。江南税务处马上组织撤退，但由于国民党军队来得十分突然，不少工作人员来不及撤退，只好由群众进行掩护。有 6 名工作人员经过潘秀金家想冲到村外去，潘秀金觉得情况十分危急，便把 5 名男同志藏在草丛间的棚子上，把行李埋在草木灰堆里，又用自己的衣服、围裙将另外一名女同志化装成农村妇女，躲过了敌人的搜查。最后 6 人均安全脱险。还有一些工作人员走到群众家里，同样得到群众的掩护而脱险。

三、老区民众反内战保护革命政权①

1946 年 2 月 3 日，国民党军一五三师下属的四五七团，五十四军三十六师的一〇六、一〇七部队部分主力共 800 余人，分海陆两路向大鹏半岛进犯，扬言要推翻路东新一区（大鹏）政府，活捉张平区长（路东新一区政府于 1944 年 10 月 10 日成立，张平曾任区委书记、区长、区武装大队大队长等职务）。国民党军队嚣张至极，对大鹏实行白色恐怖，强迫大鹏人民执行反动的保甲制度，以五户联合出具联保连坐切结，互相担保，互相监视。国民党反动头子梁永年，对区政府及武装大队极端仇视，在王母圩一次群众会上宣布所谓"十条杀令"：包藏路东新一区武装大队人员及东江纵队人员者杀；知情不报者杀；支持路东新一区武装及东江纵队活动者杀。一时，大鹏半岛乌云密布。

---

① 旗红大鹏湾编纂委员会编：《旗红大鹏湾——大鹏革命斗争史录》，海天出版社 2005 年版，第 199 页。

路东新一区政府面临敌我力量悬殊的形势，为了保护革命政权，免遭国民党追杀，决定由张平率领部分区政府人员及武装大队共 70 多名战士（含东莞部分战士），撤离王母圩，转移到岭澳村开展地下活动。

国民党驻守王母、鹏城据点的军队派出一定兵力在龙岐、王母、鹏城及惠阳澳头港设立岗哨，截断海陆通道，企图钳制大鹏半岛，消灭路东新一区政府。

路东新一区政府人员及武装大队来到岭澳村后，国民党军队诽谤岭澳村为"匪区"，不准岭澳村的村民随便到鹏城、王母圩活动，并经常派出兵力到岭澳村"扫荡"，"围剿"区政府及区武装人员。那时，岭澳村面临两大压力：一是国民党军队的"围剿"、抢掠；二是区政府 70 多人的粮食、日用品及药物还有伤病诊治等困难。当时，岭澳村的村民本身粮食也十分短缺，经济十分困难。

中共岭澳村支部面对残酷斗争的现实，切实加强对村民的思想教育，提高村民护政、爱政、保护武装人员的意识，并组织村民开展建立堡垒户、巧送情报、海上收税、筹粮支前、防治疾病等活动，确保区政府正常运作和武装人员的生命安全、生活给养。

张平到岭澳 2 个多月的时间里，其主要活动都是在村民（堡垒户）家里进行的，对敌斗争形势分析、对敌斗争决策、情报发送收集、经济来源、70 多人的日常生活，特别是粮食供养，均由村民积极配合解决。

山村的春夜特别寒冷、静谧，而村民董均维的家里却常常深夜油灯不灭，声音不息，张平正在与岭澳村党员共商对敌斗争良策。夜幕下，常常隐约出现一个身影，她就是董均维的继母张桂老人。每逢张平到来，她就为张平做饭、泡茶、烧火、放哨。老妇人为路东新一区政府献出了忠诚的心。

老党员吴华生的家是部队的情报站和战士的接待站、给养站。上级情报接收、当地情报发出都在这里进行。战士们缺衣少食、生病受伤时，吴华生与妻子郑官送竭力为他们解忧，甚至让出主卧室给战士休息。

李福祥的家是当年为区武装战士筹粮送粮的集散地。每天下午4点左右，大围、北龙、新屋3个自然村的村民，自觉捐出大米、番茨（即番薯）、木瓜、禾粟、小麦等主食杂粮，挑到李福祥家集中起来。李福祥的母亲和妻子对这些粮食进行加工后，送到排牙山麓阿公岩石洞（石洞长10米、宽6米，区武装部分战士住在洞内），供数十名区武装战士充饥。李可铭是一位跌打中医师，他不仅为区武装战士送粮食，还积极为部队战士送医送药，义诊治病。

张平为了掌握敌伪活动的情报，向上级反映岭澳村遭受国民党军队"扫荡"的信息，经常派李兰到鹏城、王母圩等地了解敌情，并传递情报给东江纵队交通站。

为解决区武装大队70余人的生活给养，岭澳党支部派出党员李水带，并动员2个村民郑容生、李华昌，用他们的木帆小渔船（载重约60担），配上3支七九枪、200发子弹，活跃于大亚湾虎头门和勒格岛海面，向往来于惠东、惠阳、香港海域的商船收税，用税款到惠阳澳头、虾涌港买回粮食、日用品及药物。海上收税坚持数月，为区政府、区武装大队提供了一笔可观的经济收入，很好地帮助区政府战士渡过难关。

东江纵队北撤山东

为了争取中国人民盼望已久的和平，1945 年 9 月 19 日，中共中央发出《关于向北发展向南防御的战略方针部署的指示》，即在南方做出让步，收缩南部防线；巩固华北以及华东、华中解放区；控制热河、察哈尔两省，集中力量争取控制具有重要战略地位的东北地区。于是，中共主动让出广东等 8 个解放区，东江纵队奉命北撤。

一、东江纵队北撤达成协议

抗日战争胜利之后，中国人民迫切希望实现国内和平民主，建立一个自由独立的新中国。1945 年 8 月 29 日至 10 月 10 日，中国共产党同国民党在重庆谈判，在排除无数困难和障碍之后，最终签署了《政府与中共代表会谈纪要》（即"双十协定"）。为了实现国内的和平，中国共产党在不损害人民基本利益的前提下，做出让步，同意让出广东、浙江、苏南、皖南、皖中、湖南、湖北、河南南部等 8 个解放区，并将 8 个解放区的人民武装逐步撤退到陇海铁路以北及苏北、皖北解放区。在此之前，中共中央制定了"向北发展，向南防御"的战略方针。根据中共中央的指示精神，东江纵队准备北撤。

1946 年 1 月 10 日，中共代表同国民党政府代表正式签订停战协定，双方同时颁布于 13 日午夜生效的停战令。停战令虽然下达，可是国民党广东军事当局置之不理，仍然按照原定计划对人民武装连续不断地采取军事行动。1 月 15 日，国民党军第一五四师分三路进攻解放区的坪山、龙岗，一五四师四六二团 2 个营及保安队分两路进攻大鹏半岛的水头沙、葵涌、东西涌、盐田、大梅沙、小梅沙等地。至 23 日，相继占领沙湾、双坑及沙鱼涌等地。与此同时，国民党以一五三师为主力，向江北地区推进，妄图在第八执行小组到达广州之前，消灭东江纵队江南、江北的部队。解放区军民强烈呼吁国民党军停止内战，遵守停战协定，撤出 1 月 13 日以后所占地区，恢复原军事位置。

1946 年 3 月 31 日，由美国代表柯夷、国民党代表皮宗阘、中共代表廖承志组成的"三人会议代表团"及尹林平等人由重庆到达广州。东江纵队司令员曾生、政委尹林平等以中共华南武装人员代表身份到广州参加谈判。工作人员有戴机、林立（通信官）、彭丰（副官）、林展（翻译官），后增加曾文、魏凌风等 10 人。4 月 2 日，"三人会议代表团"就东江纵队北撤问题终于达成协议，确定：（一）承认华南有中共领导的抗日武装力量；（二）双方同意东江纵队北撤 2 400 人，不撤退的复员，发给复员证，政府保证复员人员的生命安全，财产不受侵犯，就业居住自由；（三）东江纵队撤到陇海铁路以北，撤退运输船只由美国提供。

二、东江纵队顺利北撤

1946 年 4 月 18 日，国共双方经过反复谈判，就广东的中共部队北撤等问题正式达成初步协议，并发表联合公报。5 月 21 日，国共谈判，正式签署《东江停战和华南中共武装北撤问题联合会议决议》。

国民党虽然签署了东江纵队北撤协议，但蓄意消灭人民武装力量的图谋丝毫未变。不久，何应钦下令国民党广东当局趁东江纵队集中北撤之际消灭之。国民党广东当局肆意破坏双方达成的北撤协议，在东江纵队北撤部队各集结点和行军路线上加强兵力部署，制造事端，妄图消灭东江纵队北撤部队。经过一系列激烈的斗争，1946 年 6 月 24 日，东江纵队江南、江北、粤北和东进部队冲破国民党的重重障碍，集中于大鹏半岛。

1946 年 6 月 29 日，在大鹏湾沙鱼涌海滩举行欢送东江北撤部队的大会。"军调第八执行小组"中共首席代表方，代表中共中央军委致信慰问全体北撤人员。率领部队北撤的东江纵队司令员曾生也在会上讲话，并向乡亲们和复员战士珍重告别。大鹏半岛与其他地方的人民群众从四面八方赶来，挥泪送别与他们患难与共、血肉相连的人民军队，朗诵诗歌《送别我们的子弟兵》，表达军民之间的鱼水深情。6 月 30 日，东江纵队（包括珠江纵队、韩江纵队，以及南路、粤中、桂东南等部队的部分骨干）2 583 人，从大鹏湾的沙鱼涌海滩登上美国的 3 艘舰艇，向山东烟台北撤。在北撤部队中，有大鹏籍战士数十人。7 月 5 日，北撤部队抵达山东烟台，受到山东解放区广大军民的热情欢迎。至此，东江纵队终于胜利完成了战略转移的任务。

东江纵队北撤是从大鹏湾启程的。为了纪念这一重大的历史事件，1985 年宝安县人民政府在大鹏湾沙鱼涌海滩上的东江纵队北撤登船地立了纪念碑。纪念碑上刻有原东江纵队司令员曾生的题字："一九四六年六月三十日人民抗日游击队东江纵队及各江武装部队，为了坚持国内和平，从此登船北撤山东。"此后，该地也成为人们旅游观光的一个景点。

恢复人民武装斗争

东江纵队北撤后，东江地区的武装力量相对削弱。而这时国民党当局却一再违反停战协议，在全国各地不断派兵向解放区发动进攻，挑起内战，广东地区也遭受国民党军队的疯狂进攻。东江纵队北撤后留粤的中共武装人员在人民群众的支持下，被迫进行自卫斗争。

一、在国民党"清剿"中坚守

东江纵队主力北撤后，留下的武装力量大部分复员。中共组织实行特派员制，党组织的公开活动全面停止，大部分已经暴露身份的党员干部进行分散和隐蔽，革命力量骤然缩小。深圳地区地方党组织和人民武装队伍进入隐蔽时期，大鹏老区的革命群众也处于极为艰难的环境之中。

东江纵队尚未北撤时，国民党广东当局就进行了一系列的反革命部署，准备在东江纵队的活动地区进行"清乡"，以摧毁抗日民主根据地，消灭东江纵队留下来坚持斗争的武装人员和复员人员。1946 年 6 月中旬，东江纵队主力尚在集结途中，国民党最高当局就下令：一旦东江纵队北撤期满，即将留在广东各地的中共武装一律视为"土匪"，进行大规模"清剿"。从 6 月底开始，国民党广东当局军政要员先后在东江等地召开治安会议，成立各级"清剿"机构，部署"绥靖""清乡"计划，下令"限期肃清"各地中共领导的军事力量。

1946 年 7 月 17 日,国民党广州行营发表所谓的复员人员"集训"公报,妄图以"集训"为名,将中共复员人员一网打尽。为达到其"限期肃清"的目的,国民党广东当局违背保证东江纵队复员人员生命安全的诺言,调集 4 个旅和 8 个保安团的兵力,对东江纵队活动地区进行残酷的"清剿"。大鹏境内东江纵队活动过的乡村,均遭到国民党军的"剿扰"。他们进占这些红色区域,一方面抓丁拉夫,进行壮丁训练,强迫各地成立"自卫队",推行保甲制度,采取"联防联剿,联保连坐""强化治安"等措施,加紧"三征"(征兵、征粮、征税);另一方面,疯狂迫害东江纵队复员人员,强迫参加过抗日救亡各项工作的群众登记"自新",肆意搜捕和屠杀人民群众,制造白色恐怖。大鹏地区的东江纵队复员人员、地下党员、民兵干部、农会会员和进步青年惨遭迫害。许多复员人员有家不能归,有亲不能投,逃亡他乡,流浪度日,有的被捕入狱,有的被杀害,家破人亡,人民群众陷于水深火热之中。

面对严峻的斗争形势,中共广东区党委发言人先后于 1946 年 7 月 22 日和 8 月 23 日发表讲话,强烈谴责并抗议国民党广东当局破坏北撤协定、迫害东江纵队复员人员和人民群众的反动暴行。中共广东区党委还以东江纵队北撤人员曾生、王作尧、杨康华、林锵云等人的名义发表通电,对国民党广东当局迫害东江纵队复员人员的罪行表示极大的愤慨,号召复员战士和人民群众"采取同一步骤,严肃自卫,人不犯我,我断不犯人,人若犯我,迫我至于绝境,自不能束手待毙",进行坚决的自卫斗争。中共广东区党委发表的讲话和抗议通电,充分揭露了国民党广东当局的背信弃义行为,鼓舞了东江纵队复员战士和人民群众的斗志,为隐蔽在各地的共产党员指明了斗争方向,发出了重新拿起武器、恢复武装斗争的信号。

由于国民党当局在抗战胜利之后一直加紧部署和挑动内战，为了应对必然出现的内战全面爆发的严重局势，保障地下党员、东江纵队复员人员的生命安全和维护人民群众的利益，在东江纵队北撤的同时，中共广东区党委根据中共中央的指示精神，采取了"保存力量，保存骨干，长期积蓄力量，等待时机"的斗争方针，让党员分散隐蔽、各地党组织转入地下活动。

1946年6月，中共江南地委组织部长蓝造在坪山竹园召开会议。会议根据当时的形势和上级党委的指示决定：凡抗战时在部队、政权工作过的党员回到地方后，地方党组织不能与之联系，严防暴露；地方党组织转入地下活动，进行单线联系；派出特派员负责领导地方党组织的工作。7月，由于国民党军队的疯狂进攻，宝安县大部分地区的中共组织遭到破坏或失去联系。中共江南地委转入地下活动，大鹏境内的中共组织也坚持隐蔽的地下活动，由惠阳西区特派员叶源负责。

大鹏地区的中共组织面对白色恐怖，不畏艰险，坚定信念，紧密依靠群众，坚持地下活动。他们贯彻中共广东区党委提出的长期打算、分散隐蔽、积蓄力量、以待时机的方针，采取各种形式，利用各种条件，将部队复员人员和党的基本群众隐蔽起来。他们或以职业为掩护，坚持秘密斗争；或以群众面目出现，与村民共同生产，一起生活；或潜入树林、蔗林之中，甚至蹲地洞、山洞，昼伏夜动。通过种种办法，他们避开了国民党的迫害，为后来恢复武装斗争保存了骨干力量。

二、人民武装斗争的恢复

1946年9月间，隐蔽在惠东宝地区的武装人员和复员战士对国民党的迫害、摧残极为愤怒，于是逐渐公开活动，纷纷拿起武器，反对国民党的迫害和"清乡"。经中共地方组织同意后，复员干部刘立首先串联詹悟、刘盘等复员人员，组成10多人的小分队，不久发展到三四十人。这支小分队不断开展反迫害的武装活动，在大鹏坝岗除掉了勾结国民党军队杀害东江纵队复员战士的黎旺仔，镇压了坪山的土匪头子曾观新，保护了人民群众的生命财产。

在此期间，为了在南方恢复开展游击战争，并配合全国的解放战争，中共广东党组织集合留港干部，连续举办5期干部训练班，就广东游击战争能否搞起来及搞起来后的前途如何等问题统一思想认识。学员们随后被派往各地，参加和领导武装斗争工作，以加强各地中共组织的领导，为恢复武装斗争、重建武装队伍准备了干部条件。

1946年11月27日，中共广东区党委做出了正式恢复武装斗争的决定，同时决定在东江建立惠东宝建军委员会，委员会由蓝造、祁烽、叶维儒、曾建、张军、罗汝澄、高固组成，并筹建惠东宝人民护乡团。11月底，中共广东区党委在香港召开干部会议。江南地区参加会议的有蓝造、林文虎、叶维儒、张军、曾建、李少霖、李群芳等人。中共广东区党委书记尹林平传达了中共广东区党委的决定：江南地区要迅速重建武装，恢复武装斗争，并派叶维儒、曾建、李群芳等人先回坪山、龙岗等地做重建武装的准备工作。

同年12月中旬，中共广东区党委在听取叶维儒、曾建等人重建武装准备工作的汇报后，即派出第一批人回江南地区活动，要求其在东宝县委的领导下，根据"分散发展，独立经营"的方针，分头发动，联系东江纵队复员人员，逐步集结队伍，开展武装斗争。12月下旬至次年1月，深圳地区党组织和武装小分队负责人杨培、叶源、余清等先后到香港接受任务。江南地区正、副特派员蓝造、祁烽向他们分别传达中共广东区党委的决定和江南地区贯彻执行区党委决定的意见，要求各地党组织和各武装小分队积极参加和配合重建武装队伍，恢复武装斗争的工作。

三、惠东宝人民护乡团的成立与自卫斗争

1947 年 2 月，蓝造、高固、胡施、叶茵、黄友等人分别从香港回到惠阳。蓝造在坪山北岭沙坑围召开干部会议，参加会议的各地方党和武装小分队负责人听取了蓝造关于中共广东区党委恢复武装斗争指示的传达与汇报，对今后开展武装斗争和重建武装部队等问题进行了讨论。根据中共广东区党委的指示，会议决定，以群众自卫组织维护治安的名义，在江南地区成立惠东宝人民护乡团，由蓝造任团长兼政委，叶维儒任参谋主任，先后建立 4 个大队，其中第二、第三大队活动于宝安、东莞、惠阳等地。惠东宝人民护乡团提出"保护人民利益，与广大人民及各阶层人士团结一致，维护治安，反抗三征，反对内战，为实现和平民主的新中国而奋斗到底"的口号。

为了适应斗争形势，加强中共的领导，江南地区武装部队重建初期由江南地区特派员领导，具体军事工作由惠东宝人民护乡团负责处理。1947 年 3 月，根据中共广东区党委的决定，成立中共江南地方工作委员会（简称"中共江南工委"），由蓝造任书记，祁烽任副书记，统一领导惠阳、东莞、宝安、海丰、陆丰、紫金等县的地方党组织和重建武装斗争工作。从此，大鹏地区的党组织、武装斗争和群众工作便在中共江南工委的统一领导下开展活动。这时，隐蔽于各处的地方党员也重新返回各自的组织，参加党组织活动和武装斗争。

从 1946 年 6 月底东江纵队北撤到 1947 年 2 月恢复武装斗争，时间虽然不长，但斗争极其复杂和艰苦。隐蔽在各处的共产党员

和武装小分队及复员人员，在极端困难的环境下，英勇顽强地坚持自卫斗争，给国民党地方反动势力以有力的打击，铲除了反动势力，保护了人民群众，粉碎了国民党统治集团企图彻底扑灭人民革命力量的阴谋。

惠东宝人民护乡团成立后，紧紧抓住国民党统治力量薄弱的大好时机，及时开展了声势浩大的反抗"三征"、破仓分粮、摧毁国民党乡村反动政权、扩大武装队伍等一系列斗争活动。根据中共广东区党委关于"除了建立一般精干主力之外，仍须保持有各种形式的武工队、地方性的不脱离生产的队伍活动，以致配合"的指示，护乡团主要在各区、各乡开展以建立武工队为中心任务的斗争活动。

重建武装部队后不久，蓝介、廖梦建立了武工队，在大鹏地区亮起了反"三征"、反迫害的旗帜，广泛开展武装斗争活动。他们袭击国民党县、区政府的粮仓，破仓分粮，救济民众，打击国民党地方当局的"征粮"暴政计划；筹措资金，借枪借粮，以恢复和发展人民武装队伍，做好自卫斗争的准备；输送情报、直接参战，配合主力行动，打击乡村反动武装，摧毁反动政权，瓦解敌军，建立农会和民兵组织等。这些武装斗争活动，在社会上产生了较大的影响。

为了扑灭人民武装力量，1947年3月15日，国民党广州行营发布"清剿"命令，在各行政区设立"清剿"机构，拼凑地方反动武装。国民党第四行政区督察专员公署以保安第八总队、保安独立第二大队、第一五四师和虎门守备总队，配合各县的政警队及地方联防武装约5 000人的兵力，对江南地区特别是惠东宝沿海地区实行所谓的"全面清剿"。从这个月开始，国民党军队就频频发动进攻，图谋将江南地区刚刚恢复建立起来的人民武装消灭在摇篮之中。

1947 年 3 月间，国民党以保安第八总队为主力，对包括大鹏半岛在内的路东地区的部队发动了第一次较大规模的进攻，其目的是消灭中共外围武装——大亚湾联防大队（代号为"靖沿"）。3 月 7 日，惠东宝人民护乡团团长兼政委蓝造，命令"靖沿"部队迅速撤离驻地，做好战斗准备。从 3 月 23 日开始，国民党东江当局集结保安第八总队第二大队和第一大队 2 个中队及惠阳县警 2 个中队、盐警 2 个中队，由黄铮、徐东来指挥，分四路进攻驻在稔山、霞涌、澳头、大鹏的"靖沿"部队。26 日，因何联芳不听劝告，除罗汝澄、林文虎率刘立中队及时撤离外，其余 2 个中队遭围歼，20 余人阵亡，何联芳等近 50 人被俘，多数人被就地枪决。

为了反击国民党的军事进攻，开辟惠东宝沿海游击根据地，惠东宝人民护乡团第二大队展开了一系列的军事行动，以打击国民党军的嚣张气焰。1947 年 4 月 10 日，罗汝澄率护乡团肖伦中队的 4 个班和 1 个短枪组，采取奇袭战术，歼灭驻沙鱼涌海关黄玉如部 1 个排，缴获步枪 9 支、短枪 1 支、毛毡 10 余张，俘敌 5 人。4 月 11 日，护乡团肖伦中队以 1 个小队的兵力突然袭击葵涌乡公所，缴获敌步枪 8 支、税谷 3 000 多斤以及弹药一批，俘敌 2 人。4 月 13 日，护乡团严忠英中队在盐田伏击宝安县警队，毙敌 1 人，伤敌 2 人，缴枪 2 支。

1947 年 4 月下旬，国民党东江当局又调集虎门"靖海"部队一个大队及保安第八总队向坪山、龙岗、大鹏一带发动第二次进攻，图谋破坏护乡团在沿海设立的税站。护乡团第二大队以小部队配合武工队在沿海与敌人周旋，主力则避敌锋芒，转移到外线出击。6 月下旬至 7 月初，护乡团第二大队余清中队在宝安沙河、大坪、石竹径、大船坑连续 4 次战斗，共毙伤敌军 10 余人，迫使敌人回防宝（安）太（平）线。9 月中旬，罗汝澄、李群芳率领护乡团约 100 人，分两路袭击沙鱼涌圩内的国民党宝安县警队和黄玉如部，全歼县警队，毙敌 13 人，缴步枪 13 支。

至 1947 年底，惠东宝人民护乡团发展到 2 500 人。在中共江南工委的领导下，惠东宝人民护乡团与民兵、群众相结合，采用袭击战、伏击战和围困战袭击敌人、打击敌人、牵制敌人。经过近一年的艰苦斗争，惠东宝人民护乡团粉碎了国民党军队的多次进攻，部队活动范围逐步扩大，控制了坪山、大鹏、沙湾等地区，惠宝沿海根据地初步形成。

大鹏人民迎接解放

人民解放战争打响后，大鹏人民坚决支持人民武装力量进行推翻国民党独裁统治的斗争。经过几年的艰苦奋战，推翻了国民党在大鹏的反动统治，取得了革命的胜利，大鹏人民终于迎来了解放。

一、重建中共大鹏区委

1948年初，国民党广东当局发动第一期"清剿"，实行"分区扫荡，重点进攻"的方针，大规模进攻广东人民武装。为了打破国民党军队和地方反动武装的大规模"清剿"，江南支队摧毁了敌人的据点，给国民党军队尤其是地方反动武装以有力的打击。大鹏地区的中共组织和革命群众积极配合江南支队反"清剿"的军事行动，彻底粉碎了国民党对东宝地区的"清剿"计划。

在打退国民党军队进攻的同时，大鹏地区的中共组织在反"清剿"斗争中得到进一步发展。1948年4月，根据中共江南地委的指示，恢复重建中共大鹏区委，书记为李光，组织委员为邹锡洪，宣传委员为邓庭。中共大鹏区委的主要任务是领导全区人民开展退租、退息、借粮救荒的斗争，并积极动员人民群众参军参战，支援前线，支持和配合中共江南地委和江南支队的反"清剿"斗争。

中共大鹏区委重建后，遵照中共江南地委关于"从斗争中大量地发展党的组织，扩大新阵地，恢复旧地区，并适当地巩固原有的组织"① 的指示，在群众斗争和武装斗争中吸收积极分子加入中国共产党，发展基层党的组织。至 1948 年底，中共大鹏区委属下的鹏城、下沙和葵沙 3 个支部先后建立。② 大鹏地区的中共组织得到进一步的恢复与巩固。

二、沙鱼涌奔袭战

1948 年夏，国民党广东当局在第一期"清剿"计划被打破之后，并不甘心失败。为达到其"安定华南"后方基地的目的，国民党广东当局经过一番准备，集结了 7 个团 5 000 多人，重点对惠东宝地区进行旨在"肃清平原，围困山地"的第二期"清剿"。

1948 年 6 月，国民党广东当局开始集结部署兵力，准备对江南地区发动重点进攻。6 月下旬，国民党第一五四师开至广九铁路东莞、宝安和大鹏半岛沙鱼涌、大梅沙、小梅沙、沙头角一带，企图与国民党其他部队于坪山地区合击中共领导的江南支队。

为了打乱国民党军队的进攻部署，中共江南地委采取"先发制人，主动出击""集中优势兵力，各个歼灭敌人"的作战原则，计划在"清剿"部队进攻坪山之前，主动出击歼灭大鹏半岛沙鱼涌之敌。

沙鱼涌位于大鹏湾北岸，南面临海，水、陆均通香港，并设有海关。沙鱼涌是国民党驻军重地，沿线有陈坑、溪涌、沙头角等据点，镇内驻扎第一五四师 1 个营部带 1 个步兵连、1 个机炮

---

① 《江南地委关于党务工作、领导问题的总结和今后工作任务的决议》（1948 年 12 月），载中央档案馆、广东省档案馆编：《广东革命历史文件汇集》（甲 52），第 205 页。

② 深圳市史志办公室编著：《中国共产党深圳历史》（第一卷），中共党史出版社 2007 年版，第 260 页。

排，以及海关关警、税警等 300 余人，设防严密。营部设于镇北一栋 2 层楼房里。海关位于镇南，东侧靠山，筑有碉堡，南有机炮排把守。从海关往北，沿山腰筑堑壕一条，布铁丝岗一道，圩口设有碉堡，能以火力控制从葵涌进入沙鱼涌的大路。敌人自恃天然屏障，以为布阵固若金汤，万无一失，江南支队不敢贸然袭击。

1948 年 7 月 10 日，根据沙鱼涌驻敌情况，江南支队做出战斗部署，以第一团 3 个连队、第二团独立中队、第三团钢铁连负责主攻沙鱼涌圩，其任务是先解决敌营部，然后突击山上炮排阵地，并向海关发起攻击。主攻部队由第一团团长罗汝澄指挥；温汉光率一个排占领沙鱼涌西侧高地，用火力封锁渡口，以防敌人渡河逃遁；第二团团长李群芳、政委叶源和政治处主任王舒率第二团的飞豹连和新编连占据土洋村西侧高地，担负阻击可能由溪涌方向来援之敌。支队指挥所设在沙鱼涌东侧 300 米的高地上，攻击时间定在 7 月 16 日凌晨 4 时。

7 月 15 日夜，江南支队向沙鱼涌推进，16 日凌晨 4 时战斗打响。北面部队向敌营部发起进攻；南面部队向海关东侧高地敌排哨发动攻击；沙鱼涌西侧高地的一个排，则集中火力掩护攻击部队。在火力掩护下，突击部队经过 30 分钟战斗，攻占敌排哨和班哨阵地。然后，以一个连的兵力向沙鱼涌东侧山地推进，协同北面部队攻击敌营部，其余部队则围攻海关之敌。敌营部被解决之后，南面部队协同北面部队，分两路夹击，很快将海关之敌消灭。早上 8 时 30 分，战斗结束。此战，江南支队全歼沙鱼涌守敌 327 人，其中毙敌 120 人，伤敌营长以下官兵 22 人，俘敌连长以下官兵 185 人；缴获八二迫击炮 2 门、六〇炮 2 门、重机枪 2 挺、轻机枪 8 挺、卡宾枪 2 支，以及其他长短枪 180 多支、子弹 7 万发、电台 1 部及物资一大批。

大鹏沙鱼涌之战，是江南地区恢复武装斗争后取得的空前胜利，迫使大鹏湾沿岸沙头角、陈坑、溪涌等地的国民党军队于战后第二天狼狈撤退，从而解除了江南支队南面受敌的威胁，极大地振奋了部队及人民群众的信心和斗志。

三、大鹏区人民政府成立

沙鱼涌战斗结束后，国民党军队又在山子下、红花岭等地遭到惠东宝人民护乡团的打击，连遭败绩，士气低落。此时，由于江南支队主力东移，各地方人民武装积极配合作战，颇具声势，威胁着敌人的后方。至 1948 年 9 月下旬，国民党广东当局不得不收缩兵力，将其"进剿"坪山地区和路西东宝地区的兵力撤回深圳、惠州等地。至此，国民党军队对惠东宝地区的第二期"清剿"计划宣告破产。

在反"清剿"的斗争中，中共领导下的大鹏地区的人民武装不断发展壮大，大鹏地区的人民也在配合部队粉碎敌人"清剿"的斗争中得到了锻炼，其间以潘易为队长的大鹏武工队也建立起来。大鹏地区有了武工队的活动，这就为大鹏区人民政权的建立提供了有力保障。1948 年 11 月，大鹏区人民政府成立，区长为邹锡洪，副区长为曾其中。大鹏区人民政府下辖葵沙、王母、鹏城、桂岗、南平等乡人民政府。大鹏区人民政府成立后，积极开展群众工作，组织区里的人民群众有计划地进行生产，积极配合大鹏武工队开展反"清剿"斗争，并逐渐建立起征收公粮、税款的制度，为当地人民武装提供比较稳定的经济来源。

四、人民迎接解放大军和大鹏解放

1948 年 12 月 15 日，中共中央香港分局决定正式成立中共粤赣湘边区委员会。中共粤赣湘边区党委除管辖江南、江北、九连、北江、五岭地委外，还领导珠江三角洲的地方党委。中共粤赣湘边区党委于1948年12月下旬至1949年1月中旬在惠东县安墩镇黄沙村召开了第一次全体会议。在会议期间，中央军委发来电报，批准中国人民解放军粤赣湘边纵队成立，并任命尹林平为司令员兼政治委员，黄松坚为副司令员，梁威林为副政治委员，严尚民为参谋长，左洪涛为政治部主任。

粤赣湘边纵队成立后，旋即对东江各地的部队进行改编，将江南、江北、九连、北江、五岭及珠江三角洲等地区所属部队统一改编。经常活动于大鹏地区的江南支队，被改编为粤赣湘边纵队东江第一支队，下辖7个团、2个独立营、1个教导队，兵员达1万人。

为了迅速建立和巩固以东江、韩江为中心的战略基地，粤赣湘边纵队发动了强大的春季攻势，歼灭了国民党广东省保安第四师师部和保五团，先后解放了龙川、五华、连平、和平、新丰、紫金等县城。粤赣湘边纵队东江第一支队二团在惠阳将军坳活捉了国民党宝安县县长陈树英。

1949年7月后，粤赣湘边纵队各部队乘胜出击，迅速解放了江南、九连、江北和五岭的广大乡村和十余座县城。8、9月间，解放军迅速解放了整个粤赣湘边地区。

同年8月下旬，根据中共江南地委的指示，成立了中共宝安县委、宝安县人民政府，县委书记黄永光兼任县长，周吉、曾劲夫为副县长。10月16日，黄永光率领宝安县人民武装力量进入南头，歼敌百余人，解放了宝安县。

10月上旬，粤赣湘边纵队东江第一支队二、三、八团在大鹏会师，配合南下大军作战。

11月，汕头、惠阳沿海地区相继解放，国民党残兵败退到大鹏半岛以南的三门岛上，构筑工事，企图负隅顽抗。三门岛地处惠阳、汕头沿海地区通往香港的主要航道上，在经济上、军事上有着重要的地位。

1950 年 1 月 6 日，两广纵队第二师第四团和粤赣湘边纵队东江第一支队新编独立第三营，从大鹏半岛的东涌村出发，在炮火掩护下渡海作战，歼敌 286 人①，缴获八二炮 6 门、六〇炮 3 门、轻重机枪 37 挺、长短枪 500 支、子弹 20 多万发，还有物资一大批。随着三门岛战斗的结束，惠东宝地区（除伶仃岛外）都获得了解放，回到了人民的手中。

五、升起华南第一面五星红旗

在人们的印象中，1949 年 10 月 1 日下午，毛泽东主席在首都天安门城楼上庄严按动电钮升起的那面五星红旗，是中国领土上升起的第一面五星红旗。然而，早在天安门广场那面五星红旗升起前的八九个小时，在祖国东南端沿海的大鹏半岛上一个叫王母圩的小镇，在 10 月 1 日清晨 6 点多钟，就有一面五星红旗冉冉升起了。

原来，1949 年 9 月 30 日下午，香港《华商报》刊发的新华社新闻稿中，公布了中华人民共和国的国号、国旗、国歌、首都和将于 10 月 1 日举行开国大典的消息，受命参加接管广州的近千名中共干部汇集在王母圩，决定在 10 月 1 日早晨举行庆祝活动，大家分头准备。

毛泽东主席的画像早就有了，国歌大家都会唱，国旗的样式在新华社电讯稿中已有详细的说明。粤桂边区纵队参谋长杨应彬同志做过绘图作业，便自告奋勇地承担了绘图工作；另请几位女

---

① 《两广纵队史》编写领导小组编：《两广纵队史》，广东人民出版社 1988 年版，第 121 页。

同志用红、黄、白布加以剪裁和缝制，一面五星红旗很快便制好了。

　　10月1日清晨，大家都自觉地来到王母圩光德学校操场上的那棵大榕树下，齐声唱起《义勇军进行曲》。随后，一面鲜艳的五星红旗迎着晨风和朝阳，庄严地升起来了。

　　10月15日，部队进驻广州后，人们将这面红旗与标准红旗一对照，发现大小和样式完全一致。但是，由于消息不通，王母圩升起的那面红旗，比在天安门广场的红旗早半天升起。

第四章

中华人民共和国成立后大鹏老区的建设发展

中华人民共和国成立后，各级党委、政府不忘老区人民的贡献，千方百计大力扶持老区建设。大鹏地区的建设经历了三个阶段。第一阶段是中华人民共和国成立至20世纪70年代末，主要是扶持老区医治战争造成的创伤，重建被敌人摧毁的家园，帮助恢复生产。第二阶段是20世纪70年代末到20世纪90年代，重点扶持老区发展经济和解决行路难、照明难、饮水难、读书难、看病难等"五难"问题，帮助老区改善生产、生活环境。第三阶段是20世纪90年代至今，大力扶持老区建设小康社会，不断提高老区发展水平，有力地促进了老区各项事业的发展，使老区面貌发生了巨大变化。

建立人民政权和恢复生产

1949 年 10 月，中华人民共和国成立以后，大鹏地区的历史翻开了新的一页。在中国共产党的领导下，大鹏人民建立了各级人民政权，并遵照中共中央的部署，开展剿匪肃特、镇压反革命、实行土地改革等各项巩固新生人民政权的工作。

一、人民政权的建立与巩固

中华人民共和国成立之初，大鹏老区迅即开展建立人民政权的工作。当时，大鹏、葵涌属惠阳县第四区管辖。惠阳县第四区成立了大鹏乡政府、葵沙乡政府。大鹏、葵涌两个乡级人民政权成立后，就遵照上级党委和人民政府的部署，迅速发动群众，安定社会秩序，健全和整顿乡镇基层组织；剿匪肃特、镇压反革命，严厉打击国民党残余势力，巩固新生的人民政权；组织群众医治战争创伤，恢复和发展生产，改善民众生活。

大鹏地区地处沿海，海岸线长，岛屿众多，情况复杂。当年国民党军队败退时，曾有大批国民党的残余武装或流落到各个岛屿、结伙成匪，或溃散于各地、潜伏为匪。加上大鹏地区毗邻港澳，国民党经常派遣特务私渡入境，进行袭扰破坏活动。这些都严重地威胁着新生的人民政权的巩固和社会的安宁，给人民群众带来了严重的危害。大鹏、葵涌两地人民政府积极发动群众，开展清匪肃特斗争，一方面组织民兵配合剿匪部队分区驻剿，用分片包干的办法消灭股匪；一方面发动群众深挖隐藏于民间的特务和反革命分子，从而巩固了新生的人民政权。

二、开展土地改革运动

人民政权建立后，大鹏地区遵照上级党委和人民政府的部署，着手开展土地改革运动。土地改革是中国共产党领导的，以废除地主阶级封建剥削的土地所有制、实行农民的土地所有制为内容的，旨在解放农村生产力，发展农业生产，为新中国的工业化开辟道路的一场社会改革运动。

大鹏地区的土地改革是从 1950 年 10 月中旬开始的。根据中共中央华南分局和中共惠阳地委的指示，整个土地改革分为三个阶段：第一阶段为发动群众，清匪反霸，退租退押，培养骨干分子，彻底改造、整顿基层；第二阶段为划分阶级成分，没收、征收和分配，从经济上消灭地主阶级；第三阶段为复查，发土地证。土地改革到 1952 年 12 月底结束，全县 90% 以上成年农民参加了运动。

在土地改革中，政策是依靠贫农、雇农，团结中农，中立富农，有步骤、有分别地消灭封建剥削制度，发展农业生产。没收地主的耕畜、农具和多余的土地、粮食、房屋，征收富农出租的土地，并把没收的土地、房屋、耕畜、农具和粮食等分给贫农、雇农，把封建剥削的土地所有制改为农民土地所有制。土地分配的方法是在原耕地基础上抽补调剂，肥田搭配瘦田，按人口分配土地，并填发了土地证。

通过土地改革，彻底摧毁了延续两千多年的封建制度的基础即地主阶级的土地所有制，标志着大鹏地区民主革命基本任务的完成，农民无偿分得土地和生产资料，解放了农村生产力，有力地促进了农业经济的恢复和发展，同时也调动了农民的政治热情和生产积极性，进一步巩固了工农联盟和人民民主专政，为农业的社会主义改造创造了有利条件。

三、大鹏老区的农业合作化

1952 年，大鹏地区的党委和人民政府发动和组织农民走农业集体化道路。首先组织互助组，有临时互助组和常年互助组两种形式。临时互助组是指在耕种和收成的大忙季节中互帮互助，其余农活的时间分散作业，各干各的活；常年互助组是整年都将各项农活集中起来，互相帮忙，彼此合作，耕牛、农具和劳力等都集中使用。到 1953 年秋后，全县（惠阳县）参加互助组的农户占农业总户数的 28%。

大鹏老区的乡村农户组织了互助组后，在生产中显示了集体劳动的优越性。在组织互助组之前，有些农户由于劳动力不足，又缺乏耕牛和其他生产资料，根本无法进行正常的耕作，粮食产量难以提高。自从组织了互助组以后，互助组中的农户可以互相帮忙，合作互补。劳动力多的，可以帮助劳动力少的；有耕牛、农具的，可以借给无耕牛、农具的农户使用，然后以换工作为补偿。这样，解决了农村中一些农户的生产困难，在抗旱、除虫和积肥等方面，也取得了显著效果，受到农民的欢迎。

1953 年冬，中共中央做出关于成立农业生产合作社的决议，大鹏老区农村又组织成立半社会主义性质的集体经济组织——农业生产合作社（简称"初级社"）。1954 年夏收后，大鹏老区农村掀起大办初级社的高潮，到当年年底，95% 的农户（包括地主、富农）都加入了以自然村为单位的初级社。

1955 年冬，大鹏地区的党委和人民政府总结办社经验，先在办得比较好的初级社搞转为高级社试点，然后全面推广。1956 年春，基本实现了高级社，实行土地、耕牛、农具入股，统一经营，土地和主要生产资料的所有权仍归社员所有的经营制度。农业收入除去生产费用和交纳农业税外，余下部分进行劳动分配。1956年，大鹏乡龙岐高级农业生产合作社有社员 141 户 443 人，其中侨户 22 户 65 人，香港同胞家属 14 户；全社有劳动力 135 人，耕地 51.73 公顷，其中水田 39.67 公顷，坡地 12.07 公顷。龙岐高级农业生产合作社成立后，合理组织生产，生产情况较好，1956年被评为县农业模范社，1957 年被评为全区二等模范社。

农业的社会主义改造是继土地改革后，中国共产党在农村开展的以废除农民个体所有制、引导农民走集体化道路为主要内容的，以发展农村生产力为目的的一次重大社会改革。通过社会主义改造，大鹏地区的个体农民逐步走上社会主义道路，建立起新的生产关系，促进了生产力的发展，有力地支援了工业化的建设。

大鹏老区的曲折发展

在社会主义建设的探索实践中，由于社会主义建设是一个全新的课题，在探索中也曾走了一些弯路。但大鹏人民坚定信念，坚持中国共产党的领导，坚持走社会主义道路。大鹏老区在曲折中不断前进。

一、"大跃进"与人民公社化

1957 年 9 月，中共八届三中全会通过了《1956 年到 1967 年全国农业发展纲要（修正草案）》。1958 年 1 月 1 日，《人民日报》发表社论，提出：有条件也有必要在生产战线上来一个大的跃进。这是第一次提出"大跃进"。为了使全区迅速掀起春耕生产热潮，保证"大跃进"的实现，1958 年 2 月 24 日，中共惠阳地委向全区各县发出了开展百日大竞赛的号召。竞赛的主要内容是比农业生产进度、比成就、比粮食增产增收、比畜牧业发展。随后，惠阳地区各县纷纷响应中共惠阳地委的号召，向兄弟县提出开展农业生产"大跃进"的竞赛活动。

1958 年 10 月，大鹏地区的大鹏乡党委、葵沙乡党委合并为大鹏公社党委。同年 11 月，区划调整，大鹏公社由惠阳县管辖改属宝安县管辖。1958 年秋收大忙时，大鹏公社抽调大批劳力大炼钢铁，10 月中旬，参加炼钢的劳动力占全部劳动力的 90%。大炼钢铁持续了 3 个月，由于农业生产劳动力不足，花生、豆子、黄麻等农作物只能靠老人、儿童去收获，许多农产品烂在地里。森林、果树也遭到严重破坏。

"大跃进"运动在大鹏地区是从农业开始的。农业"大跃进"以兴修水利、积肥为中心揭开序幕。县委做出"积、种、制、收"四管齐下的指示，猛攻肥料关，要求掀起近山靠山、近海靠海、近村向村、人人积肥、户户收肥、队队制肥的群众性积肥运动。特别是沿海地区，为了猛攻土化肥关，出现了家家户户煮海水、社社村村制化肥、日日夜夜齐奋战的景象。在猛攻水关、肥关的同时，大鹏地区开展了以密植为中心的技术改革和田间管理高潮，特别是春耕后，掀起了大张旗鼓宣传总路线的运动，为农业生产的跃进助威呐喊、推波助澜。

在农业"大跃进"的同时，工业也开始"大跃进"。大鹏在中华人民共和国成立前有开采业、食品加工、竹木制品、五金修理等行业，但比较落后。中华人民共和国成立后，虽然采取多项措施，大力发展工业，但还是相当落后。1958年，大鹏公社根据总路线的精神，贯彻上级指示，提出"农业为重点，工农业同时并举"的方针，动员民众为实现"五化"（工业化、机械化、电气化、车子化、美化）、"五厂"（农具加工修配厂、饲料加工厂、肥料厂、粮食加工厂、砖瓦水泥厂）而奋斗，开始形成全民办工业的"跃进"局面。

在"大跃进"中，大鹏地区跟全国其他地区一样，提出不切实际的目标，片面追求工农业生产和建设的高速度，大幅度提高和修改计划指标，打乱了国民经济秩序，浪费了大量的人力、物力和财力，造成了工农业比例的严重失调，令大鹏的社会主义建设遭受了挫折。

在"大跃进"运动的过程中，人民公社化运动也逐步开展。人民公社是集体经济组织，是"政社合一"的基层行政单位，为一级管理机构；管理区由几个生产大队合并而成，为二级管理机构；生产大队为三级管理机构。公社化初期，大刮"共产风"，大搞"一平二调"，结果"公社共了高级社的产，穷社共了富社的产"。高级社的全部生产资料变为公社所有，社员的家庭副业和生产资料也为公社所有和统管。在"一大二公"理论的指导下，公社无偿地平调了高级社和社员的粮食、现金、生产资料、劳动力，挫伤了农民的生产积极性，致使农业生产减产减收。为了实现"组织军事化、行动战斗化、生活集体化、管理民主化"，公社还掀起了大办公共食堂的高潮，收回社员的自留地，取消传统的各家各户生火做饭的生活方式，要求所有的人都到公社食堂吃饭，并实行半供给半工资制度，同时还办起托儿所、幼儿园、敬老院等。这些福利事业在当时社会生产力和物质条件尚未发达的情况下主观实行，给社会经济的发展带来了沉重的负担。因物资匮乏，粮食不足，难以为继，公共食堂最后只能以散伙而告终。

人民公社化后，取消了生产队或高级联社、合作联社所有制和所有制的分配制度，实行全民的公社所有制和所有制的分配制度，统一核算、统一分配和实行部分供给制，实际上是搞平均主义。公社还实行部队编制管理，强调组织军事化、行动战斗化、生活集体化，助长了人民公社成立前就已出现的干部强迫命令的工作作风和生产瞎指挥作风。将劳动力按军队编制组成营、连、排、班，采取大兵团作战的方式，夜以继日地开展大炼钢铁、大搞深翻改土、大搞农田水利建设、大搞积肥运动等。这种"政社合一"的农村社会组织形式，使个体失去了生产的自由，严重打压了农民的生产积极性，阻碍了农村经济的发展，对生产力造成很大破坏，给农业生产带来灾难性后果。

1961年7月，葵沙从大鹏公社分出，成立葵涌公社。

二、农业学大寨和农田基本建设

山西省昔阳县的大寨大队早在 20 世纪 60 年代就已经在全国声名远播。1964 年 2 月 10 日，《人民日报》曾以《大寨之路》为题，介绍了大寨的事迹和经验，号召全国学习大寨。

"文化大革命"爆发以后，"农业学大寨"再次被提起，并掀起了一场如火如荼的农业学大寨群众运动。1970 年 9 月 23 日，《人民日报》发表题为《农业学大寨》的社论。随后，广东省革委会召开全省农业学大寨会议，并做出《关于进一步开展农业学大寨群众运动的决定》。此后，全省各地、县纷纷召开会议，贯彻全省农业学大寨会议的精神。1971 年 2 月 27 日，宝安县革委会发出《关于深入开展农业学大寨群众活动、迅速掀起春耕生产高潮的意见》，要求认真落实党在农村的经济政策，贯彻"以粮为纲，全面发展"的方针，各行各业大力支援春耕生产，关心和安排好群众生活等。

遵照广东省革委会和宝安县革委会的指示精神，1972 年冬至1973 年春，大鹏地区同宝安县其他地区一样，掀起了农业学大寨的热潮，大搞农田基本建设和春耕生产。在此热潮中，公社党委成员分期分批下乡，深入生产大队、小队的农田基本建设工地，参加生产劳动和指导工作。当时，规定公社脱产委员平均每人参加劳动的时间为 19.4 天，大队干部一级每人参加劳动的时间为106 天至 166 天不等，其中大鹏公社下沙大队一级干部平均每人参加劳动的时间为 128 天。

1974 年，宝安县召开第一次工业学大庆会议，会议传达了省里有关会议精神，提出以"批修整风"为纲，深入开展工业学大庆群众运动。同年 5 月初，全县召开工交（即工业、交通）企业职工大会，号召"紧抓纲，学大庆，大鼓革命干劲，大战红五月"，做出优异成绩向"七一献礼"。同年8月10日至15日，全县工业、交通系统抓革命、促生产会议召开，主要内容是传达省委、地委会议精神，分析总结上半年全县工交系统和工交生产形势，研究如何推动生产有更大发展等问题。

全国农业学大寨会议召开后，11月初，全县召开四级干部大会和深圳地区干部、职工及当地驻军万人报告会，传达全国农业学大寨大会精神。县四级干部会议结束后，13名县常委分头深入坪山、石岩、龙华、大鹏等9个公社，与基层干部一起宣传贯彻全国农业学大寨会议精神，制订大干规划，组织大干行动。

宝安县一方面着眼于促进农业学大寨和工业学大庆，另一方面着眼于从思想教育入手制止民众偷渡外流。运动首先从农村开始，分三批进行，每批一年。县委常委和机关干部除老弱病者外，也分三批（第一批有大鹏公社，第二批有葵涌公社）轮流下乡蹲点，每批派出干部与农民同吃同住同劳动。下乡蹲点，主要是在运动所在地抓主要矛盾，大搞农田基本建设，并制止民众偷渡外流。在农业学大寨中，大鹏公社布新大队南坑埔生产队是一个典型代表。这是一个劳力少、田地多的生产队，通过农业学大寨，大搞农田基本建设，整治田间排灌设施，深耕细作，科学种田，取得了增产增收的成绩。

三、社队开展多种经营

大鹏公社从合作化时只有4只帆船的小合作社，发展成为有机船15艘、小船60只、机械修理车间1个的渔业大队。由于生产的发展，渔民生活不断改善，建设了渔民新村并搬进了新居，集体资产达180万元（平均每户1.7万元）。1970年的鱼产量达

325 万吨，比 1964 年翻了两番。[①]

1966 年，大鹏公社有载重 15 吨至 30 吨的机船 6 艘，这一年鱼产量为 2 100 吨，比 1965 年增产 95%，增收 1.2 倍。1966 年，大鹏公社办起了 1 间机械修理厂，结束了渔民只能打鱼不能修机的历史。培养出 25 名轮机员，设有钻床、车床、电焊等工作母机，做到小修不停产、中修不上岸、大修不出队，彻底摆脱了洋机器要到香港修理的羁绊。每年为集体节约开支 2 万多元。有一年腊月二十九晚上 5 号机船盘头坏了，社员们下定决心，干了一个通宵，终于把机船抢修好了，大年三十晚该船出海，一夜捕鱼 25 吨，创下该船日产量最高纪录。

20 世纪 70 年代初，葵涌的农业处于"以粮为纲"的集体生产年代，主要种植水稻、花生、番薯、甘蔗、蔬菜、水果等，粮食生产居农村产业首位。[②] 1972 年，葵涌有耕地面积 827 公顷，耕牛 1 036 头，水稻全年耕种面积 1 142 公顷，总产量 5 846 吨，平均亩产 341 千克（单产，下同）；花生耕种面积 159 公顷，总产量 254 吨，平均亩产 107 千克；蔬菜面积 201 公顷，总产 4 116 担，平均亩产 136 千克。

大鹏镇的农业生产同样是"以粮为纲"，粮食生产居首位。1972 年，全镇水稻种植总面积有 1 184 公顷，总产量 3 764 吨，平均亩产 212 千克；花生复种面积 164 公顷，总产量 123.6 吨，平均亩产 50 多千克；甘蔗种植面积 50 公顷，总产量 8.8 吨；蔬菜种植面积 12.7 公顷，总产量 226 吨。

---

① 深圳市档案馆编：《深圳市档案文献演绎》（第四卷），花城出版社 2005 年版，第 2641～2644 页。

② 深圳市史志办公室编：《深圳十九镇简志》，海天出版社 1996 年版，第 193 页。

1977 年，大鹏公社有山地 14 667 公顷，耕地 1 133 公顷；有 14 个生产大队，97 个生产队，共 16 000 多人，其中有 4 992 个劳力；造林 10 889 公顷（包括飞播造林 9 037 公顷），其中种植杉树 233 公顷、果树 73 公顷，营造沿海防护林近十多里。

随着甘蔗产量的增加，1967 年大鹏镇在王母圩内建立了糖厂。20 世纪 70 年代初，在农贸市场后建了露天剧场，在陈伙楼近侧建了多间两层商店。1971 年，将副食品加工厂改建为农机厂，将加工厂搬至地林埔。1973 年，将关帝庙改为两层楼，并在东面加建 5 间两层楼房，作为公社干部招待所。1978 年，将南昌街东面店铺 716 平方米改建为两层楼，还新建房管所、邮电局等。

四、农工商贸初步发展

中华人民共和国成立初期，大鹏地区人民以打鱼、种田为主，是计划经济体制下一个交通不便、信息闭塞、贫穷落后的地区。农、渔、林三业是大鹏人祖辈赖以为生的主业。农业以种植水稻、花生、番薯、甘蔗、蔬菜、水果为主，粮食生产居农村产业首位。畜牧、渔业都是以农民家庭自发养殖的形式开展，部分农户利用屋前房后的水塘、水坑进行粗放型淡水养殖，放养品种多为鲫鱼、鲤鱼、塘鲴等，规模比较小。中华人民共和国成立后，经历社会主义集体化，农业处于"以粮为纲，全面发展"的集体生产年代，养殖规模逐渐扩大，并且在农业生产中占一定比例，形式以集体生产为主，兼以家庭养殖。当时，大鹏公社的渔业几乎全为海洋捕捞，打鱼专业队主要是东渔村、南渔村、沙鱼涌村，拥有专业人员 100 多人。水产养殖以养鲢鱼、鳙鱼、鲩鱼、鲤鱼和虾为主，山塘水库与防海潮堤坝内侧的沟渠沼泽成了人们养殖水产的场所。畜牧业种类以牛、猪、鸡为主。

大鹏地区以大鹏镇王母圩为最具代表的商业聚集区，仅主街南昌街就有布匹店、中药铺、杂货铺、饼铺、茶楼、熟食店、木铺、鞋店、剃头店等 50 多间。每逢圩期，街内摆满食糖。食糖大多来自龙岗、坪山、淡水、澳头等地。鱼街北面亦有几间店铺，以摆卖水产品为主。糖街、鱼街之间有鱼市。鱼市有朝市、午市，适应当地民众的购物需求。大鹏地区毗邻香港，水陆交通也比较发达，人流、物流繁盛，故区镇圩市较为兴旺，商品贸易也较为活跃。

　　这个时期，大鹏域内的加工制造业只有粮食加工厂、木薯加工厂、木器社、打铁铺、车衣铺和一间船舶修理厂，总共不过 10 来家，从业人员 50 余人。而葵涌的加工制造业也只有粮食加工厂、木器社、铁器社、建筑社、石场、农具厂等小型企业，从业人员近 60 人，年纯利润不足 2 万元，生产技术水平和劳动效率低下，属半自给式、封闭式的经营方式。

　　1958 年后，政府开始对王母圩圩容进行整治，将南昌街西面店铺拆去 2 ～ 3 米，扩宽街道至 5 米，并将店铺改建为两层楼。

王母商业街（吴启鹏　摄）

店铺排列整齐，并保留有岭南特色的骑楼，供人们行走，避免日晒雨淋。在南昌街邹屋建有副食品加工厂。

20世纪60年代，在陈伙楼对面建有农贸市场和5间店铺（由供销社经营），以南建有供销社收购站。后由于实行边防区政策，王母圩被划为边防区，一般人不得随意进入，因而人流、物流大为减少，圩市逐渐变得冷清，糖街、鱼街逐渐变成了民居地。

第五章
改革开放中的大鹏老区

中国实行改革开放后，广东得风气之先，在改革开放中先走一步，并建立了深圳、珠海、汕头三个经济特区。地处深圳经济特区下的大鹏老区凭借自身的区位、地缘优势，较早地实行经济体制方面的改革，加快建设现代工业，并大力发展大鹏特色的海洋捕捞业和水产养殖业，还建设石油、天然气、核电等能源企业等，社会经济发展迅速。与此同时，广东省、深圳市也采取各种措施，大力扶持大鹏革命老区建设，实施同富裕工程，使大鹏革命老区面貌大为改观，人民群众的物质文化生活水平大为提高。

第一节 在改革开放中先走一步

1978 年 12 月中共十一届三中全会之后，中国实行改革开放政策，促进了大鹏老区市场经济和农业产业化、工业化的发展。在改革开放中，大鹏老区优势明显：一是紧靠经济特区，毗邻港澳，十分有利于发展"三来一补"加工业；二是靠山临海，荒山、荒地、滩涂多，有利于发展种养业，把荒山、荒地、滩涂用来大搞开发性商品生产，"为出口服务，为特区服务"。因此，大鹏老区坚持一手抓来料加工业，一手抓种养业，扎扎实实地促进老区经济迅速发展。

一、实行经济体制改革

长期以来，由于受到"左"的指导思想的影响，广大农村实行单一的、集中统一经营的管理体制，严重地束缚了生产力的发展。改革开放以后，特别是深圳经济特区建立以后，毗邻港澳的大鹏老区凭借自己的区位、地缘优势，在改革开放中先走一步，较早地实行了经济体制方面的改革，使大鹏地区的面貌发生了翻天覆地的变化。

以地域分，大鹏老区各地的改革情况如下：

（一）葵涌镇——五次经济管理体制改革

第一次：1983 年成立葵涌农工商总公司，主要进行"三来一补"企业的引进和农牧业的管理。

第二次：1985年成立葵涌综合贸易公司，负责企业管理和农产品的开发，以适应工业和创汇农业的发展。

第三次：1987年成立葵涌镇经济发展总公司，统筹管理全镇的三资、内联企业，同时负责水产、水果等农业项目的开发和管理。

第四次：1992年成立股份公司，相继成立了振达股份公司、葵民股份公司等，主要筹集单位、个人的闲散资金进行投资，开发新项目，采用股份制形式管理企业。

第五次：1994年开始组建投资管理公司，统一管理经济发展总公司、物业发展公司、振达股份公司、葵民股份公司、旅游公司、自来水公司、农电公司、建筑公司等8大企业，采用控股、参股的形式进行管理。

农村经济体制的发展经历了集体制、联产承包责任制和股份合作制。随着改革开放的深入和农村商品经济的迅速发展，联产承包责任制越来越难与其相适应。自1992年开始，葵涌镇积极在农村推行股份合作制试点，有3个行政村、13个自然村推行了农村股份合作制，成立了股份合作公司。1994年参股户数533户，平均每股1 720元，人均分配1 600元。股份合作制把群众的闲散资金转化为发展生产的资金，使集体企业的发展与所有村民、家庭的利益联系在一起。农村股份合作制充分调动了广大农民的生产积极性，有力地促进了农村经济的蓬勃发展。葵涌镇计划今后在全镇所有农村地区实行股份合作制，加快农村经济的高速发展，为农村城市化奠定坚实的经济基础。

（二）大鹏镇——农村经济体制改革三阶段

从1980年到1985年，大鹏镇在农村实行联产承包责任制。大鹏镇因地制宜，发展创汇型农业，引入高、优、特、偏、稀品种，成为龙岗区重要的菜篮子基地。大鹏镇农村经济体制改革分为三个阶段：

第一阶段：从中共十一届三中全会以后到 1985 年底，全镇开始实行家庭联产承包责任制，打破了长期以来的"大锅饭"，调动了农民的积极性，增强了农民的商品意识，广大农民积极引种优质水稻品种，种柑种果，挖塘养鱼。

第二阶段：从 1986 年到 1994 年，大鹏镇的经济体制从家庭联产承包责任制向农村城市化、工业化转变，经济体制改革进入高潮时期。1986 年以前，全镇只有 2 家来料加工厂；到 1986 年，发展到外资企业 13 家、自营企业 31 家；1994 年增加到外资企业 103 家、自营企业 170 家、私营企业 8 家，工业总产值达到 6 798 万元，是 1986 年的 30 倍。工业的发展，带动了社会、经济的全面进步。水、电、路等基础设施日臻完善，人民的吃、穿、住、行、观念、就业等发生了深刻的变化，逐步向城市化靠拢。

第三阶段：从 1994 年到 2008 年，农村逐步实行股份制改造，镇属企业向现代企业制度过渡。全镇 6 个行政村中有王母、鹏城、岭澳、水头 4 个村推行了农村股份合作制。王母村为增强各个自然村的经济实力，把原来 19 个自然村合并成 9 个，并在 7 个自然村实行了股份合作制，其中岭吓自然村还结合深圳市同富裕工程的实施和大鹏镇同富裕工业区的建设，兴建了工业厂房，给农村股份合作制注入了新的内容。公司改革方面，成立了镇投资管理有限公司，代表镇政府对国有资产进行管理，把原来的镇属企业改组成 10 个具有独立法人资格的有限责任公司。公司内部，实行经理年薪制和职工持股。通过这次改革，镇属企业逐步向"产权清晰、权责分明、政企分开、管理科学"的现代企业制度迈进。

经过三个阶段的改革，大鹏镇的经济得到了快速发展。特别是 1996 年以后，大鹏镇的经济突飞猛进，每年都上一个新台阶。到 1997 年，镇村两级总收入达到 41 711 万元，工农业总产值为

36 718 万元，农村人均收入为 3 930 元，分别比 1986 年增长 54 倍、47 倍、4.5 倍。1997 年全镇农业总产值达 4 610 万元，占当年工农业总产值的 12.6%，比 1986 年增长 7.8 倍；粮食作物面积为 833 公顷，总产量为 773 吨，其中水稻种植面积为 51 公顷，总产量为 252 吨；蔬菜种植面积为 177 公顷，总产量为 3 141 吨；水果种植面积为 239 公顷，总产量为 1 990 吨。

二、加快建设现代工业

改革开放后，大鹏老区的工业经济也发生了翻天覆地的变化，工业实力空前增强，产品竞争力显著提升，部分产业达到或接近国际先进水平。以地域计，各镇的情况如下。

（一）葵涌镇的工业发展

1981 年 9 月，设址于大鹏半岛葵涌的中冠印染有限公司试车投产。这是深圳市第一家独资企业（1984 年改为合资企业）。1983 年，葵涌区农工商总公司成立，其主要任务是负责"三来一补"① 企业的引进和农牧业的管理。1984 年，自引进了第一家"三来一补"企业——华粤五金厂以后，葵涌的外资企业、乡镇企业等工业生产出现了历史性的转折，社会经济已由原来的农业结构转向工业结构。村镇之间大搞基础配套设施，兴建厂房，建立了一个又一个的工业区（村），其中溪涌、土洋、官湖、葵涌、三溪工业区设施完善，颇具规模。1985 年，溪涌、土洋、葵涌、三溪工业区设施基本完善。

1986 年以后，葵涌镇厂房面积年均递增达 2 万平方米，至 1991 年建成标准工业厂房 10 多万平方米，其中以 1992 年增长最

---

① "三来一补"，即来料加工、来料装配、来样加工和贸易补偿的简称。

快,当年建成近 10 万平方米。1994 年底,全镇有"三来一补"企业 80 家、三资企业 50 家、国营集体企业 146 家,工业总产值为 1.03 亿港元,工缴费收入达 3 400 万港元,引进外商投资项目 15 个,引进资金 1.5 亿港元,是 1992 年的 3 倍多。

自 1981 年以来,葵涌镇充分利用得天独厚的地理优势,努力改善投资环境,积极发展外向型工业,使全镇工农业生产蒸蒸日上,各村都建造了工业厂房。葵涌已从一个落后的边陲小镇,发展成为工农业较发达的新城镇。至 1995 年,全镇兴建了 4 个现代化工业区,兴建工业厂房和宿舍面积达 56 万平方米,兴办各类工业企业 100 多家、外驻大中型企业 30 家、个体工商企业 1 300 多家,工农业总产值为 13 445 万元。工业企业以"三来一补"、三资和自营企业为主,主要有纺织印染、电子、玩具、印刷、包装、五金、陶瓷等行业。葵涌镇内有中冠、捷德、鸿华、金隆、中宝 5 大纺织印染公司,总投资 6 亿多元,年产值达 4 亿元。

1999 年后,葵涌镇全面实施"兴工强镇,科技先行"的发展方针,突出工业的龙头地位,以工业带动其他产业发展。同年 7 月,占地 33 公顷的葵涌工业园开工建设。镇政府采用"无偿划地、区镇村共同出资、镇总公司承租让利、村民受惠"的模式,首期开发占地面积 10 万平方米、建筑面积 6.3 万平方米、总投资 4 500 万元的同富裕工业区。同年引进的比亚迪公司、三九集团等高科技企业入园建设,总投资达 12.9 亿元。

进入 2000 年,葵涌镇积极推介"葵涌高新技术产业生态走廊",并把传统的招商方式与新的环境招商、概念招商、网上招商方式结合起来。截至 2002 年底,访问"葵涌之窗"招商网站的客商超过 10 万人次,网上招商已成为葵涌镇招商引资的重要渠道。在香港招商会和第一、第二、第三届中国高新技术交易会上,葵涌镇引进项目 50 多个,成交项目在龙岗区名列前茅。绿鹏公司、知己集团、迅宝公司、比克公司、中大远程教育基地、留学生创业园等一批规模大、科技含量高、实力雄厚的企业和科教项目落户葵涌镇，为葵涌镇工业的发展奠定了坚实的基础。2003年，葵涌镇共有企业103个，其中含三资企业40个、"三来一补"企业53个，实现工业总产值45.42亿元，比1998年增长了8倍。

镇改街道后，葵涌街道加大了工业项目的落实力度。2004年，奔康工业园区全面竣工，引进项目28个，总投资2.4亿元。占地20万平方米的比克工业园前期工程完工。全年完成工业总产值90.87亿元，加工贸易出口5.03亿元。2006年，葵涌街道完成工业总产值124.94亿元，加工贸易出口8.5亿元。共有各类工业企业151家，其中"三来一补"企业56家、合资合作企业9家、三资企业50家、民营企业36家，涉及行业主要有充电电池、电子、手机、充电器、橡胶、塑料、工艺、印刷、五金、服装、光纤等，产品出口欧洲、非洲、美洲、大洋洲、亚洲的100多个国家和地区。2009年，葵涌街道坚持"园区带动"策略，全力配合精细化工产业园区建设，基本完成坝光精细化工产业基地核心启动区的拆迁安置工作。支持和重点培育以比亚迪、比克、迅宝等高科技企业为代表的产业集群，继续完善现有工业区的配套设施，吸引生态环保型、智力密集型高新技术企业进驻葵涌。2009年，葵涌街道完成工业总产值148.5亿元。

2011年，葵涌街道辖区内有企业176家，其中产值在2 000万元以上规模的企业有26家。全年完成工业总产值148.46亿元，同比基本持平；实现规模以上工业增加值36.05亿元，增长1.3%。全社会固定资产投资28.29亿元，增长11.1%。招商引资8.07亿元，其中新引进项目22个，投资额1.55亿元；迅宝等4家引进企业新建厂房和添置设备投资额6.52亿元。协助社区、知己、君轩公司完成10.4万平方米空置厂房的招商引资工作。

（二）大鹏镇的工业发展

大鹏镇在改革开放后，由 1980 年兴办第一间来料加工厂（艺成针织厂），发展到 1994 年拥有各类工业企业 103 家，其中"三来一补"企业 78 家、三资企业 25 家；厂房总面积为 30 多万平方米，平均每年递增 22%；工业产值达 6 798 万元，平均每年递增 53%。

大鹏镇经济发展总公司拥有 4 个工业区，各行政村和部分自然村亦拥有各类加工企业。全镇共引入外资 3.9 亿港元，其中镇经济发展总公司引入 2.65 亿港元，各村委引入 1.25 亿港元。工农业总产值之比由 1979 年的 0∶1、1986 年的 0.29∶1，上升到 1994 年的 2.08∶1。1995 年，大鹏镇工业总产值为 10 077 万元。

大鹏镇经济发展总公司是镇的骨干企业，年总产值超过 5 000 万元。1981 年至 1994 年的 13 年间，共开发 4 个工业区，建成厂房面积 18 万平方米。1993 年又征地 66.7 公顷，连片开发建设高新技术工业园区。此外，大鹏镇还积极创办各类自营企业，如大鹏酒店、百姓超级商场、奥维西斯旅游中心、联利达齿轮厂等，拥有固定资产 6 000 多万元。大鹏镇工业的发展，为当地近 2 万人解决了就业问题。

1986 年 4 月 2 日，大亚湾核电站正式奠基。随后又有岭澳核电站、福华德电厂、LNC 站线工程、东部电厂等国家、省、市级大型能源企业到此落户，大鹏镇成了名副其实的东部能源大镇。

1995 年，大鹏镇提出"兴工强镇"的口号，制定"面向香港、拓宽海外"的战略，并通过"走出去，请进来""筑巢引凤""引凤筑巢"以及"老板带老板"等方式吸引外商投资。是年，全镇三资企业和来料加工企业发展到 105 家，其中有镇属 68 家、村属 37 家，三资企业 25 家、来料加工企业 80 家；工业总产值达 1.44 亿元，与 1992 年的 3 080 万元相比，增长约 3.7 倍；工业创汇5 579万元，与1992年的1 672万元相比，增长约2.3倍。
1996年，大鹏镇委、镇政府确定了大鹏镇1996—2010年国民经
济和社会发展总体目标：建立以旅游业为龙头，以第三产业为支
柱，以先进工业为基础，与现代农业相配套的协调发展的经济格
局。到1998年，大鹏镇实现工业总产值4.11亿元，比1995年增
长约1.9倍。

2000年，大鹏镇政府实施强村富民工程和"168工业发展计
划"，全镇集中开发10个工业区，同时平整出同富裕工业区二期
用地45万平方米，当年出租厂房4.5万平方米、土地9.64万平
方米，新引进10个工业项目。全年实现工业总产值7.07亿元，
比1998年增长约72%。2002年，大鹏镇出租厂房5.6万平方米，
转让工业用地61.8万平方米，引进企业16家，并与深圳市龙盛
泰科技实业有限公司、深圳高正新材料股份有限公司、香港天意
企业有限公司、深圳施英达管道有限公司、深圳天达康基因工程
有限公司、新马制衣（深圳）有限公司正式签订合同。2003年，
全镇引进工业项目23个（其中高科技项目10个），协议投资总额
达31亿元，实际利用外资1 669万美元，转让工业用地28万平方
米，出租土地98.9万平方米、厂房5.05万平方米，实现工业总
产值36亿元（含核电）。

2004年，镇改街道，大鹏街道实现辖区工业总产值145亿
元，"三来一补"创汇实现1 450万美元，实现加工贸易企业出口
总额12 380万美元，实际利用外资1 850万美元。

2008年，大鹏街道全年共引进项目7个，其中新引进高新技
术项目2个（海洋生物产业园和马歇尔汽车电池公司），一般项
目3个，扩大规模项目2个（为广东大鹏液化天然气公司和福华
德电力公司提供配套宿舍和仓库）；出租厂房、宿舍共4.85万平
方米。其中，新引进项目——深圳国家生物产业基地龙岗海洋生

物产业园落户龙旗湾生态产业园，是经国家发改委认定的深圳国家生物产业基地的重要组成部分，是以海洋生物资源的综合开发、利用及海洋环境生态修复为主的集研发、产业化于一体的产业园，成为大鹏街道新的经济增长点。

2008 年，大鹏街道全年加工贸易出口总额为 1.39 亿美元，比上年减少 12.13%，创汇总额为 1 933 万美元，增长 6.85%；其中工缴费结汇 313.2 万美元，减少 3.63%；实际利用外资 160.9 万美元，减少 72.53%。重点跟踪引进的雄韬、天意、中兴新、新润程、东方本草、信普、博利昌、思创等 8 个项目的用地和报建手续问题，着重抓好协调服务和落实工作。当年，雄韬公司二期、东方本草公司、信普公司、新润程公司和博利昌公司办好有关手续并动工兴建，博利昌公司开始试产，天意公司也补办好有关手续；晶峰公司装修完毕并办好相关手续，已投产。

2009 年，大鹏街道引进项目 7 个，其中新引进高新技术项目 2 个（海洋生物产业园和马歇尔汽车电池公司），一般项目 3 个，扩大规模项目 2 个；出租厂房、宿舍 4.85 万平方米，出租商铺 5 万平方米。2009 年，大鹏街道辖区内有各类企业 121 家，全年加工贸易出口总额为 13 861 万美元，创汇总额为 1 933 万美元，其中工缴费结汇 313.2 万美元，实际利用外资 160.9 万美元。

2011 年，大鹏街道实现规模以上工业总产值 277.57 亿元，同比增长 15.3%；规模以上工业增加值 155.89 亿元，同比增长 18.8%；全社会固定资产投资 38.22 亿元，同比下降 37%；实际利用外资总额 100 万美元，同比减少 81.74%。

（三）南澳镇的工业发展

1987 年，南澳镇开始兴建第一工业区，发展现代工业。1991 年 5 月，南澳镇成立振兴股份公司，积极开展引进工业企业工作。1992 年，全镇 8 个行政村积极入股振兴股份公司，集资 1 103 万元，开发水头沙扶贫工业区。该区开发面积为1.87万平方米，兴建厂房12栋、2万平方米，宿舍4栋、5 000平方米，出租厂房7栋，当年收入租金42万港元。是年，南澳镇共引进外资企业18家，其中有三资企业12家、"三来一补"企业6家；累计出租厂房6.25万平方米，转让土地5.47万平方米；工业创汇1 300万港元，工缴费收入1 108万港元。1993年，全镇共引进外资企业4家，其中有三资企业3家、"三来一补"企业1家，累计出租厂房9万平方米。振兴股份公司积极发展扶贫工业，引进项目5个，累计投入资金1 148万元，扶贫工业总收入184.8万元。是年，虽然全镇工业总产值达到994万元，但在工农业总产值中仅占40.2%。

南澳镇加工制造业有塑胶五金制品、塑胶电子制品、精密电路板、五金制品、化工、印刷、成衣、鞋业、建材、珍珠、贝雕等。其中，规模较大的有日升五金制品有限公司（港资企业），投资总额达1 600万港元，注册资本为1 120万港元，厂房面积为1万平方米。还有环球鞋业（宝安）有限公司（台资企业），投资总额和注册资本均为800万港元，厂房面积为1.08万平方米。这些企业的产品远销东南亚、欧美和澳大利亚等地区和国家。

1994年，南澳镇党委、镇政府在上企沙、下企沙地段划出8公顷土地，用于发展扶贫工业；投入250万元修建1幢3 000平方米的工人宿舍，解决振兴工业区工人的住宿困难；在水头沙划出4万平方米工业用地，让外资企业扩建厂房。年底，全镇已有国有企业16家、集体企业102家、个体私营企业408家，共开发工业区2个，引进"三来一补"和三资企业22家，外资企业22家；外资企业上缴工缴费1 708万港元，比1993年增长19.8%。

1995年，南澳镇党委、镇政府召开脱贫致富动员大会，推广典型户致富经验，完善农村股份制经济体制，再次引进扶贫工业项目 8 个，并规划 8 公顷土地用于集中兴办各村工业厂房。是年，全镇累计出租厂房 11.76 万平方米，收入工缴费 1 920 万港元，工缴费结汇 12 万美元。1995 年，南澳镇工业总产值为 7 102 万元。

南澳镇海产品加工业发展较快，集体、个体的各类海产品加工厂遍布全镇，形成了生产、加工、销售一条龙周转线，产业逐渐朝规模化、工厂化、科学化、深加工的方向发展。其中，南澳镇东山珍珠场的海水珍珠养殖和加工较有特色。民间素有"西珠不如东珠，东珠不如南珠"之说，而南澳东山珍珠场正是我国南珠的主要产地之一。该珍珠场是一家省属国营企业，集珍珠养殖、加工、销售为一体，创办于 20 世纪 60 年代初期。其所生产的各档次的珍珠项链、珍珠末、珍珠层粉、贝雕等产品，销往香港和珠江三角洲各地，每年吸引着数以万计的游客前来观光购物。

1998 年，南澳镇党委、镇政府采取"以商引商""委托招商"等办法，与南星羽毛有限公司等 4 家外商签订投资合同，实际利用外资 1 300 万港元。全镇"三来一补"加工出口创汇 3 312 万元，比 1997 年增长 20%；工缴费结汇 15 万美元，比 1997 年增长 8.7%。

1999 年，南澳镇继续加强稳定外商工作，实施优惠政策，年底完成区政府所下"三来一补"加工出口创汇任务的 2.8 倍，工缴费结汇比 1998 年增长 5.2%。此外，新引进工业项目 5 个，"三来一补"工业共利用外资 108 万美元，完成区政府所下任务的 25.7 倍；三资工业利用外资 193 万美元，完成区政府所下任务的 3.2 倍。

2001 年，南澳镇政府在香港招商会上与外商签约 7 个项目，合同资金达 9 亿港元；实际引进工业项目 4 个，利用外资 420 万美元，比 2000 年增长 53%。同时，村级企业也得到发展。新大村七娘山矿泉水厂正式投产，结束了该村集体分配为零的历史。南农村通过扶贫奔康工程，投入 872 万元建起厂房，并且引进了村内第一家工业企业。

2002 年，南澳镇继续营造"人人创造招商环境，个个都为招商服务，事事围绕招商转动"的社会氛围，共引进项目 6 个，合同资金 11.6 亿元，到位资金 9 000 万元。2003 年，东山珍珠岛与中山大学合作成立南海海洋生物技术国家工程研究中心产业化基地，总投资 5 亿元，兼营养殖、生产、加工、旅游观光、房地产开发等项目。是年，南澳镇的工业总产值为 3.58 亿元，比 1993 年增长 35 倍。

2004 年，镇改街道，南澳街道工业基础薄弱，发展缓慢。2006 年，南澳街道共有工业企业 22 家，厂房 12.3 万平方米，投资总额 4 515.4 万美元，主要集中于水头沙、南隆等工业区，有塑胶五金制品、珠宝首饰加工、塑胶电子制品、精密电路板、化工、制鞋等行业。其中，规模较大的有日升五金制品有限公司（港资企业），投资总额为 1 410 万美元。2006 年，南澳街道加工贸易出口总额为 3 076 万美元，实际利用外资 184.11 万美元，"三来一补"创汇 265 万美元，工缴费结汇 44 万美元。

2009 年，南澳街道引进三资企业 2 家、个体户企业 1 家，消化空置厂房面积 1.17 万平方米，部分企业开始复苏。同年，南澳街道参加龙岗区产业招商推介会，展示南澳的山海、生态和人文魅力，有 500 多人次参观南澳展区，接待咨询 40 余人次；推荐 2 家企业赴成都参加第十届中国西部国际博览会，取得良好效果。同年，南澳街道外贸出口总额为 3 774 万美元，工缴费结汇 61.7 万美元，实际利用外资 478.4 万美元，同比分别增长 −7.8%、26.69% 和 36.1%。

2011 年，南澳街道完成工业总产值 3.27 亿元，同比减少

6.9%；社会固定资产投资总额 12.1 亿元，同比增长 14.6%；外贸出口额 4 978 万美元，同比增长 22%。引导集体资金参与投融资 2.38 亿元，预计每年融资收入 920 万元，比存银行多 450 万元；科学管理 8 个短平快项目，全年收入 4 416 万元，同比增长 39.7%，带动近 1 000 人就业，经济效益和社会效益明显。社区居民人均年终分红 1 930 元，同比增长 12.9%。

三、发展大鹏特色渔业

大鹏镇调整农业生产布局和内部产业结构，除致力发展传统的海洋捕捞业以外，还大力发展畜牧养殖业和水产养殖业，形成了集体生产和私营专业户共同发展的格局。在产品上，除规模发展传统的猪、牛和"三鸟"外，还大规模养殖水鱼、鲍鱼、龙虾、海胆等，促进了畜牧业、渔业、养殖业的迅速发展。在渔业中，海洋捕捞仍占较大的比重，约占 58.7%。这主要得益于大鹏镇的两大海湾——大鹏湾和大亚湾拥有丰富的水产资源。海产品主要有鱼、虾、蟹、贝类等，其中产量较多的有石斑鱼（包括红斑、青斑、芝麻斑）、红蟹、白鳝、红衫鱼、黄鱼、龙虾、三点蟹、鲍鱼、海胆、响螺、带子、扇贝等。

20 世纪 80 年代，农村经济结构发生变化，承包鱼塘或新开鱼塘养鱼的人增多，放养品种包含福寿鱼、泰国塘鲺、淡水鲳等重要经济鱼类。与此同时，海水养殖业逐渐兴起：先是截海塘，后发展为海洋网箱。1981 年，南澳镇石赞开等 3 户渔民，联合安装一台九箱鱼排，进行海洋网箱养殖试验。他们先在海中用面宽三四十厘米的木板围成许多方格，再于方格下端水中装上巨型网兜，锚固一处，即成网箱，俗称"鱼排"。鱼排上搭有住棚、工棚、伙房，渔民还养狗看守。用这种方法养殖鱼类，既得天然水体生存条件之便，又得人工喂养以海草喂鱼、以死鱼喂活鱼、以小鱼喂大鱼、以次鱼喂优质鱼之利，极具经济意义。当年产鱼900 余千克，产值达 7 万多港元，纯收入折合人民币 2 万多元。1982 年，宝安县政府总结石赞开等 3 户渔民的网箱养殖经验，在渔民中进行推广。

到 20 世纪 90 年代前期，南澳网箱养殖进入大发展时期，海洋水产养殖年产四五百吨。20 世纪 90 年代中后期，由于受到台风、赤潮等自然灾害的影响，加上普通网箱抵抗风浪能力低等原因，南澳网箱养殖有所下滑。[①] 2001 年，东山湾海域有网箱养殖户 91 家，养殖网格 3 560 个；畲吓湾有网箱养殖户 51 家，养殖网格 2 100 个。2002 年，南澳镇引进挪威升降式深水抗风浪网箱并试养成功，提高了养殖质量和抵御台风的能力，成为全国推广此项技术的示范点。2003 年，全镇网箱养殖海洋水产品达 500 多吨，再创历史新高。

2004 年，镇改街道。2004—2006 年，葵涌街道连续 3 年每年在大鹏湾海域增殖放流花蛤苗 30 吨。2004 年，葵涌街道渔业生产总量微升。2005 年，葵涌街道渔业生产总量与上年持平。2006年，葵涌街道渔业产值为 4 450 万元。2008 年，葵涌街道渔业产值为 3 332.57 万元。

四、建设深圳能源重镇

大鹏地区先后聚集了多家石油、天然气、核电等能源企业，成为深圳的能源重镇。其中，中海石油气电集团大鹏 LNG、迭福 LNG 接收站，中国石油秤头角 LNG 应急调峰站等项目承接、储备来自国外的液化天然气，再源源不断地输送至深圳市等珠

---

① 深圳市龙岗区地方志编纂委员会编著：《深圳市龙岗区志》，方志出版社 2012 年版，第 1053 页。

三角地区，为居民提供"安全、经济、环保、便捷"的管道天然气。目前，大鹏新区有大亚湾核电站、岭澳核电站和岭东核电站等重点能源项目。

大亚湾核电站位于深圳东部大亚湾畔，背靠排牙山，距深圳市中心约45千米，距香港九龙尖沙咀约52.5千米。1985年由广东省电力总公司与香港中华电力有限公司的合资公司中国广核集团兴建。核电是一种清洁、安全和经济的新能源。核电站是高科技产物，较其他种类发电站有着更好的发展前景。核电站所用的燃料是铀。铀原子核内蕴藏着巨大的能量。据测定，1克铀所含能量相当于约3吨煤完全燃烧所放出的能量。核电站就是利用核燃料释放出的巨大能量，将水加热至几百摄氏度高温，产生大量的蒸汽来推动蒸汽机转动，再带动发电机发电。因此，核电站主要由两大部分构成：一是核反应堆，二是发电厂。前者是供核燃料反应用的，核电站是否安全，也取决于这部分。

大亚湾核电站占地2平方千米，引进法国核电技术，装备了2台各为90万千瓦的压水堆汽轮发电机组，总投资为41亿美元。大亚湾核电站于1994年投入商业运营，生产的电力七成输往香港，三成供应广东。因为拥有强有力的电力支持，广东和香港两地每年减少燃煤消耗370万吨，亦减少了导致"温室效应"和"酸雨"的气体的年度排放量，利于环保。1995年5月，大亚湾核电站被中共深圳市委确定为"爱国主义教育基地"，成为深圳市一日游的景点之一。大亚湾核电站的建成标志着我国和平利用核能达到了世界先进水平，并为我国培养和造就了一大批核电人才，为我国核电事业的发展打下了良好的基础。

岭澳核电站现位于大鹏新区大鹏办事处，是国家"九五"重点工程。1997年5月15日，岭澳核电站主体工程正式开工。这项工程是我国"九五"期间利用外资最多的一个项目，总投资约40

亿美元。岭澳核电站一期投资为36.44亿美元，于2003年投入运营，生产的电力全部输往南方电网。随着岭澳核电站二期2台机组全面投入商业运行，大亚湾核电基地装机容量达到611万千瓦，成为中国大陆最大的核电基地。其年发电能力可达450亿千瓦时，相当于广东全省用电量的11%、深圳市用电量的70%以及香港特别行政区的全年用电量，可满足1 875万个家庭一年的基本用电需求。

大鹏革命老区的脱贫攻坚

改革开放以来,大鹏老区积极创办实体经济,援建工厂、种养场,同时镇村都设有"农工商办公室(或领导小组)",由分工领导主抓。镇村办经济实体,不仅发展了经济,而且培养了一批企业管理人才。老区经济实现了从农业经济向工业经济的转变,昔日的"稻田鱼塘"已不复存在,取而代之的是一片片现代化的工业园区。昔日的农民已"洗脚上田"、务工经商,许多人成为工业、服务业老板,人民生活从相对贫困走向初步小康。

一、大力扶持革命老区建设

深圳市各级党委、政府都十分重视革命老区的建设,根据中共中央和广东省的有关政策,结合大鹏老区的实际,从各方面大力扶持革命老区,使革命老区得到较快的发展。其主要的措施有:

(一)拨给老区建设需要的财力和物力

1982年至1986年,宝安县拨给革命老区发展生产的贴息贷款共303万元,扶持革命老区发展生产;深圳市、宝安县政府平均每年还拨出老区专款260万元。在"七五"计划中,宝安县政府规定每年从地方财政中拨出老区专款250万元,重点帮助大鹏、葵涌、南澳等经济较困难的革命老区镇发展起步性项目。在物资上,1982年至1986年,县有关部门拨给老区钢材210吨、水泥1 795吨、化肥3 900吨、木材656立方米,重点解决老区交通、水利、办医、办学、办敬老院等困难。

（二）大办实业，为发展革命老区经济创造条件

1984 年至 1986 年，宝安县从老区经费中拨出 130 多万元，支持葵涌等老区镇兴办来料加工工厂 7 家，厂房面积为 10 020 平方米，还帮助引进了玩具、手套、塑胶、电子、五金等项目。这些厂投产后，每年共获利润 60 万元以上。县里还投资了 113 万元，改造和兴办老区种养场，扶持老区烈军属、堡垒户、复退军人和贫困户发展生产，脱贫致富。到 1986 年底，计有种养场 16 个。

（三）主动争取各部门的支持，多方筹集革命老区建设资金

据不完全统计，1982 年至 1986 年，各部门支持老区建设的资金达 1 277 万元，仅葵涌老区就自筹 116 万元。经过几年的开拓，全县计有发展福利设施的工程项目 722 个，其中老区专款投资项目 320 个；兴办各类经济实体 94 个，其中老区投资专款 24 个，扶持老区 210 户贫困户发展生产（含扶贫对象），脱贫致富。1986 年底统计，全县老区年平均纯收入为 559 元，比 1978 年的 94 元增长了 5 倍。老区人民的温饱问题已基本得到解决，其中三分之二的老区村庄的人均年纯收入超过全县的水平。全县老区已基本实现了"三通"（通公路、通自来水、通电照明）。[①] 老区人民群众的生产和生活条件得到了明显的改善。

二、实施同富裕工程

同富裕工程是深圳市委和市政府为解决欠发达地区群众迫切需要解决的生产、生活问题，努力发展集体经济，走共同富裕的道路而采取的一项切实可行的措施。大鹏革命老区得到重点

---

① 宝安县志编辑委员会编著：《宝安县志》，广东人民出版社 1997 年版，第 762 ~ 763 页。

扶持。

从 1995 年末到 1998 年末，同富裕工程的具体目标是：力争用 3 年时间解决欠发达地区迫切需要解决的生产、生活问题，并且使之脱贫致富。工作任务是：通过市、区、镇三级财政投入，在符合城市规划的前提下，用 3 年时间分期分批欠发达村的供水、供电、通信、治河、道路、学校、卫生设施、生活条件和投资环境等问题，使集体经济得到较大的发展，实现欠发达村人均年集体分配收入超过 2 000 元。在实施同富裕工程的过程中，针对欠发达地区存在的制约经济社会发展的问题，深圳市政府加大资金投入力度，制订了包括有效利用土地资源，积极鼓励发展"三高"农业和"菜篮子"工程，扶持发展乡村工业和"三来一补"企业，实施税收优惠及其他费用的减收照顾，加快人才的引进和培养，动员社会各界力量，开展多种形式的对口扶持工作，加强欠发达地区农村基层组织建设等多个方面的优惠政策。

为配合同富裕工程，1996 年 5 月，深圳市政府决定设立深圳市同富裕发展基金，以低息优惠借款方式，帮助欠发达地区发展"造血型"项目，壮大集体经济。其本金主要依靠市财政划拨和各区、各部门的支持。至 2000 年，该基金共筹集本金 3.24 亿元。其中，宝安区、龙岗区财政支持 500 万元。龙岗区扶持项目 99 个，投放基金 1.361 亿元。1999 年 8 月 17 日，全市同富裕工程工作总结大会召开。近八成欠发达自然村人均集体分配收入超 2 000 元，达到市委、市政府制定的脱贫目标。2000 年 9 月，时任中共深圳市委书记的张高丽率领深圳市有关部门负责人到宝安区、龙岗区调研同富裕工程，提出每位领导需挂钩帮扶 1 个欠发达村，3 年内实现新一轮同富裕工程目标。

三、各乡镇扶贫的实施行动

（一）葵涌镇的实施情况①

葵涌镇是深圳市东部边远山区和革命老区的一个建制镇，经济发展缓慢，基础设施建设滞后。为使贫困村镇尽快改变贫困面貌，葵涌镇党委、镇政府把同富裕工程作为全镇发展的重要契机，成立了同富裕工程领导小组，由党委书记任组长，镇长与分管财经工作的副镇长任副组长，并抽调4名工作骨干组成葵涌镇同富裕工程办公室，专门负责日常工作。

葵涌镇同富裕工程办公室组建后，始终明确"壮大集体经济和帮助贫困户脱贫致富，实现共同富裕"的工作目标，并制定工作人员岗位管理、资金管理、工程质量管理等制度，使全镇同富裕工程工作健康有序地开展起来。

1996年，葵涌镇开始实施第一期25个同富裕工程，共投资1.31亿元，其中市、区财政安排资金1.04亿元。1996年底，葵涌镇同富裕工程中的金业路动工。该路全长3千米，总投资4 000多万元。在实施过程中，葵涌镇以管理严格、制度健全、工程质量优良、成效显著而获得好评，多次受到市、区政府的表彰，并于1996年和1997年连续两年在全市同富裕工程综合考评中荣获第一名。2000年，葵涌镇实施第二期15个同富裕工程，共投资8 337万元，其中市、区财政安排资金5 111万元。因葵涌镇在实施同富裕工程的过程中成绩显著。2003年7月，深圳市委、市政府在葵涌镇召开全市欠发达地区发展集体经济现场会，在全市推广葵涌镇的经验。

---

①　深圳市龙岗区地方志编纂委员会编著：《深圳市龙岗区志》，方志出版社2012年版，第1029页。

至 2003 年底，葵涌镇第二期同富裕工程共实施项目 40 个，其中修建水泥村道 23 条，新建、扩建水厂 3 座，新建、改造供电线路 2 条，修建排洪渠道 4 条，新建、扩建学校 4 所，新建水库 1 座，帮助贫困户新建房屋 3 栋，总投资 2.14 亿元，其中市、区财政共安排资金 1.55 亿元。葵涌镇同富裕工程的实施，惠及葵涌镇的人民群众，切实解决了葵涌镇各村群众行路难、用水难、用电难、上学难的问题，完善了基础设施，改善了投资环境，为葵涌镇经济和社会的发展奠定了坚实的基础。

（二）大鹏镇的实施情况①

1995 年，深圳市委、市政府启动同富裕工程，扶持宝安、龙岗欠发达地区。大鹏镇党委、镇政府抓住这一重大历史机遇，提出大鹏教育要"一年改变现状，二年初见成效，三年大变面貌"的口号，并于 1996 年投资 1 800 多万元新建大鹏中心小学，将原来散落在各村的 4 所小学（鹏城小学除外）合并在一起。新建的大鹏中心小学占地面积 33 949 平方米，绿化面积 16 000 平方米，建筑面积 8 659 平方米，规模大、设备好，师资力量得到有效配置。1997 年投资 1 500 万元新建的大鹏华侨中学，占地面积 50 228 平方米，绿化面积 20 708 平方米，建筑面积 9 097 平方米，配置了一流的教学设备。到 1998 年，大鹏镇 3 年累计投入教育资金 7 000 多万元，约占镇财政总支出的 31.3%，形成了"党以重教为先，政以兴教为责，民以支教为乐，侨以助教为善，师以从教为荣"的社会环境。1999 年，大鹏镇的教育事业已处于龙岗区中上水平：大鹏华侨中学开始承担深圳东部三镇的高中阶段教学任务；大鹏镇成人学校创办中专班和大专班。2001 年，在爱国爱

---

① 深圳市龙岗区地方志编纂委员会编著：《深圳市龙岗区志》，方志出版社 2012 年版，第 1037 页。

家的港澳同胞的支持下，大鹏镇投入 1 500 万元对鹏城小学（1972 年创办）进行选址新建，并将其更名为大鹏镇第二小学。2003 年，大鹏镇有 4 所幼儿园、3 所小学、1 所中学，普及了九年制义务教育。同年 2 月，镇属学校全部达到省一级学校标准，大鹏镇也因此获得广东省"教育强镇"称号。

大鹏镇党委和镇政府利用同富裕工程实施之机，加快改善基础设施条件，优化投资环境，增强自身"造血"功能，培养新经济增长点。到 1998 年，大鹏镇利用同富裕工程，兴建了道路工程 7 个，投资 6 728 万元；供水工程 5 个，投资 1 455 万元；科教文卫工程 2 个，投资 1 098 万元；另外，大鹏镇利用同富裕发展基金大力发展农业生产性项目，如农业公司草菇场、水鱼场和龙岐盐场等，都是在同富裕发展基金的扶持下发展起来的。

通过同富裕工程的实施，大鹏镇的基础设施发生了根本性改变，投资环境得到极大的改善，外商投资额呈上升趋势，产业结构进一步优化，欠发达村的人民生活水平进一步提高，建立股份合作制、发展集体种养、开展挂钩扶贫等多种脱贫致富经济形式应运而生，集体分配收入逐年递增。

1996—1998 年大鹏镇同富裕工程项目一览表

工程名称	投资情况（万元）			
	合计	市	区	镇
岭澳村道	158	94.8	31.6	31.6
水头供水工程	236	141.6	47.2	47.2
大鹏水厂管道工程	306	183.6	61.2	61.2
大鹏标志至医院道路	434	260.4	86.8	86.8
大鹏医院留医部	273	163.8	54.6	54.6

（续上表）

工程名称	投资情况（万元）			
	合计	市	区	镇
王母至下沙二级公路	1 949	1 169.4	389.8	389.8
中学综合楼工程	825	495	165	165
下沙供水工程	433	259.8	86.6	86.6
同富裕工业区市政工程	2 978	1 786.8	595.6	595.6
1996 年立项项目小计	7 592	4 555.2	1 518.4	1 518.4
大鹏镇鹏城村道	560	336	112	112
大鹏中山路	900	540	180	180
大鹏镇水磨坑水库工程	250	150	50	50
王母河改造工程	750	450	150	150
1997 年立项项目小计	2 460	1 476	492	492
王母至水头公路工程	1 165	699	233	233
大鹏山庄至旱塘仔村道	500	300	100	100
鹏城村供水管道工程	220	132	44	44
王母河龙岐段整治工程	500	300	100	100
1998 年立项项目小计	2 385	1 431	477	477
合计	12 437	7 462.2	2 487.4	2 487.4

大鹏同富裕工业区位于大鹏镇至南澳镇过境公路（南西线）的东面，大鹏镇的布新村与水头村之间，占地面积 67 公顷，1995 年底由大鹏镇人民政府牵头，组织大鹏镇 40 个欠发达自然村，集市、区、镇、村之力，合力兴建。

大鹏同富裕工业区是深圳市实施同富裕工程的一个重点项目，也是全市规模最大、最先兴办的同富裕工业区。它的建设得到了市、区、镇各级领导和全镇人民的广泛关注和支持。该工业区全面建成后，进一步推动了大鹏镇工业的发展。大鹏镇工业总产值、工业企业纯收入、第三产业收入以及从业人口比之前翻了一番，因此被誉为"再造大鹏"工程。

大鹏同富裕工业区按现代工业园区规划，具有超前的功能、布局，新颖的工业生活环境以及完善的服务功能。它结合了深圳地区一些已建成的工业区规划，并严格依据镇总体规划要求，在功能、布局、环保等各个方面进行科学而细致的规划安排，使其建成后不仅成为大鹏镇经济腾飞的翅膀，也成为大鹏镇的一个旅游观光景点。

（三）南澳镇的实施情况[①]

深圳市在推出同富裕工程项目以后，南澳镇也抓住这一难得的机遇，迅速开始行动。2000 年 2 月，南澳镇利用同富裕工程资金，采取股份合作制形式，启动东涌、西涌、东农、南渔四个鲍鱼场建设，总计投入资金 1 437 万元。是年，全镇海洋水产养殖面积扩大到 500 公顷，其中有养鱼网箱 310 排、养鲍池 1 300 个；海洋水产品总量达 3 665 吨，其中首批养成的鲍鱼销售 89 吨，收入 1 200 万元。2001 年，深圳旭联海洋养殖有限公司在南澳镇正式成立广东省深水网箱养殖示范推广基地，中国第一个大型抗风浪网箱在鹅公湾海域下水；镇政府利用"扶贫奔康"资金，将东涌、西涌、东农、南渔 4 个鲍鱼场的建设资金追加到 3 180 万元，进一步突出了南澳海产经济特色，确保了海洋水产养殖业的领先地位。

2002 年，南澳镇引进挪威升降式深水抗风浪网箱并试养成功，提高了养殖质量和抵御台风的能力，成为全国推广此项技术

---

① 深圳市龙岗区地方志编纂委员会编著：《深圳市龙岗区志》，方志出版社 2012 年版，第 1043 ~ 1044 页。

的示范点。市星河房地产公司收购了东山珍珠养殖场，将之改造成一个集科研、生产、销售、制药、观光旅游于一体的珍珠文化基地。南澳镇政府利用同富裕工程资金，投资 2 700 万元，建设海滨大道、同富海鲜街。海鲜一条街改造与新建面积共 1.3 万平方米，是深圳市唯一全海景的海鲜街。

2003 年 5 月，杨梅坑海域举行深圳市首批人工鱼礁试点投放。9 月，南海海洋生物技术国家工程研究中心产业化基地——深圳市海洋生物有限公司在东山珍珠岛成立，深圳市东部海洋生物高新技术产业化正式启动。是年，全镇海洋水产养殖总面积达 540 公顷，是 1993 年的 3.2 倍；海洋水产品总产量达 4 400 吨，是 1993 年的 1.8 倍；产值达 4 108 万元，是 1993 年的 1.7 倍。南澳镇出产的海胆、鲍鱼、响螺等名优海产品，远销北京、上海、日本等，赢得了"食海鲜，到南澳"的美誉。渔业的发展带动了整个农业。这一年，南澳镇农业总产值达到 5 341 万元，比 1993年增长 2.6 倍。

大鹏老区的文化建设

改革开放以来，大鹏老区在经济物质领域取得了举世瞩目的成就的同时，也十分重视文化事业的建设和发展，加大投入力度，使该地区的文化建设同样迈出历史性步伐，实现翻天覆地的变化，人民群众的精神文化生活进入新的历史发展时期。

一、镇改街道前文化建设的新变化

改革开放以后，随着人民群众物质生活水平的提高，大鹏老区的文化事业得到了较快的发展。各镇积极筹措资金投入文化事业方面的建设，各种文化场馆相继落成，各种娱乐设施逐渐建起并日趋完善。大鹏老区的文化建设发生了新的变化，人民群众的业余生活也发生了新的变化。

在葵涌镇，为了促进该镇文化事业的发展，1992 年成立了"文体基金会"，筹集资金 40 万元，专门用于全镇的文体活动。1993 年，葵涌镇文化站被评为广东省特级文化站，有职工 60 多人，有室内活动场所 4 650 平方米。文化站娱乐设施日趋完善，有容纳 1 000 多名观众的电影院，建有全镇广播网，兴建国内电视差转台，共用天线用户达 1 500 户；坝光村还建有一座容量为 400 户的有线电视用户转播收发系统，还兴建有线电视，1994 年底可收视 10 多个频道。该镇有藏书 2 万册的图书馆 1 座，新华书店 1 家。至 20 世纪 90 年代中期，葵涌镇的文化事业有了进一步的发展，各种文化设施进一步完善。全镇有 5 个投影场、7 家卡拉 OK 厅、30 个篮球场，各单位还建有自己的卡拉 OK 厅和篮球场。镇里建有 1 个室内灯光球场，占地 1 500 平方米，并有 1 个溜冰场。镇里还组建了篮球队、舞狮队、文艺演出队等。

自改革开放后，大鹏镇的教育、文化事业都有了较大发展。随着人民生活水平的不断提高，镇里大多数家庭都购置了收音机、电视机、录像机、激光影碟机等电器。20 世纪 90 年代，大鹏镇筹集资金建了一大批文化娱乐设施，有影剧院 2 座，投影室 6 个，文化室 7 个，音像书店 2 家，公园 1 个，老人活动中心 7 个，篮球场 13 个，溜冰场 1 个，游戏机室 2 间，娱乐城 1 座，营业性卡拉 OK 厅 4 家，非营业性歌舞厅、卡拉 OK 厅 20 多家，图书室 5 间，藏书 2 万多册。群众文化生活有文学创作、灯谜、书法、摄影、弈棋、舞狮、卡拉 OK、曲艺弹唱等。全镇 6 个行政村都设有文化室。镇里经常举办文艺演出、卡拉 OK 歌唱比赛等各类大型的群众性文化活动。

在南澳镇，改革开放后，随着群众生活水平的提高，电视机、录像机、电话等已逐渐走进大多数家庭。为了适应人民群众日益增长的文化生活的需求，南澳镇建了一大批文化娱乐设施，有电影院 1 座、录像厅 3 个、文化室 9 个、老人活动中心 9 个、营业性卡拉 OK 厅 5 家、篮球场 18 个、娱乐中心城 1 座。有了这些文化场所和娱乐设施，群众的业余文化活动变得丰富多彩，有脱盲学习、文学创作、摄影、书画、灯谜、粤剧、舞狮、舞草龙、文艺演出等，群众各取所好，自愿参加，自娱自乐。镇里每年还举行一届卡拉 OK 大赛及书画大赛，还在国庆节和元旦举行文艺汇演，能歌善舞、琴棋书画人才倍增。对港、澳、台影响较大的大型摄影比赛——"大鹏湾之夏"每年都在南澳镇举行。全镇各村都有舞狮队。1994 年，南澳镇投资 400 多万元，兴建了 1 座占地

1 500 平方米，集娱乐、商贸、住宿于一体的大型影剧院，大大推动了南澳镇文化事业的发展。

二、镇改街道后文化事业迅速发展

2004 年，深圳市的城市化进程加快，原为市属的乡镇改为街道办事处。大鹏地区的葵涌、大鹏、南澳 3 个镇，也分别改为葵涌、大鹏、南澳 3 个街道办事处。镇改为街道后，原来的乡村纳入了城市管理，村民变成了城市居民，业余文化生活也随之发生了变化。于是，各种文化设施也随着城市化的要求日益完善，更加促进了大鹏地区文化事业的迅速发展。

（一）葵涌街道的文化事业

葵涌街道投资了 800 万元兴建占地 2 万平方米的葵涌新文化广场；兴建葵涌革命烈士纪念碑，作为街道爱国主义思想教育的阵地；完善街道图书馆设施，新增图书 3 000 册。坝光、葵丰、土洋居委会图书馆通过市有关部门的验收，实现居委会皆有达标图书馆的目标。2004 年 10 月 24 日，在葵涌中学体育场举办葵涌第三届运动会，各社区各单位派出代表队共 1 300 名运动员参加 10 大项、39 小项的比赛，活动的举办既丰富了社区群众的文体生活，又增强了群众的体质。此外，各项球类、棋类的比赛也经常在葵涌举行。2005 年，葵涌街道举办各社区各单位的篮球比赛、足球比赛、围棋比赛、象棋比赛等大型文体活动，社区的文体活动十分活跃。深圳市和龙岗区每次组织文体比赛，葵涌街道都积极组队参加，并获得好成绩。如在 2005 年龙岗区组织的"海上嘉年华"龙舟比赛活动中，葵涌龙舟队获得第二名。

2006 年，葵涌街道组织迎新春文艺晚会、"六一"少先队文艺汇演、庆国庆大型文艺晚会等文艺活动，有 3 万多名群众参加。葵涌街道选送的小品《台风》一举夺得龙岗区"八荣八耻"小品比赛金奖、最佳组织、最佳剧本和优秀演员 4 项大奖。在开展非物质文化遗产普查申报工作中，葵涌街道挖掘整理了《葵涌民间谚语》，同时还收集整理了传统民俗节目《葵涌嫁歌》。

2007 年，葵涌街道充分挖掘彰显葵涌特色的银叶树、黄金海岸、革命历史等文化资源。葵涌客家嫁歌、葵涌民间谚语被评为龙岗区第一批非物质文化遗产。同时开办 13 期知识大讲堂，举办 2007 年春晚等大型文艺晚会，举办葵涌第四届运动会。这一年葵涌街道有 3 所学校被评为"区德育先进学校"，全区德育工作现场会在葵涌第二小学召开，该校创建的"星级少年"被列为深圳市重点教研课题，街道文体服务中心被评为省特级文化站。

2008 年，葵涌街道举办系列送文化下企业活动，聘请专业教练教授广场健身操、太极拳、瑜伽、网球技艺等，开展机关和企业干部职工篮球赛、足球赛，丰富了居民群众的业余文化生活。

2009 年，葵涌街道着力发展和打造广场文化、婚庆文化、东纵文化品牌等多个项目，文体事业繁荣发展。深圳市第四届公园文化节在葵涌设立分会场，葵涌街道获得"优秀组织奖"。持续开展全民健身运动，以实际行动迎接 2011 年深圳市第 26 届世界大学生夏季运动会。10 月，葵涌本土家庭老、中、青、幼四代同堂，参加中央电视台《神州大舞台——爱国歌曲家家唱》栏目，向全国人民展示葵涌客家东纵家庭的风采。

2011 年，葵涌街道注重文化引领，不断打造广场文化品牌。积极开展广场舞、太极拳、健美操等活动，仅街道文化广场每晚参与活动群众就达 1 000 多人；依托重大节庆日，广泛开展木兰扇、球赛、书画摄影展及文艺展演等活动；组建 10 支醒狮队，每逢佳节或庆典即以舞狮助兴，营造浓厚的文化氛围。

（二）大鹏街道的文化事业

2004 年镇改街道后，同年 12 月 29 日，大鹏街道成功举办以

"龙腾狮跃闹鹏城"为主题的"纪念大鹏所城建城610周年暨特色文化品牌展演"活动。在此期间，大鹏街道的万方街心广场改造工程完工，投资200余万元的户外大屏幕电视建成并投入使用。街道文化站也通过了"广东省特级文化站"的评估，大鹏街道的文化设施档次得到了明显的提升。

2005年9月29日，大鹏街道组织的《金狮闹鹏城》节目荣获深圳市第七届鹏城金秋社区文化艺术节广场民间文艺汇演金奖。10月16日，大鹏街道的原创歌曲《鹏城，深圳的根》，在深圳市第七届鹏城金秋社区文化艺术节音乐舞蹈大赛上荣获金奖。

大鹏街道还重视全民健身活动。大鹏街道大力普及太极拳活动，每天参加练习的居民有300多人。11月19日，太极拳队首次参加深圳市第七届传统武术比赛，获3金、17银、2铜，大鹏街道获"优秀组织奖"。大鹏街道还以文化广场为阵地，全年举办14场广场文艺活动。

2006年9月至12月，大鹏街道举办第四届运动会，进行包括足球、篮球、乒乓球、羽毛球、网球、田径等在内的8大项28个小项的比赛。10月，街道投入30万元对大鹏图书馆进行改造，将原来设在文体服务中心二楼的图书馆迁至大鹏华侨纪念馆一楼，不仅图书馆的面积、藏书量有了增加，而且馆内的各种设施也有了很大的提升。11月，该图书馆顺利通过深圳市第二次图书馆评估定级考察组的验收，成为龙岗区第二个街道一级图书馆，并成功与区图书馆联网，实现"通借通还"、资源共享。

大鹏街道经常开展广场文化和送戏下基层活动，每年举办广场文艺晚会15场，下基层举办专题演出5场。在2006年4月28日举行的"龙岗区劳动者践行社会主义荣辱观歌咏大赛"中，大鹏街道由150人组成的合唱队演唱的原创歌曲《鹏城，深圳的根》获得金奖。龙岐湾高新产业园文体广场建成并投入使用，扩大了民众开展文体活动的场所。

2007 年，大鹏街道举办富有地方特色的文化展演活动，如大鹏舞狮、大鹏太极、大鹏帆板、大鹏广场健身舞等，并形成了一批地方文化品牌。大鹏太极拳队首次参加全国传统武术比赛，获得 3 银、5 铜的好成绩，还获得"全国武术比赛道德风尚奖"。大鹏街道还组织百名文艺骨干下基层，开展文艺慰问宣传活动。大鹏追念先烈习俗、大鹏军语、大鹏山歌等，分别被列为省、市级非物质文化遗产。大鹏古城博物馆征集收藏的中英海域界碑，具有重大的文物价值。

2008 年，大鹏街道的广场文化和社区文化活动丰富多彩。在文化广场开展节日系列演出、专题文艺晚会等重大活动 16 场次，在基层放映电影 88 场；"百名健身舞骨干进社区"活动获得好评，全街道逐步形成"一个主场八个分点"的健身舞网络。文体品牌影响进一步彰显。"百狮舞大鹏"成为节庆的保留节目；大鹏太极拳代表队参加相关国际武术节比赛，获 4 金、1 银、2 铜，参加广东省 2008 年传统武术锦标赛，获 9 金、29 银、7 铜；舞蹈《红绳·红路》在广东省文艺表演中获银奖；成功举办以大鹏山歌、大鹏军语和大鹏追念先烈习俗为主要内容的"非遗"晚会；大鹏所城保护工作进展顺利；反映大鹏改革开放 30 年成就的电视剧《鹏城往事》正式播出。是年，大鹏街道荣获"广东省老年体育先进街道"称号；老干部中心被评为"深圳市老年人健步走向北京奥运会先进单位"。

2009 年，大鹏街道开展形式多样的文体活动，推动群众文化普及和精品文化锻造。譬如，在创新文化服务形式方面，大鹏街道属下的岭澳、大鹏山庄、黄岐塘、王母围等 8 个居民小组举办"大家乐"活动；继续打造太极拳、舞狮和广场健身舞三大特色品牌，彰显大鹏独特魅力；挑选文艺骨干组建"非遗"演出小分队，传承大鹏"非遗"特色文化；"大鹏千人健身广场"成为深圳17项特色文化活动精品之一。

2010年，大鹏街道开展"党群共建大家乐"活动8场，组织电影晚会3场。全力推进文化广场主场和各社区分场（1主场8分场）的广场健身舞活动，大鹏文化广场被评为"深圳市十佳特色文化活动广场"。大鹏太极拳队参加第四届世界传统武术锦标赛，获2金、2银、7铜。"百狮舞大鹏"成为节庆保留节目，并成功举办2010年"虎腾狮跃闹元宵"百狮巡游大汇演活动。

2011年，着力打造4个具有大鹏特色的文体品牌：太极拳、广场健身舞、舞狮、居民小区大家乐。

（三）南澳街道的文化事业

2004年镇改街道后，南澳街道经常开展群众性节日文化活动，如举办新春文体活动等，组织乒乓球、网球等体育赛事。南澳街道还组织交谊舞、高跷舞、麒麟舞等舞蹈培训班，打造特色文化品牌，其创作的舞蹈《船桨·女人》曾荣获广东省舞蹈创作金奖。举行"迎亲舞"和"舞草龙"表演、龙舟赛及海胆节活动，充分展示南澳特色文化，丰富居民的精神文化生活。

2005年，南澳街道成功举办首届元宵民间艺术大巡游活动，把水上迎亲舞、高跷舞、麒麟舞、腰鼓等民俗文化进行提升并组织巡游，既丰富了社区民众的业余文化生活，又大大推动了社区文化活动的开展。举办首届龙岗区海上嘉年华活动，受到当地民众的欢迎。南澳街道认真组织参加省、市、区各项文体活动，创作的舞蹈《海湾湾》在龙岗区首届社区文化艺术节音乐舞蹈比赛中荣获金奖；文体服务中心荣获艺术节组织奖和先进单位奖；代表区参加深圳市第七届鹏城金秋社区文化艺术节，并获金奖；组织创作民间舞《水上迎亲舞》，参加2005年广东省国际旅游文化节岭南民间艺术汇演并获金奖。

2006 年，南澳街道紧紧抓住"文化立市""文化强市"的契机，大力加强文化建设，繁荣社区文化，开展群众性文体活动，突出抓好"民间艺术大巡游""海上嘉年华"等一系列活动。在开展非物质文化遗产普查工作中，南澳街道对舞草龙、水上迎亲舞进行市级非物质文化遗产名录申报。

2007 年，南澳街道以深圳市成功申办第 26 届世界大学生夏季运动会为契机，举办"迎大运·龙岗区第三届海上嘉年华"活动。南澳街道选送的歌曲《行者无疆志无疆》，参加龙岗区第二届社区文化艺术节并获金奖。舞蹈《伞情》获区企业文艺展演银奖。舞草龙、疍家人婚俗被列入广东省级非物质文化遗产名录。中英界碑，经文物专家鉴定，属迄今在深圳发现的唯一海域权属界碑，填补了深圳没有海域界碑的实物空白。

2008 年，为凸显 2008 年奥运会和改革开放 30 周年纪念主题，南澳街道和社区宣传文化部门组织开展长跑、社区篮球赛、网球赛、足球赛、乒乓球赛，以及登山、拔河、海岸线穿越、书画、摄影、美术等比赛，并举办红歌会、大型晚会等文体活动。组织男子龙舟队代表深圳市参加马来西亚龙舟赛。在社区开展舞草龙、妈祖拜祭、妇女读书等各项特色活动。配合有关部门举办"中国杯"国际帆船赛和"动力深圳"山地越野挑战赛等，在当地产生了较大的影响。

2009 年，南澳街道开展了一系列有特色的文体活动，以活跃群众的文体生活。年初举办庆元旦暨市民广场落成、枫浪山公园启用等大型庆典文艺晚会；春节期间举办新春系列文体活动。为突出"迎大运"和庆祝中华人民共和国成立 60 周年纪念主题，组织策划妇女节庆祝活动、第九届"核电杯"龙舟邀请赛、马拉松长跑、社区篮球赛、乒乓球赛等系列活动；开展舞草龙、妇女读书班等特色活动。开展文艺创作，创作主题歌曲《七娘山恋歌》；创作编排的舞蹈《老屋的凉帽》在深圳第九届鹏城金秋社区文化艺术节舞蹈比赛中获金奖。

2010年，南澳街道抓住渔村、滨海等特色，开展"大运风""青工文化节""公共文明伴我行""庆祝特区成立30周年""书香满园下基层"等系列活动；举行纪念妈祖、舞草龙、"青春迎大运团队友谊行"定向越野赛等特色活动；成功举办"红五月"职工文化艺术节、美食旅游文化节、第十届"核电杯"龙舟邀请赛。开展精品创作，歌曲《中国有个西涌湾》、民俗舞蹈《草龙闹春》均成功申报区文艺精品；《草龙闹春》确定参加区春节文艺晚会演出。8月，街道合唱队在龙岗专场比赛中荣获铜奖。

2011年，南澳街道精心组织开展各类主题活动，在前三季度的城市公共文明指数测评中取得两个第一、一个第二的好成绩，被区文明办推荐申报全国文明先进单位评选。积极开展各项精彩的文化惠民活动，极大地丰富了居民的文化生活，南澳文化站也被评为省特级文化站。

第六章
大鹏新区建设成就与跨上新征程

2011年12月30日，大鹏新区正式揭牌成立，是深圳的功能新区。中共十八大以后，大鹏新区管委会坚持以习近平新时代中国特色社会主义思想为指导，全面贯彻中共十九大和中共十九届二中、三中全会精神，对标"四个走在全国前列"要求，按照"保护优先、科学发展、精细管理、提升水平"的方针，坚持新区走新路，注重规划引领，突出生态文明，全面深化改革，提升发展质量，大力改善民生，全面加快"三岛一区"（生态岛、生物岛、生命岛和世界级滨海生态旅游度假区）和"美丽大鹏"建设，初步实现"五位一体"发展。

第一节 全面推进"五位一体"建设

中共十八大以来，大鹏新区坚持"五位一体"建设全面推进、协调发展，经济持续健康发展，人民民主不断扩大，文化软实力显著增强，人民生活水平逐年提高，资源节约型和环境友好型社会建设取得重大进展，形成经济较为富裕、政治民主、文化繁荣、社会公平、生态良好的发展格局。

一、经济持续快速增长

大鹏新区经济运行总体平稳、稳中有进、稳中向好；不断强化创新驱动，聚焦特色产业，绿色高端发展开启全新征程；坚持创新驱动、绿色发展，经济发展和质量效益稳步提升。

通过一系列政策措施，大鹏近几年来发展步伐明显加快，生态旅游业及高新技术产业发展迅猛，有力地促进了经济结构的调整和产业结构的优化升级。

引进并成功举办深圳国际游艇展，海上运动基地、航海学校实现市场化运营。包括坝光在内的 9.51 平方千米区域，成功纳入"国家自主创新示范区"范围，享受中关村同等政策待遇。罗兹曼转化医学研究院、因诺转化医学研究院、中国农科院基因组学研究所等一流创新平台相继在此落户。深圳国际生物谷纳入"广深科技创新走廊"十大核心创新平台，坝光启动区获批全市首批 7 大"未来产业集聚区"之一。深圳国家基因库二期成为全市十大重大科技基础设施先行启动建设项目之一。成功举办第六届世界海洋大会、第十一届国际游艇展等具有国际影响力的展会。修订形成"1+N"产业政策体系，扶持产业项目59个、扶持资金1 827万元。与以色列库克曼集团签订协议，设立1亿美元生物医药类创新发展基金。生命科学产业园公共技术服务平台投入使用，海洋生物产业园二期完成改造。国家全域旅游示范区试验区建设稳步推进，全国首家社区旅游学院成立。南澳成为全市首个无工业小镇。与平安集团签署战略合作协议。产业园区累计集聚生物医学、生命健康及海洋生物企业117家。淘汰拆解"减船转产"渔船316艘，推动海上传统养殖向旅游观光业转型。成功举办第十二届中国（深圳）国际游艇及设备展览会，意向成交额达2亿元。新区作为全球海洋中心城市集中承载区，被纳入深圳落实粤港澳大湾区发展规划三年行动方案。2018年，实现地区生产总值341.66亿元，人均生产总值22.84万元，社会消费品零售总额63.7亿元，累计实现进出口总额16.51亿美元，税费收入合计70.47亿元，一般公共预算收入25.26亿元，全区居民人均可支配收入38 978元。居民人均消费支出25 548元，增长3.6%。恩格尔系数为36.7%。

（一）深圳国际生物谷

2013年11月，深圳市政府颁布出台《深圳国际生物谷总体发展规划（2013—2020年）》，重点发展生命信息、生物医学工程、生物医药与高端医疗、生命健康服务、生物资源开发、生物环保与制造等，汇聚全球顶尖的生物科研机构和企业，打造生物科技创新资源集聚区、生物产业高端发展先导区、医疗健康管理创新实验区和绿色低碳循环发展示范区。

大鹏新区坝光片区作为深圳国际生物谷的核心启动区，致力于打造领先国际的生物科技创新中心和全球知名的生物产业集聚基地。深圳国际生物谷坝光核心启动区规划用地面积9.4平方千米，城市建设用地546公顷，总建筑规模555万平方米，平均容积率约1.0，划定14个规划控制单元和3个街坊。规划就业人口总规模8万人，其中规划居住人口规模3.5万人，其余4.5万人在葵涌、大鹏等片区统筹安排配套居住。

深圳国际生物谷坝光核心启动区于2014年被纳入全市重点开发区域，2015年开展基础设施前期工作。坝光片区建设项目包含政府投资项目和社会投资项目，总投资约670亿元。2016年完成投资21.58亿元，2017年完成投资31.9亿元，超额完成投资任务，连续两年在市重点区域考核中获满分。2018年开展区内及区外配套项目101个，截至2018年12月底，完成投资43.2亿元。深圳国际生物谷配套园区完成招商引资6.38亿元，新增落户企业达53家，生物产业集聚效应初步显现。

深圳国际生物谷·大鹏海洋生物产业园成立于2009年10月，

深圳国际生物谷·大鹏海洋生物产业园（大鹏新区投资控股有限公司供图）

位于大鹏新区大鹏办事处同富裕工业区，是国家发改委批准的首批国家生物产业基地之一，同时承载"留学生创业园""博士后创新实践基地"功能。它东临大亚湾和大鹏湾两个优质天然海湾，交通便利，配套齐全。该产业园规划占地面积25.5万平方米，建筑面积21.9万平方米。2016年，有入园项目37个，总产值3.4亿元，驻园企业从业人员600余人，其中院士团队3个、海外留学归国人员40余人、博士以上学历人员30余人。园内有国家高新企业3家，承担国家、省、市科研项目20多个。形成了以海洋生物育种、海洋高端装备、海洋生物能源开发及海洋生物资源综合开发与利用为主导的研发孵化功能区。2017年中国（深圳大鹏）生物与生命科技创新创业大赛选拔赛在该产业园举行。该产业园实验室获得CMA和CATL资质认证，覆盖农产品、动物疫病、海水检测等领域的5大类28个检测项目通过能力认证。

　　2017年，大鹏海洋生物产业园一期、二期建成，占地面积约3万平方米，建筑面积4.3万平方米。园区三期总体规划以构建"1+3"海洋产业体系、打造"双核四区两基地"产业布局为重点，建成后园区总建筑规模达到45.4万平方米，其中海洋产业发展用房建筑面积32.7万平方米，产业配套用房12.7万平方米。驻园企业（项目）达55家，2014—2017年间园区企业总产值达11.8亿元，获得知识产权项目数超过120个（项），引进院士团队4个，成立院士工作站3个，有国家级领军人才1人，高新技术企业6家，高校机构5家，省级以上生物工程技术研发中心5个，各级各类研究所、重点实验室、产学研示范基地共10余个。大鹏新区充满着生机和活力。

　　2018年，大鹏新区着力促进生物产业集聚发展。深圳国际生物谷坝光核心启动区储备意向落户产业项目47个，与平安集团签署战略合作协议。产业园区累计集聚生物医学、生命健康及海洋生物企业 117 家。2018 年，大鹏海洋生物产业园入园企业及项目从 9 家增至 55 家，近三年实现产值约 10 亿元。

深圳国际生物谷·大鹏生命科学产业园成立于 2012 年 9 月，位于葵涌办事处，由原葵涌奔康工业区升级改造而成，是深圳国际生物谷坝光核心启动区的重要组成部分，定位为深圳国际生物谷先导区及孵化器。园区按照生态、绿色、智慧的理念规划，重点吸引相关生命、生物、健康、医疗等高新技术企业和机构入园，拟建设成以技术服务和公共服务为核心，集企业总部办公和企业研发孵化为一体的生物科技产业孵化基地。规划占地面积 16.8 万平方米，建筑面积 24 万平方米。

深圳国际生物谷·大鹏生命科学产业园公共技术服务平台是大鹏新区生物医药类第一个公共服务平台类项目，已被列入"东进战略"坝光片区开发中的重点项目，并作为 2016 年全市 12 个第四季度产业类开工项目，于 2017 年投入使用。项目投资总概算 4 547.05 万元，改造总建筑面积 4 650 平方米。大鹏生命科学产业园配套工程（二期）项目投资估算为 5 600 万元，占地面积约 5.5 万平方米，委托新区投资控股公司代建，完成设计工作。新区经济服务局邀请辖区生命健康企业、团队专家召开入园评审会 6 次，评审项目 17 个，入园项目 13 个。2016 年，园区北区整体改造完成，包括外立面改造、内部空间优化及周边景观绿化工程。为解决园区生活配套，将产业园临华粤东路首层改造为临街商铺，打造一个中高档的集商务休闲、商业文化、休闲娱乐于一体的商业开放区域，建筑面积 5 442.5 平方米，层高约 5 米，可根据商家的需求分割成面积不等的空间。至 2017 年底，大鹏生命科学产业园共有诺贝尔生理或医学奖获得者巴里·马歇尔院士团队、美国"三院"院士罗兹曼带领的国际转化医学研究院、王荣福教授带领的肿瘤生物标志物和免疫治疗研究团队、华大农业、深圳荻硕贝肯精准医学有限公司等 16 家知名企业和团队入驻。

（二）深圳国家基因库

由深圳华大基因研究院组建及运营的深圳国家基因库基地位于深圳市大鹏新区金沙路禾塘仔地块，占地面积超过 5 万平方米，建筑面积为 11.6 万平方米，分两期建成。

2016 年 9 月 22 日，深圳国家基因库正式启动运营，为我国唯一获批筹建的国家基因库，也是继美国国家生物技术信息中心（NCBI）、欧洲生物信息研究所（EBI）、日本 DNA 数据库（DD-BJ）之后全球第四个国家级基因库。其数据库、样本库、活体库及规划数据能力，均超过国际三大基因数据中心，综合能力位居世界第一。与前面三个定位为生物信息数据库的基因库不同的是，深圳国家基因库定位为"三库两平台"，拟实现从资源、科研到产业全覆盖，形成全球网络基因库；其中"三库"由贯穿全生命周期的基因信息数据库、生物样本资源库和生物活体库组成，"两平台"为数字化平台、合成与基因编辑平台。其生物活体库是全球第一个为生物多样性研究和保护提供资源的平台。

深圳国家基因库着眼于为本国生命科学研究和生物产业发展提供基础性和公益性服务平台，储存和管理本国特有的遗传资源、生物信息和基因数据，是具有国家水平、服务国家战略需求的公益性创新科研和产业基础项目。

二、政治建设勤政廉洁

习近平总书记在中共十九大报告中强调"不断提高党的建设质量"。大鹏新区党工委聚焦党建主责主业，以学习贯彻中共十九大精神为主线，牢牢把握新要求、新任务；认真落实深圳市委组织部的部署，在落实全面从严治党责任中恪尽职守，把全面从严治党要求落实到每一个支部、每一名党员，为"美丽大鹏"建设和大鹏新区各项事业发展提供了坚强保障。

思想作风建设持续深化。组织"学党章、守纪律、勇担当"专题集中教育活动，严格落实中央"八项规定"精神；"四风"问题得到有效整治，党员干部理想信念进一步坚定，规矩意识和纪律意识明显增强；"三公"消费逐年下降，党员干部作风有效转变。在全市率先制定"三级七岗"党建职责清单体系。深化反贿赂管理非财务防控八大措施运用，创新构建廉政风险防控体系，着力提高行政执行力，党风廉政建设成效显著。

优化社区党群服务中心运营管理模式，变群众被动接受服务为群众"点菜式"服务，进一步夯实了基层阵地。健全新区共青团、工会、妇联组织，组建大鹏新区群团工作部，使统战群团工作机构配备齐全。同时建立党员志愿者与志愿服务队的"双向选择"机制和志愿服务立项制度。构建驻点联系群众"1＋3"制度体系，建立干部密切联系群众的长效机制，做到联系服务群众"定时、定点、定人、定任务"，走访辖区群众100%全覆盖，联系服务群众赢得认可。

2017年，大鹏新区将学习宣传贯彻中共十九大精神作为头等大事和首要政治任务，迅速掀起学习热潮，深刻领会中国特色社会主义进入新时代、社会主要矛盾发生新变化的科学判断，准确把握将"美丽"与"富强民主文明和谐"一道列为建设社会主义现代化强国宏伟目标的重大部署，不断深化对"美丽大鹏"建设的认识，坚定信心，把准方向，努力带领全区干部群众创造更加美好的生活。

2018年，大鹏新区党工委把学习习近平新时代中国特色社会主义思想和中共十九大精神作为党工委会议的第一议题，组织专题学习44次，理论中心组学习49次。以各级党群服务中心、"新时代大讲堂"等为平台，推动中共十九大精神进企业、进社区、进机关、进校园、进网络。开展处科级干部、社区党委书记学习中共十九大精神等培训班 18 场，培训 1 174 人次。大鹏新区党工委班子开展"带头领题、一线解题、党建破题"的调研活动，深入社区调研，收集社情民意，解决各类问题 181 个。压实管党治党责任，拓展各级党组织书记抓党建职责清单至"三级十八岗"，党支部书记党建履责考核实现全覆盖。扎实抓好中央巡视及市委巡察反馈意见整改落实，建立区级巡察机制并启动两轮巡察，出台新区《加强党的基层组织建设三年行动方案（2018—2020年)》及配套方案。党建标准化建设由社区向居民小组延伸、向各领域拓展，股份合作公司实现党组织全覆盖，创新推进"党建＋旅游"标准化建设。大力实施城市基层党建"标准＋"，实现各领域党组织结对共建、互联互动。新区党群服务中心正式运行。葵涌党员教育片《传承红色基因，不忘初心砥砺前行》获市一等奖。大鹏党组织报告工作形式创新获评"深圳党建创新精彩样本"。南澳党群服务阵地建设率先实现全覆盖。深入转变作风，制定大鹏新区贯彻落实中央八项规定精神实施方案，提出 23 项具体措施。挂牌成立"深圳市监察委员会派出大鹏新区监察专员办公室"，启动基层正风反腐三年行动。

三、教育事业迅速发展

自大鹏建区以来，大鹏新区党工委、管委会高度重视教育工作，始终坚持教育优先发展的战略。教育经费投入从建区伊始（2012 年）的 1.74 亿元到 2017 年的 7.56 亿元，增长了 3.3 倍，2017 年的教育支出占新区全年财政支出的 12.6%。持续加大教育投入力度，使各级各类学校的办学条件明显改善，教育事业发展取得了良好的成绩，多个项目实现了新的突破。

2014 年，葵涌中学挂牌中国陶行知研究会实验学校；与华东师大、深圳国际教育交流中心等建立了教师培训合作关系；公办中小学实现了专业外籍教师全覆盖。

2016年，大鹏成功引进人大附中深圳学校，新区的教育事业在高起点上迈入了跨越赶超的快车道。

2017年，大鹏新区公共事业局全力推进人大附中深圳学校开学筹备各项工作，出台了《人大附中深圳学校理事会章程》《人大附中深圳学校议事规则》等系列规范性文件；积极协调市教育局对高中部招生政策给予倾斜，人大附中深圳学校列入2017年指标生分配改革试点学校范围；学校招生办多次组织老师到市民中心和区内外中学开展招生宣讲；通过全国选聘、市内选调等多种人才选拔方式引进优秀教职工82名，其中特、高级教师占比38%，博士及博士后占比12%，硕士以上学历占比52%。通过紧锣密鼓的筹备，仅用一年七个月时间即开学招生，创造了合作办学的深圳速度。当年8月31日，人大附中深圳学校举行第一届开学典礼，小一、初一、高一同步开学，录取小一学生78名、初一学生99名、高一学生201名。该校九年一贯部位于深圳市大鹏新区管委会附近，就近招生；高中部位于深圳市大鹏新区溪涌社区，依山傍海，环境清幽，是学生理想的求学之地；高中部面向全市招生且学生全部住宿，其投入使用结束了大鹏新区没有高中的历史。2018年，人大附中深圳学校高中部新校区全面投入使用，新增学位4 260个，普通高中上线人数及上线率均创新区成立以来最高。

2017年，大鹏新区又与福田区签署协议，共建红岭教育集团大鹏校区，其中高中校区交由红岭教育集团运营，成为红岭大鹏校区。此外，还共建深圳市福鹏综合实践活动基地，开展区际教师柔性交流、区际教研活动等多项教育交流合作项目。这些跨区、跨省联姻，既能调节教育资源的供给侧，又能满足市民对优质教育的需求。

经过多年的努力，至2018年，大鹏新区拥有各类学校28所，在校学生和专任教师分别为18 609人和1 479人，分别比上年增加了1 653人和123人。其中，小学6所，在校学生9 339人；普通中学7所，在校学生5 042人；幼儿园15间，在园儿童4 228人。幼儿园规范化建设、公办中小学午餐午休、学校食堂提A在全市率先实现全覆盖，公办幼儿园比例全市最高。公办中小学办学水平评估通过率达100%；学习型社区比例位居全市前列；全市首个红军小学落户新区。

四、文体事业蓬勃发展

新区成立后，大鹏的文体事业蓬勃发展，具有大鹏特色的传统文化得到传承和发展，同时深入开展文化惠民活动，多次举办具有国际影响力的体育赛事。

2013年，葵涌、大鹏、南澳文体服务中心获评广东省"特级文化站"，其中南澳文体服务中心荣获广东省"百佳文化站"称号。新区公共文明指数位居全市前列。

大鹏非常重视保护历史传统文化。2016年，大鹏所城不可移动文物修缮率达到100%。

2017年，南澳舞草龙、渔民娶亲、大鹏山歌、大鹏追念英烈习俗等4个大鹏民俗入选省级非物质文化遗产名录。举办第三届社区文化艺术节，葵涌客家山歌《客家人系有料》登上央视。启动编修全市首部官方村志。同年，大鹏新区科学馆（昆虫馆）揭牌。科学馆能较好地满足深圳市民和中小学科普教育的需求，极大地丰富了深圳市的科学文化氛围，为从事昆虫相关工作的人员提供了一个好的展示平台。

2018年，大鹏展台首次亮相文博会主展馆，总成交额达23.2

亿元,增长 8.5%。"大鹏文化季"获评"全市百佳市民满意项目"。启动年度"文化惠民工程""文化超市"等项目,使之全面覆盖社区。展现大鹏人文资源和自然景观的纪录片《秘境七娘山》在央视播出。同时成功举办粤港澳大湾区文旅产业大鹏峰会。至 2018 年末,全区有文化站 3 个、文化广场 5 个、公共图书馆(室)24 家(藏书共 40.65 万册)、有线广播电视站 1 座、电影院 2 家。

大鹏建区后,体育事业也不甘落后,全面深入开展文化惠民活动,打造了大鹏新年马拉松、"大鹏杯"帆船赛、大鹏国际户外嘉年华等一系列精品活动赛事,每年组织"大鹏文化周"、社区文化艺术节等群众性文体活动近千场次。

2016 年,大鹏成功引进世界最高级别的 Hobie 国际帆船锦标赛,以差异化特色填补了大鹏水上运动的空白,助力深圳成为全国最重要的帆船运动基地。2017 年 12 月 8 日,2017 "Hobie16"帆船亚洲锦标赛在深圳大鹏龙岐湾起航,来自 9 个国家和地区的 66 名选手参加角逐,这是亚洲首个"Hobie16"帆船年度国际赛事。同年,"中国杯"帆船赛荣获"市十大(本土)体育赛事"和"市十大(高端)体育赛事"称号。此后,大鹏又连续成功举办两届亚太地区规模最大的中国杯帆船赛。2017 年 12 月 20 日,首届海峡两岸暨港澳地区无人机航拍创作大赛颁奖典礼在深圳大鹏新区举行。两岸及港澳地区 20 支无人机航拍精英团队在 72 小时的限时集中创作中,以"俯瞰深圳,隽秀鹏城"为题,用无人机为"画笔",拍摄创作各自心目中最美的深圳画卷。同年,又引进市级以上水上运动基地 8 个,成功举办南澳龙舟邀请赛暨首届旅游美食节等活动。

2018 年 1 月 1 日,第五届深圳大鹏新年马拉松圆满完成。这天,3 500 名参赛者从大鹏半岛国家地质公园出发,经过浪骑游艇

2018年深圳大鹏马拉松（大鹏新区综合办供图）

会、杨梅坑、较场尾、大鹏所城、东山寺等山海人文景区，在阳光、海滩的陪伴下，完成了全长42.195千米的马拉松，完赛率约95%。2018年6月29日，大鹏新区首届运动会正式开幕。在两个多月的比赛中，新区机关单位、辖区企业、社区居民、中小学校的运动员分成3大组，围绕19个大项、100个小项展开激烈角逐。这次运动会被高水平地打造成集体育、文化、旅游于一体的运动大鹏嘉年华。2018年12月9日，在泰国芭提雅举办的2018水上摩托艇世界杯大赛中，来自深圳大鹏的摩托艇队队长巫勇夺得冠军，也是中国摩托艇健儿首次夺得此项世界冠军。

大鹏全面推进"十分钟文体服务圈"建设，2016年新建各类文体设施87个，总量达到362个，较新区成立之初增长了近1/4。至2018年，新区"十分钟文体服务圈"基本建成。同年，大鹏所城申报世界文化遗产工作也正在积极推进，新区文体旅游局被授予"广东省旅游工作先进集体"荣誉称号。

五、医疗事业迅速发展

大鹏新区是深圳最年轻的功能新区，新区成立初期医疗卫生事业发展相对滞后，优质医疗资源极为匮乏。

2012年，大鹏新区有3家公立医院、3家卫生监督分所（预防保健所）、21家社康中心。有卫生技术人员611人，其中执业医师204人，每千人口医生数达到1.5人。有编制床位246张，实际开放床位273张，每千人口床位数为2张。全区门急诊诊疗3332万人次，社康诊疗8.74万人次，住院6202人次，业务总收入为8120万元。2013年9月，经新区编办批复3家卫生监督分所整合成新区疾病预防控制中心、新区卫生监督所和新区健康教育中心。

到2016年初，大鹏新区的医疗卫生事业发展仍相对滞后，每千人口床位数为2.36张，每千人口执业（助理）医师数为2.69人，每千人口注册护士数为2.38人，每万常住人口全科医生数为2.41人。为了在短时间内解决居民看病难，特别是看大病难的问题，深圳市公立医院管理中心与大鹏新区管委会联手探讨体制机制创新，开创了市、区医疗资源纵向整合的"大鹏模式"。同年，新区中医院、康复医院、妇幼保健院、慢性病防治院、疾控中心、卫生监督所及健康教育中心均挂牌运作。市大鹏医院按照三甲标准加快建设，社康中心标准化改造全面完成。与诺贝尔奖得主马歇尔及其团队共建的胃肠道疾病国际诊疗中心、与墨尔本大学共建的康复医学深圳研究基地、与哈佛大学康复医院共建的脑重塑康复实验室等一批顶级医疗机构落户新区。与市儿童医院、市眼科医院共建了区域诊疗中心，与市孙逸仙心血管医院、港大深圳医院等建立危重病人转诊绿色通道。在全市率先实现新生儿眼病及0到6岁儿童残疾"两个免费筛查"，全区家庭医生重点人群签约服务率达88.6%。获评国家慢性病综合防控示范区。组建全市首家市、区两级共建的医疗健康集团。

大鹏新区管理委员会以委托管理的方式，委托深圳市第二人民医院为牵头单位，整合了大鹏新区葵涌人民医院、大鹏新区妇幼保健院、大鹏新区南澳人民医院三家区级医院及所辖的20家社康中心，从分级诊疗、质量管理、学科建设、人才培养、远程医疗、健康管理、集约化检验平台和信息化建设等方面入手，建立具有深圳特色的跨市、区医疗健康集团，打造有序、高效的新型医疗卫生协同服务体系。

2017年6月23日，大鹏新区与市公立医院管理中心签订了《合作共建医疗集团框架协议》，全市第一个市、区两级共建的医疗健康集团——大鹏新区医疗健康集团揭牌。医疗健康集团有助于进一步整合家庭医生团队、社康中心、区属医院和市属三甲综合医院的医疗资源，构建"基层首诊、双向转诊、急慢分治、上下联动"的分级诊疗服务体系，加快医疗卫生服务由"以治病为中心"向"以健康为中心"的转变，推动"保基本、强基层"的医疗体制改革目标顺利实现，切实把改革成果转化成辖区居民的健康福祉，让大鹏新区的居民就近享受到了与市二医院同质化的医疗服务。

2017年，深圳市"医疗卫生三名工程"美国海曼院士医养康复团队落户南澳人民医院。25个社区全部获评广东省四星级以上宜居社区。同时成立全市首家区域精神卫生服务管理中心，引进复旦大学附属儿科医院王艺教授儿童神经专业团队，实现"医疗卫生三名工程"新区公立医院全覆盖。街道一级儿童友好服务站实现全覆盖，大鹏社区获评省级"儿童友好示范社区"。

2019年，大鹏新区首个社区基金会在葵涌挂牌。大鹏办事处"暖夕阳"为老服务项目，获评深圳微改革优秀案例。基层治理

"1+6"改革获评"全省示范性项目"。出台社会治理"1+5+N"系列文件,强化基层治理创新,维稳、综治、信访等工作不断加强。社区及居民小组股份合作公司整合合并工作在坝光、高源社区成功完成试点,获评2018年深圳微改革优秀案例。

2018年,全区共有医疗卫生机构49个,其中医院3家、门诊部3家、私人诊所12家、卫生监督所1家、其他卫生事业机构9个、社区健康服务中心21间。年末卫生技术人员(包括公共卫生机构和社会医疗机构)共有901人,其中执业医师和执业助理医师390人,注册护士(包括公共卫生机构和社会医疗机构)360人。医疗卫生机构有441张床位,全区千人床位数同比增长10.2%。全年总诊疗人次(医院和社康)为59.46万人次。名师、名医工作室分别增至15个和28个。

六、民众生活水平显著提高

大鹏新区始终聚焦百姓需求,努力补齐短板,紧扣民生实事开展"美丽大鹏"建设,办好民生实事,增进民生福祉;始终把保障改善民生作为工作的出发点和落脚点,基层治理能力不断提升。

从建区到2016年,大鹏新区九大类民生及公共安全支出累计达到98.8亿元,年均增长61.02%。基本民生保障有力,民生福祉提升,辖区百姓得到实惠,幸福感、归属感增强。2016年,大鹏新区九大类民生及公共安全支出36.2亿元,增长72%。重视弱势群体和困难群众,开展"阳光救助"行动,实现低收入家庭动态管理下应保尽保、低保对象医疗救助一站式结算,累计发放低保金、扶助金、救助金近1 000万元。技能培训、促进就业、扶持创业居民近5 000人次,按政策发放各项补贴近2 000万元,全区登记失业率0.63%,"零就业家庭"保持动态归零。

管道天然气入户工程全面开工。实施路灯、社区基础设施建设等民生微实事项目 473 个，投入资金约 5 100 万元。出台社区股份公司"三资"交易管理的相关办法、社区集体用地开发交易监管的实施细则，社区集体经济"四合一"管理平台投入运营，"一区一策"帮扶集体经济转型发展，社区集体经济净利润实现由负转正，44 个项目共补助资金 3 900 余万元，增长 30%。发放原村民社保补贴 4 600 余万元，1 000 多人免费享受"颐老一键通"高龄老人津贴服务，老年人日间照料中心实现全覆盖，葵涌办事处职康中心成为市全民助残健身示范点。

近年来，大鹏为办好民生实事，高起点、高标准完成城市建设和管理各项任务，加快推动城市功能品质提升，打造更加宜居宜业的城市环境。到 2016 年，累计新建、改造提升各类公园 25 个，另有 9 个公园正在加快建设；新建生态景观林带 21.3 千米，建成生态休闲绿道 148.28 千米。一批防涝排涝、水库除险加固项目完成建设。大林坑、水头、佰公坳等 3 座垃圾填埋场实施无害化封场治理。燃气管网覆盖率由建区之初的 12.6% 提升至42.6%。五大类公益性公共场所 WiFi 基本覆盖。已规划建设公共自行车服务点 31 个，投放自行车 400 辆。

为改善新区低收入居民的居住条件和提高引进人才的吸引力，11 月 1 日，新区管委会与深圳市人才安居集团签署战略合作框架协议，双方共同组建成立的深圳市大鹏人才安居有限公司，合作开发建设人才安居房项目。按照安排，"十三五"规划期间，大鹏新区计划筹建人才住房和保障性住房 3 万套，高标准、高效率加快推进保障性住房和人才住房建设。

大鹏积极创新社会管理，不断加强体制机制、管理队伍和信息化建设，社会治理成效明显。创新实施法律"五进"活动，其中"法律进景区"工作室成为全市"风景林工程"的"盆景项目";公共法律服务体系基本建立,社区法律顾问实现全覆盖;调解员全面进驻社区、交警队、派出所、医院等矛盾纠纷多发基层单位,充分发挥出维护社会稳定的第一道防线作用。重点区域实现高清摄像头全覆盖,刑事警情、八类暴力案件连续5年下降,群众安全感全市排名第一,群众公安工作满意度在全省区县级以上单位中排名第二。

大鹏新区应急组织体系不断完善,妥善处置各类突发事件,城市安全平稳可控。特别是成功抵御"妮妲"和"山竹"超强台风的正面袭击,实现"零伤亡"。组织转移安置群众超过全区人口总数的10%,新区上下众志成城、不畏艰险,有效保障了群众的人身和财产安全。在抢险救灾和灾后恢复工作期间,科学应对、忠诚履职,将灾害损失降到最低程度,将灾后恢复提到最快速度,让辖区群众感受到了一个有大爱、有品格、有力量的文明大鹏。针对新区突发事件频发,防灾、救灾形势较为严峻,尤其是寒潮和年中台风等恶劣天气频发,对新区居民群众生命财产安全造成了严重影响。为完善救灾救助体系,进一步有效做好防灾救灾工作,新区统战和社会建设局认真贯彻落实市民政局工作部署及新区领导批示,开始筹备建设区一级救灾物资储备仓库。救灾物资储备仓库选址在大鹏新区大鹏办事处王母第一工业区园内,项目投资达190万元,建筑面积为400平方米,含应急值班室和物资储备库,达到区级转移安置0.5万~0.7万人的规模标准。其中,救灾物资装备分为三大类,分别为生活保障物资类、应急救灾物资类、管理维护物资类,涵盖了受灾群众在转移安置中基本生活的方方面面,可以满足转移安置6 000人次的需求,并具备单批次转移安置群众1 500人的数量配备。2017年1月4日,大鹏新区举行了救灾物资储备仓库揭牌仪式,标志着新区应急救灾的综合应变能力再进一个台阶。

大鹏新区高度重视食品安全工作，认真贯彻落实习近平总书记对食品安全"四个最严"的要求，全面提升食品安全监管水平；扎实落实食品安全责任，确保人民群众"舌尖上的安全"；持续保持打击的高压态势，严厉惩治食品安全违法犯罪行为；切实加强监管能力的建设，为保障食品安全提供强有力的技术支持；构建食品安全共治体系，着力推进食品安全治理现代化。2016年，开展执法检查行动637次，排查一般事故隐患2 327项，完成整改2 101项，整改率为90.3%，公共安全形势基本可控。获评2016年全国"安全生产月"和"安全生产万里行"活动先进单位，被国务院安全生产委员会办公室通报表扬。食品安全绩效考核获满分，药品安全评价性抽样合格率为100%。

2018年，大鹏新区九大类民生支出为58.7亿元，比上年增长23.2%，占一般公共预算支出的86%。投入6 558万元实施民生微实事项目576个。发放各类助老、助残、助困保障金1 174万元，发放各类退役军人优抚安置费516万元。全区登记失业率降至0.48%，"零就业家庭"保持动态归零。筹建保障性住房和人才住房3 299套。总体上，基本民生保障更加坚实。

七、生态文明建设成绩斐然

生态是大鹏新区的立区之本，大鹏新区自成立以来，按照深圳市委、市政府确定的"保护优先、科学发展、精细管理、提升水平"方针，坚持生态立区，在生态文明建设上取得了丰硕成果，先后被评为全国生态文明建设试点地区、国家生态文明先行示范区和国家级海洋生态文明建设示范区。大鹏新区创新生态文明建设体制机制，是深圳十个区（新区）中唯一不考核生产总值的区，划入基本生态控制线的土地占全区面积的73.5%。

生态文明体制形成体系。牵头编制了《大鹏半岛生态文明体制改革总体方案（2015—2020）》，推出 34 项在全国具有先导性、实验性的改革举措。近年来，积极探索编制自然资源资产负债表，全国首个"自然资源资产数据库管理系统"已上线运行；试行领导干部生态审计，获国家审计署、省审计厅充分肯定；创新组建"生态资源环境保护综合执法局"，构建了对辖区"山水林田湖"等生态资源和国土空间资源统一保护管理的体制机制。创建全省首批环境损害司法鉴定机构，设立大鹏半岛生态文明建设公益基金。生态文明相关改革荣获第五届"中国法治政府奖提名奖"，并入选"2018 深圳十大改革榜单"。

生态环境治理成效显著。累计建成污水主干管 105 千米、支管网 146 千米，污水集中处理率由建区前的不足 10％提升到 97.3％。对流经圩镇的 25 条河流启动专项整治，实施"河长制"管理，全面纳管 459 个排污口，消除 4 条黑臭水体，河流水质明显改善。强化海岸带综合治理，全面清理非法排污项目，近岸海域水质由新区成立时 50％的二类水质提升到 100％，达到国家一类标准。开展尾气、扬尘、油烟、VOC 专项整治，大鹏新区的空气质量优良率由新区成立之初的 90.2％提升到 98％，PM2.5 年均

建设中的坝光

浓度由34微克/立方米下降到22.4微克/立方米。

生态资源保护持续加强。严守生态红线，强化森林资源保护，定期开展薇甘菊等入侵物种清理，组建区级森林消防队伍，完成古树名木统一挂牌管理，同时完成64个生态修复项目，全区绿色生态用地总面积较新区成立之初提高了4.24平方千米，生态资源指数长期处于优等水平。大鹏新区自2012年发起"潜爱大鹏"珊瑚保育计划以来，人工种植珊瑚近万株，投放珊瑚礁48座，海洋生物密度和多样性显著提升。2018年，珊瑚保育公益项目荣获第七届中国公益节海洋环保类唯一金奖。

生态文化理念深入人心。全面普及生态文化，推进绿色办公和绿色行政，创新实施生活垃圾全过程管理，生活垃圾分类和减量达标小区创建任务完成率100%。每年选取4~6个社区实施宜居家园建设，全区25个社区全部获评省级四星级以上宜居社区。培育和引入生态环保类社会组织11家，创建"环保主题吧"、环境教育基地、绿色学校等环保平台，组建党员环保志愿者队伍，每年组织沙滩清理等大小环保公益活动300余场次。打造"潜爱大鹏"珊瑚保育活动品牌，保育站被评为"国家海洋意识教育示范基地"。成功举办全国"湾区城市生态文明大鹏策会"，与会国家、省、市领导及专家、代表对新区环境保护和生态文明建设所取得的成效给予了高度评价。

2017年6月19日，大鹏新区作为广东省唯一的代表被认定为国家级旅游业改革创新先行区。7月18日，第二批国家级旅游业改革创新先行区建设工作启动会在大鹏新区成功召开。改革创新先行区将为粤港澳大湾区的旅游发展探索改革之路，为深圳作为发达地区的旅游发展探索新模式，为大鹏新区生态文明建设探索新支点，形成以改革为导向的全域旅游特色示范区。

发展规划和跨上新征程

在中国特色社会主义进入新时代、全面建成小康社会进入决胜阶段的关键历史时刻，大鹏新区在生态文明建设、特色产业发展、城区功能配套、民生保障提升和城市管理治理等方面取得显著成效。由于历史原因，大鹏新区在交通、教育、医疗等诸多方面仍存在着短板，新区将冷静地分析形势，实事求是地面对困难，借"东进战略"发展的契机，坚持生态立区，突出生态文明、湾区经济、全域旅游等特色功能，大力实施交通提升、民生提质、筑产兴业、"旅游＋"、"生态＋"等五大行动，加快"美丽大鹏"的建设，努力将大鹏半岛打造成深圳的特色发展典范区。

一、发展规划

改革开放以来，大鹏新区的发展日新月异，有目共睹。然而，大鹏新区党工委、管委会并没有满足已经取得的成绩，仍在继续奋力开拓，锐意进取，精心筹划和制订新一轮大鹏新区建设发展的战略规划和目标，绘制建设"美丽大鹏"的新蓝图。

大鹏新区隶属经济特区深圳市管辖，毗邻港澳，区位优势极为明显。在改革开放的大潮中，大鹏既深受经济特区改革开放先走一步的影响，又与港澳地区发生着密切的经济联系。这种区位优势和地缘关系，对大鹏地区的社会经济发展有着积极的促进作用。特别是《粤港澳大湾区发展规划纲要》的颁布，对大鹏新区社会经济的进一步发展，是一个大有可为的历史机遇。因此，大鹏新区党工委、管委会紧紧抓住这一机遇，充分发挥大鹏新区的区位优势、资源优势和后发优势，全面融入粤港澳大湾区建设中去，利用各方之力发展自己，为粤港澳大湾区建设添砖加瓦，做出应有的贡献。

大鹏新区是作为深圳市的功能区而成立的。在大鹏新区正式揭牌成立前，就吸引了一批高端产业进入新区。如 2009 年 10 月成立的深圳国际生物谷·大鹏海洋生物产业园就位于大鹏新区大鹏办事处同富裕工业区内。该产业园是国家发改委批准的首批国家生物产业基地之一。还有在大鹏新区构建了深圳国际生物谷·大鹏生命科学产业园公共技术服务平台，是新区生物医药类第一个公共服务平台类项目，被列为"东进战略"坝光片区开发中的重点项目。而大鹏新区的坝光片区，作为深圳国际生物谷的核心启动区，致力于打造国际领先的生物科技创新中心和全球知名的生物产业集聚基地。在未来的开发建设中，大鹏新区仍需要全面加快国际生物谷的开发建设，并将其产业做大做强，成为大鹏新区的一大品牌。

正因为如此，大鹏新区党工委、管委会在制订新一轮的发展目标的时候，就根据本地区自身的客观实际与特点，聚焦发展生物、旅游、海洋三大特色产业，认真谋划向"海"发展，做"海"的大文章。除了全面融入粤港澳大湾区建设，大力推动南澳口岸建设，积极搭建深港东部合作平台，探索建设"大鹏半岛滨海旅游自由港试验区"之外，还特别遵照习近平总书记视察深圳时，寄望深圳"朝着建设中国特色社会主义先行示范区的方向前行，努力创建社会主义现代化强国的城市范例"的指示要求，提出了要将大鹏新区努力打造成"国际一流、生态优美、环境宜人的世界级滨海生态旅游度假区""全球海洋中心城市集中承载区""国际领先的生物科技创新中心、全球知名的生物产业集聚基地"等战略定位和新的发展目标。

二、跨上新征程

改革开放以来，经过了一代代人的艰辛经营与接续奋斗，大鹏展翅腾飞了。它从一个南海边的小乡镇，变成一个充满生机活力的现代化城区。几度春秋，几番耕耘，大鹏向世人交出了一份令人满意的答卷。然而，大鹏人并不满足于已有的成绩，而是继续奋进，对大鹏未来的发展做出了新的规划，制定了新的目标。

继往开来，大鹏正以推动粤港澳大湾区区域合作为纽带，加强与周边省份的优势互补、合作双赢，进一步拓展发展空间；继往开来，大鹏正以坚持立党为公、执政为民，不断改善群众生活，让发展的成果惠及全体人民。

改革开放40年取得的成绩背后，凝聚着无数大鹏人的辛勤汗水。在新的起点上推进改革开放事业，大鹏有了更多的坚定自信和睿智从容。面对新机遇、新挑战，大鹏人民与时俱进，增强抓住机遇、加快发展的紧迫感，增强探索新路、协调发展的使命感。全面贯彻习近平新时代中国特色社会主义思想，在中共中央和广东省委、深圳市委的坚强领导下，不断深化改革。大鹏新区拥有深圳留存了多年的宝贵生态和人文财富，是深圳市寻求保护与发展相协调的重要试验场。中共十八大以来，大鹏新区在践行"绿水青山就是金山银山"的发展理念中，由"工业文明"向"生态文明"转型发展。同时，围绕"美丽大鹏"建设目标，坚持保护优先，加快生态文明建设；坚持绿色发展，加快社区经济生态发展；坚持民生为本，加大民生投入和建设；坚持精品战略，打造高品质宜居环境；坚持共建共治共享，不断提升城市管理治理水平。根据大鹏新区党工委提出的打造"南澳滨海风情小镇"的发展目标，南澳办事处以壮士断腕的决心和后发赶超的勇气，清理淘汰落后产业，在 2018 年实现全市首个"无工业"特色小镇的目标。

根据中共中央、广东省委和深圳市委的部署，按照"保护为先、科学发展、精细管理、提升水平"和"特色发展、高端发展、创新发展、和谐发展"的要求，本着生态优先、海陆统筹、产业重构、和谐发展的原则，大鹏新区制定了中长期发展目标，统筹海陆生态保护格局，优化城市空间结构，促进产业转型升级，引导旅游资源高水平开发利用，建设人与自然、人与社会和谐发展的生态文明，努力将大鹏新区建设成深圳科学发展的创新示范区。

目标已经确定，蓝图已经绘就，大鹏开启了新的征程。虽然任务十分繁重，前路充满艰辛，但是大鹏人坚定信念，不畏困难，勇于开拓，锐意进取。他们不忘初心、牢记使命，深知"幸福是奋斗出来的"道理，更加满怀信心地撸起袖子加油干。在未来新一轮的改革开放进程中，他们将以习近平新时代中国特色社会主义思想指导大鹏新区的改革与建设，继续坚持新发展理念，以高质量"美丽大鹏"建设为抓手，聚焦生态文明建设、特色产业发展、城市品质提升、民生保障改善、统筹推进稳增长，加快打造粤港澳大湾区最亮丽的名片，为深圳率先建设社会主义现代化先行区做出贡献。

（本章节所有数据摘自大鹏新区各年度的党工委报告、管委会报告、统计公报）

附　录

　　大鹏是广东人民抗日游击队东江纵队的
主要根据地之一，境内留存着许多革命纪念
遗址、革命文物。中华人民共和国成立以后，
各级党组织和人民政府又建立了许多革命纪
念馆、纪念亭、纪念碑、革命烈士陵园和革
命烈士纪念公园等。这不仅为人们提供了纪
念和缅怀革命先烈的场所，同时也为后人提
供了进行爱国主义和革命传统教育的基地。

附录一 **革命遗址**

一、沙鱼涌战斗遗址[①]

沙鱼涌战斗遗址位于大鹏新区葵涌办事处土洋社区沙鱼涌村。沙鱼涌曾是一个重要的港口，设有海关，是大鹏半岛北部及相邻的坪山、龙岗、坪地、坑梓等地人员、物资进出的必经口岸。中国共产党领导的人民武装在此与国民党军队及日伪军发生多次战斗，其中有2次重要战斗。

1925年省港大罢工爆发后，港英当局为摆脱政治、经济困境，积极支持陈炯明残部在大鹏一带进行骚扰活动。蔡林蒸率领省港罢工工人纠察队第十支队驻扎在沙鱼涌，封锁香港。1925年10月30日，反动军队抓走纠察队队员10余人，挑起事端。铁甲车队闻讯后，派周士第、廖乾五率领4个班共50余人由深圳赶往沙鱼涌救援。港英当局纠集陈炯明反动军队残部和民团、土匪等共1 000多人，由英国军官指挥，于11月4日凌晨3时从东、南、北三面向沙鱼涌进攻，3艘英国军舰和1架英国军用飞机也来助战。铁甲车队和工人纠察队顽强抵抗，打退敌人多次进攻，但终因寡不敌众，于上午9时开始向东突围，5日凌晨2时绕道龙岗

---

① 中共广东省委党史研究室、深圳市史志办公室编：《广东省革命遗址通览》，广东人民出版社2011年版，第176页。

回到深圳。此役击毙敌参谋 1 名、连长 2 名、排长 5 名，敌军伤亡共约 200 人。我方铁甲车队伤亡 20 多人，纠察队伤亡 10 多人，纠察队第十支队队长蔡林蒸和铁甲车队排长李振森壮烈牺牲。中共广东区委对参战指战员给予了很高的评价。

另一次重要战斗发生于 1948 年 7 月，广东人民解放军江南支队全歼沙鱼涌守敌 327 人，缴获一大批武器，还有电台等物资。沙鱼涌奔袭战是江南地区重建武装后的空前胜利，迫使大鹏湾沿岸沙头角、陈坑、溪涌等地之敌于第二天狼狈撤退，打乱了宋子文第二期"清剿"的部署。

2014 年改造后的沙鱼涌村，成为深圳东部一处融合客家古村文化、红色革命传统教育和滨海生态旅游的"世外桃源"。

二、坝岗村海岸读书会、海岸流动话剧团活动遗址和坝岗坳伏击战遗址①

（一）坝岗村海岸读书会、海岸流动话剧团活动遗址

该遗址位于大鹏新区葵涌办事处坝光社区（坝光村原名坝岗村）。1935 年 12 月，正值寒假，在外地教书的进步知识青年黄闻、陈永、陈培、黄业、蓝造（蓝兆麟）等回到大鹏，集中在坝岗村，成立海岸读书会，广泛吸收当地青年参加，阅读进步书刊，举行时事座谈会和文艺歌咏等活动，开展抗日救亡宣传活动。1937 年 8 月，由黄闻等进步知识青年发起，在坝岗村成立海岸流动话剧团，在大亚湾、大鹏湾海岸沿线进行巡回演出。

---

① 中共广东省委党史研究室、深圳市史志办公室编：《广东省革命遗址通览》，广东人民出版社 2011 年版，第 180～182 页。

坝岗村海岸（吴启鹏　摄）

（二）坝岗坳伏击战遗址

该遗址位于大鹏新区葵涌坝光社区通往鹏城的一处山坳上。

1943 年 1 月 2 日，独立中队在刘培、叶基的率领下，在坝岗坳伏击从大鹏城出扰的国民党顽军王玉如中队，歼敌 50 余人，缴获机枪 2 挺、长短枪 50 多支。

三、潮歌学校与东江纵队下沙交通站遗址[1]

（一）潮歌学校

1938 年 10 月，曾生、周伯明等人在坪山羊母嶂成立中共惠宝工委，派黄国伟到大鹏半岛建立和发展党组织。黄国伟到大鹏后，首先到潮歌学校教书，秘密发展党组织。在他的教育和帮助下，黄闻、陈永、陈培等一批进步青年加入了中国共产党。改革开放前，潮歌学校被拆除，重建新校舍，后又改建成潮歌宾馆。截至2018 年 12 月，潮歌学校所在的下沙片区已纳入城市改造征地范围，原建筑被拆毁，并在原址兴建度假酒店。

---

[1]　中共广东省委党史研究室、深圳市史志办公室编：《广东省革命遗址通览》，广东人民出版社 2011 年版，第 184 页。

（二）东江纵队下沙交通情报站遗址

该遗址位于大鹏新区大鹏办事处下沙社区。下沙交通情报站的主要任务是负责接待游击队的领导和战士，传达各种军事情报。

下沙交通情报站原是一间普通民房，现存建筑物为翻修新建的。

2014 年，以上两处遗址均被纳入大鹏下沙滨海旅游度假区，原遗址已不复存在。

四、东涌抗日活动遗址①

东涌抗日活动遗址位于大鹏新区南澳办事处东涌社区冲街村靠海的山坡上。

东涌战壕最初建造于 1939 年，是国民党部队为了防止日军从三门岛出发由海上入侵而建造的。战壕长约 3 千米，深 1.5 米至 1.6 米。人们站在战壕里可以清楚地看到海面的动静，战壕中有很隐蔽的防空洞。

1939 年 5 月，8 名日军从东涌海滩登陆并开火，当即被战壕里的中国军队开火击退。1 小时后，日军调来 4 艘炮艇对海岸线进行轰炸，中国军队英勇抵抗，令日军始终不敢从海岸登陆。直到 1941 年 5 月 2 日，日军才从陆路攻入东涌，火烧东涌大围村，烧毁房屋 120 多间，抢夺财物无数。全村被烧成一片焦土，仅黄氏祠堂一栋房子幸免于难。

东涌战壕是当年抗击日军海上登陆大鹏的"桥头堡"，至今依然保存完好。

---

① 中共广东省委党史研究室、深圳市史志办公室编：《广东省革命遗址通览》，广东人民出版社 2011 年版，第 204 页。

五、岭澳村民抗击日军暴行遗址[1]

岭澳村民抗击日军暴行遗址位于大鹏新区大鹏办事处岭澳社区。

1941 年，日军在大亚湾澳头、大鹏一带建立据点，经常到沿海各村骚扰百姓、抢劫财物、奸淫妇女。4 月 29 日下午，一队日军在鹏城乘船前往澳头，途经岭澳并登陆。地下党员李四发立即组织青年村民扛枪拿刀追杀日军，当即砍死 1 个日军，俘虏 1 个看守船只的日军，缴获一批书信，放火烧毁登陆小艇，并于当晚处死了被俘日军。

1987 年，岭澳村已被纳入大亚湾核电站建设范围。1999 年，村民整体搬迁后，原遗址已不复存在。

六、油草棚——东江纵队、中共广东省临委机关驻地遗址[2]

中共广东省临时委员会和东江军政委员会等领导机关、东江纵队的电台、《前进报》报社驻地油草棚遗址，位于大鹏新区大鹏办事处下沙社区。1943 年底，东江纵队成立后，其领导机关及中共广东省临时委员会和东江军政委员会等领导机关、东江纵队的电台、《前进报》报社，根据斗争形势的需要，经常跟随部队辗转于大鹏半岛一带。油草棚就是当时的驻地之一，东江纵队的电台曾设于此。油草棚背山面海，进出方便，是游击队常驻的地方，现在还留有当年游击队活动的遗址。

---

[1] 中共广东省委党史研究室、深圳市史志办公室编：《广东省革命遗址通览》，广东人民出版社 2011 年版，第 188 页。

[2] 中共广东省委党史研究室、深圳市史志办公室编：《广东省革命遗址通览》，广东人民出版社 2011 年版，第 198 页。

七、半天云——东江纵队、中共广东省临委机关驻地遗址①

中共广东省临时委员会和东江军政委员会等领导机关、东江纵队的电台、《前进报》报社驻地半天云遗址，位于大鹏新区南澳办事处南隆社区半天云村。

1943年底，东江纵队成立以后，其领导机关及中共广东省临时委员会和东江军政委员会等领导机关、东江纵队的电台、《前进报》报社，根据斗争形势的需要，经常跟随部队辗转于大鹏半岛一带。半天云就是当时的驻地之一。

半天云遗址因地处一级水源保护区内，2018年7月，村民已整体搬迁至他处。

八、东山寺——东江抗日军政干部学校遗址②

东江抗日军政干部学校遗址位于大鹏新区大鹏办事处鹏城村大鹏所城东门外龙头山腰的东山寺。

1943年12月2日，东江纵队成立。随后队伍不断壮大，到1944年已经接近万人。为了提高部队的战斗力和干部素质，同年7月，在东山寺创建了东江抗日军政干部学校。后经中共中央批准，成为抗日军政大学第七分校。东江纵队副司令员王作尧兼任校长，李东明任政治委员，林锷任教育长，饶卫华任秘书长，教员由各大队选派优秀干部担任。从1944年8月起，该校先后开办了2期干部训练班。

---

①　中共广东省委党史研究室、深圳市史志办公室编：《广东省革命遗址通览》，广东人民出版社2011年版，第200页。

②　中共广东省委党史研究室、深圳市史志办公室编：《广东省革命遗址通览》，广东人民出版社2011年版，第192页。

学员通过军事知识、游击战术、政权建设等学习课程的考核后，分配到部队各个连队或机关各部门工作。参加培训的学员除东江纵队本身的干部外，还有地下党员及进步学生。抗日英雄刘黑仔就是该校第一期学员。

1945 年春，东江抗日军政干部学校随东江纵队司令部迁往博罗罗浮山。

东山寺始建于明洪武二十八年（1395 年），重修于清咸丰四年（1854 年）。原为四座四进建筑，一进为山门牌坊，前后横额分别印刻着"鹫峰胜景"和"鹏岛灵山"字样；二进为"东山古刹"门楼；三进中间为"大雄宝殿"，右为"祖师堂"，左为"医灵殿"；四进自右至左为"财帛殿""北帝殿""观音殿""文昌殿""魁星阁"。20 世纪 50 年代该寺被毁。1994 年，当地村民及海外华侨捐资修缮东山寺，恢复其原貌。大门右侧镶嵌着一块石匾，上面刻着曾生将军的题字："一九四四年七月东江抗日军政干部学校创建于此。"2009 年 8 月 13 日，东山寺翻新扩建。

九、大鹏所城——鹏城学校、青年干部班旧址和刘黑仔故居[①]

大鹏所城位于大鹏新区大鹏办事处鹏城社区。

（一）鹏城学校旧址

鹏城学校旧址位于大鹏新区大鹏办事处鹏城社区大鹏所城内东北角，为一栋普通民房。

鹏城学校是抗日战争时期中国共产党在大鹏半岛开展抗日救亡活动的重要场所之一，许多进步青年以教师职业做掩护，在这里从事革命活动。赖仲元、袁庚就是其中的杰出代表。

---

① 中共广东省委党史研究室、深圳市史志办公室编：《广东省革命遗址通览》，广东人民出版社 2011 年版，第 186 页。

鹏城学校（吴启鹏　摄）

（二）青年干部班旧址

1944 年 8 月，东江纵队政治部在大鹏所城开办青年干部培训班。青年干部培训班成立于拾府西座，共举办了 7 期，每期有一两百人参加，先后由黄文俞、张江明等负责培训班的组织和教学工作。培训班仿照延安抗日军政大学的办校方针，开展团结、紧张、严肃、活泼的军事化生活。学员们在通过军事知识、游击战术、政权建设等学习课程的考核后，被分配到部队各个连队或司令部、政治部、后勤机关各个部门工作。东江纵队的首长曾生、尹林平、王作尧、杨康华等都曾在这里给学员上课。培训班的开办，大大提高了广大指战员的指挥作战能力，加强了部队的建设，在敌后游击战争中发挥了重要作用。

（三）刘黑仔故居

刘黑仔故居位于大鹏新区大鹏办事处鹏城社区大鹏所城内东北角。

刘黑仔故居为一层泥砖结构的瓦房，坐北朝南，占地约 50 平方米，原为刘黑仔与其兄弟共同的居所。20 世纪 80 年代，由其兄刘锦添和其弟刘锦才合作重修。

十、陈伙楼——路东新一区抗日民主政府旧址[①]

陈伙楼位于大鹏新区大鹏办事处王母社区王母街 23 号。

1944 年 10 月至 1946 年 6 月,大鹏地区抗日民主政权——路东新一区抗日民主政府设于陈伙楼,由赖仲元任区长。同时还在这里成立了中共路东新一区委员会,由赖仲元任区委书记。区政府成立后,将民兵常备中队和农工民主党掌握的联防中队合并,成立大鹏抗日游击独立大队,由张平任大队长兼政委,直属区政府领导。区政府领导群众实行"二五"减租,攻击日军据点。

陈伙楼是一座长、宽 10 余米的三层砖石土木结构楼房,占地面积约 300 平方米。20 世纪 90 年代,因落实侨务政策,陈伙楼物归原主,现在陈伙楼基本闲置。

十一、王母圩光德学校旧址——华南地区最早升起五星红旗的地方[②]

王母圩光德学校旧址位于大鹏新区大鹏办事处王母社区迎宾路。

中华人民共和国成立前夕,受命参加接管广州的近千名中共干部汇集于大鹏半岛王母圩解放区接受培训。他们看到 1949 年 9 月 3 日香港《华商报》刊发的新华社新闻稿中公布的中华人民共和国国号、国旗、国歌、首都和将于 10 月 1 日举行开国大典的消息后,决定于 10 月 1 日早晨举行庆祝活动。大家分头准备,亲手

---

① 中共广东省委党史研究室、深圳市史志办公室编:《广东省革命遗址通览》,广东人民出版社 2011 年版,第 194 页。

② 中共广东省委党史研究室、深圳市史志办公室编:《广东省革命遗址通览》,广东人民出版社 2011 年版,第 196 页。

缝制了一面五星红旗。

10 月 1 日早晨，大家在光德学校操场上的大榕树下集合，唱响《义勇军进行曲》，升起了自制的五星红旗。10 月 15 日，干部们进驻广州后，将这面自制的五星红旗与标准国旗一对照，发现大小和样式完全一致。

十二、西涌村——东江纵队、中共广东省临委机关驻地遗址①

中共广东省临时委员会和东江军政委员会等领导机关、东江纵队的电台、《前进报》报社驻地西涌村遗址，位于大鹏新区南澳办事处西涌社区。

现在，在西涌还能找到东江纵队机关报《前进报》报社的遗址。

十三、高岭古村——东江纵队兵工厂遗址②

高岭古村东江纵队兵工厂遗址位于大鹏新区南澳办事处东山社区七娘山的半山腰。

1943 年底，东江纵队成立后，根据斗争形势的需要，其领导机关及中共广东省临时委员会和东江军政委员会等领导机关、东江纵队的电台、《前进报》报社，经常跟随部队辗转于大鹏半岛一带。这些领导机关驻在南澳时，曾在高岭古村建立兵工厂。

2004 年七娘山封山育林，兵工厂原址被纳入自然保护区，目前兵工厂已不复存在。

---

① 中共广东省委党史研究室、深圳市史志办公室编：《广东省革命遗址通览》，广东人民出版社 2011 年版，第 202 页。

② 中共广东省委党史研究室、深圳市史志办公室编：《广东省革命遗址通览》，广东人民出版社 2011 年版，第 206 页。

附录二 纪念场馆

一、东江纵队司令部旧址纪念馆[①]

东江纵队司令部旧址纪念馆位于大鹏新区葵涌办事处土洋社区广东人民抗日游击队东江纵队司令部旧址内，是"省级文物保护单位""市级爱国主义教育基地"。

该旧址在土洋社区中心巷16号，原为一座建于1912年的意大利式天主教堂，占地面积约400平方米，建筑面积约270平方米，分为主体建筑和附属建筑两部分，中间有走廊相通。主体建筑为砖瓦结构的两层一进楼房，高9.8米，宽11.4米，进深7.75米，楼上有阳台，外观及装饰颇具西洋建筑风格；东侧有一座平房为礼拜堂，西侧还有间小平房。

太平洋战争爆发后，神父撤离土洋。广东人民抗日游击总队便将总部设于此。1943年12月2日，根据中共中央指示，广东人民抗日游击总队改称"广东人民抗日游击队东江纵队"，司令员曾生、政治委员尹林平、副司令员兼参谋长王作尧、政治部主任杨康华于此联合发表《广东人民抗日游击队东江纵队成立宣言》，通电全国，公开宣布接受中国共产党的领导。

---

① 中共广东省委党史研究室、深圳市史志办公室编：《广东省革命遗址通览》，广东人民出版社2011年版，第178页。

当时司令部会议室设在主楼正厅，楼上为司令部成员曾生、尹林平、王作尧工作和居住的场所；礼拜堂则作为会议室和作战室；附属用房改为工作人员的工作用房。主楼西侧有两间加建的砖木结构小平房，作为马厩和电报房。

东江纵队历史上著名的"土洋会议"就在这里召开。这场会议对指导华南敌后抗日游击战争意义重大。会议由中共广东省临委书记尹林平主持，深入讨论了中共中央的指示，分析了广东和东江地区的斗争形势，并在军事工作、政治工作、政权、财政经济、大城市工作以及恢复和加强地方党组织的活动等方面，都做出了重要的决定。

1945 年 3 月，东江纵队司令部由此迁往博罗罗浮山。

中华人民共和国成立后，东江纵队司令部旧址一度成为土洋村小学校址。楼房后面的小平地，是小型练兵场，后来人民政府在此修建了一座东江纵队纪念亭。

1984 年 9 月，东江纵队司令部旧址被深圳市人民政府列为"深圳市文物保护单位"。1995 年 4 月，被中共深圳市委列为"爱国主义教育基地"。1997 年 3 月，市、区、镇拨专款修复东江纵队司令部旧址，并在该处设立东江纵队史迹展览馆。1998 年 5 月 4 日正式对外开放。展馆基本陈列分为"东江纵队史迹展"和"复原陈列"两部分。史迹部分通过 119 件东江纵队战士战斗和生活中的实物以及大量的照片、文献资料，展示了东江纵队的革命精神和战斗历程。复原陈列通过曾生司令员当时工作和生活用过的部分实物，再现曾生在艰苦的条件下，率东江纵队英勇抗日，"为民先锋"的史实。该展览馆展出了大量有关东江纵队的重要文物，是迄今为止反映东江纵队史迹最完整的一个展馆。

2002 年 7 月，东江纵队司令部旧址被广东省人民政府列为"广东省文物保护单位"；2012 年 12 月，被深圳市委列为"深圳市第一批党史教育基地";2014 年,被列为"大鹏新区廉政教育基地"。

二、沙鱼涌"红色记忆"纪念馆

沙鱼涌"红色记忆"纪念馆于 2016 年 6 月纪念东江纵队北撤 70 周年的日子里开馆。

纪念馆有三层展厅,一楼展厅有三个展示区:"东江纵队历史视频展示区""中华文化名人大营救展示区""东江纵队北撤展示区";二楼展厅有四个展示区:"英雄事迹展示区""土洋人民群众抗日事迹展示区""土洋抗战大事件铜雕展示区""大型抗战油画区";三楼展厅有三个展示区:"东江纵队军事用品展示区""东江纵队生活用品展示区""东江纵队文件文书展示区"。

沙鱼涌"红色记忆"纪念馆现为"爱国主义教育基地"和"党风廉政教育基地",承担着传播和弘扬东江纵队精神和红色文化的使命。

三、东江纵队北撤纪念亭

东江纵队北撤纪念亭于 1985 年 9 月建造,为钢筋水泥结构的四角十二柱尖顶仿古建筑,亭面覆盖金黄色的琉璃瓦。亭下面为花岗石块砌成的护坡,亭内竖立一碑,高 2 米,碑上刻有碑文。纪念亭外侧海滩的礁石上另有一亭,为钢筋水泥结构的六角六柱重檐仿古建筑,有曲桥与岸相连,亭侧一磐石上立石碑一块,上镌"一九四六年六月三十日,人民抗日游击队东江纵队及各江武装部队,为了坚持国内和平,从此登船北撤山东——曾生题。宝安县人民政府立于一九八五年九月"字样。东江纵队北撤纪念墙于 2011 年 6 月建成,以影雕的形式将东江纵队北撤史料和北撤人员名单刻在墙体正反两面。

四、庙角岭革命烈士公墓纪念碑[①]

庙角岭革命烈士公墓纪念碑位于大鹏新区葵涌办事处高源社区庙角岭南侧绿树丛中。

纪念碑为纪念 1948 年 7 月 16 日在沙鱼涌奔袭战中牺牲的 12 位烈士而建，为钢筋水泥结构的方柱形建筑。碑顶饰以红五星，碑体分上、中、下三级。上级正面书"革命烈士公墓"，背面书"中国人民解放军粤赣湘边纵队东江第一支队一九四八年十月十一日"，东面书有"流芳万世"，西面书有"名存千古"；下级为碑座；中间一级碑体的四面均有拱形龛式造型，正面（即南面）龛内书有刘炳、宋华、黄才、彭英 4 位烈士英名，东面龛内书有文润、陈生雄、罗添、林观华 4 位烈士英名，西面龛内书有戴来、张石连、徐仔、黄谭胜 4 位烈士英名，北面龛内无字。庙角岭革命烈士公墓纪念碑现在保存完好。

五、葵涌公园革命烈士纪念碑[②]

葵涌公园革命烈士纪念碑位于大鹏新区葵涌办事处高源社区庙角岭西侧葵涌公园内。

2003 年，葵涌办事处在庙角岭西侧临街的一面修建葵涌公园，并在公园内建革命烈士纪念碑一座。碑高约 9 米，方柱体，碑顶塑高举钢枪的战士，碑身正面书"革命烈士永垂不朽"，碑座正面刻有"碑记"，碑座背面刻有 70 位烈士英名。

---

①　中共广东省委党史研究室、深圳市史志办公室编：《广东省革命遗址通览》，广东人民出版社 2011 年版，第 220 页。

②　中共广东省委党史研究室、深圳市史志办公室编：《广东省革命遗址通览》，广东人民出版社 2011 年版，第 222 页。

六、大鹏革命烈士纪念碑①

大鹏革命烈士纪念碑位于大鹏新区大鹏办事处果园岭革命烈士陵园。

大鹏革命烈士纪念碑原碑于 1956 年春建于鹏城社区东乌涌村北坦林埔公路边，为混凝土结构，分 5 级，高 5 米，底座 1.2 米，碑顶饰一颗红五星，下书"永垂不朽"，底座上刻有 24 位烈士英名。

1995 年，中共大鹏镇委、大鹏镇人民政府在大鹏园岭公园路18 号兴建了大鹏革命烈士陵园。陵园占地 2.7 万平方米，园内树木葱郁，风景秀丽。陵园中的革命烈士纪念碑用花岗岩石砌成，高 15.5 米，呈方柱形，碑体的正面刻有"革命烈士纪念碑"7 个大字，背面书有"革命烈士永垂不朽"。碑座每边长 14 米，上面刻有碑文和烈士英名。

七、鹏城革命烈士陵园②

鹏城革命烈士陵园位于大鹏新区大鹏办事处鹏城社区西榕树坑公路边。

陵园门口有一座高大的钢筋混凝土牌楼。陵园内有纪念碑一座，建于 1956 年春，为混凝土结构，分 5 级，高 5 米，底座 1.2米，碑顶饰一颗红五星，下书"永垂不朽"。

底座上面书有梁兆鉴、梁兆、苏满、戴富、戴辉、吴松添、

① 中共广东省委党史研究室、深圳市史志办公室编：《广东省革命遗址通览》，广东人民出版社 2011 年版，第 224 页。
② 中共广东省委党史研究室、深圳市史志办公室编：《广东省革命遗址通览》，广东人民出版社 2011 年版，第 226 页。

张养、罗灶全、戴跃坤、戴正中、刘锦进（刘黑仔）、戴卓民、欧金生、余华荣、周新海、柯彩凤、罗树、欧阳康、王顺松、谢华送、陈镜鹏、王春霖、梁茂秋、欧南养等 24 位烈士英名。24 位烈士中刘锦进、戴卓民的生平事迹后文会详细记述，其他烈士的生平事迹不详。陵园内纪念碑西侧有刘黑仔墓，纪念碑东侧有赖仲元墓、罗贵墓和郑北星墓。

八、土洋村革命烈士纪念碑

土洋村革命烈士纪念碑位于葵涌办事处土洋社区。土洋具有悠久的革命传统，在抗日战争和解放战争时期，土洋共有 9 名参队青年壮烈牺牲。他们是李九、李满胜、利佑、李路生、李乃胜、利英、李容生、范佳、李佳才。为纪念他们，1985 年葵涌乡人民政府在东江纵队原练兵场后的山顶上建造了东江纵队纪念亭，在纪念亭后约 50 米处修建了土洋村革命烈士纪念碑。

2017 年，大鹏新区管委会拨专款立碑 2 块：一块是"土洋村革命斗争纪略"；一块是"土洋村革命烈士事略"。

附录三 革命文物、文献

一、戴卓民的铁水桶

戴卓民的铁水桶，属大革命时期文物，该水桶呈圆筒形，口径35.5厘米，高38.5厘米。桶口配备圆形桶盖，中间有桥形提手，桶的口沿下有两个环形提把。这是戴卓民在香港、广州和宝安从事革命活动时使用过的水桶。戴卓民是大鹏鹏城东北村人，曾任中华全国总工会执行委员，1925年五卅运动后被派往香港发动工人罢工。

1984年，由戴卓民的后人戴平捐献给深圳市博物馆收藏。

二、曹安"省港罢工工人凭证"

曹安"省港罢工工人凭证"为民国十五年（1926年）印发的纸质品，该证长12.5厘米、宽8厘米，是1926年曹安参加省港大罢工的凭证。该证质地为纸，证面在长方框内有"省港罢工工人凭证"字样；内页右面从右至左竖写着"中华全国总工会省港罢工委员会/发出字第号凭证给与/海员工会/工友曹安执照/民国十五年四月十九日发给"；证内左面，中间上方的乌方框内有"相位"字样，其下竖写的"六百一十三"写法特殊，这两者间有八边形的省港罢工委员会蓝色印章。这一面的左下角还有"第六登记"的方形红色印章。证上的照片已脱落不存，但文字保存完整，"省港罢工委员会"和"第六登记"两枚印章清晰可见。

1998 年，大鹏古城博物馆在大鹏所城南门街 3 号的曹安故居征集到该文物并收藏。

省港大罢工是 1925 年 6 月 29 日由共产党人邓中夏及苏兆征领导的一次规模宏大的反帝爱国运动。省港罢工工人凭证由中华全国总工会省港罢工委员会颁发，是这一历史事件的重要见证物，在国内十分罕见。2001 年经深圳市文物管理办公室专家鉴定，曹安"省港罢工工人凭证"定为二级文物。

三、东江纵队司令部文件柜

东江纵队司令部文件柜属抗日战争时期文物。该文件柜为一个竖长方形木柜，面阔 123.5 厘米，高 270 厘米，厚 53 厘米。原涂有棕红色油漆，现已剥落。正面开两扇门，右扇门上有铜拉手，柜内分左右立格，横格有五层。

1982 年，深圳市博物馆从东江纵队司令部旧址（位于大鹏新区葵涌办事处土洋社区）征集到该文物。

东江纵队司令部文件柜
（李永忠　摄）

四、广东人民抗日游击队东江纵队成立宣言①

国际反法西斯的斗争已经踏入了胜利的决战阶段。这是苏联红军无休止的胜利攻势所造成的。红军在广阔战线上摧毁希特拉匪军，现全线已渡过第聂伯河，向国界线推进。英美盟军在意本土的战争，亦取得胜利，并对德国进行空前大规模的猛烈轰炸。希特拉在德国的溃败，正呈土崩瓦解之势，把全世界法西斯侵略者的命运，投入汪洋大海中。墨索里尼垮了台，意大利由投降而参战，法、南、希的游击战争正猛烈开展，尤其是莫斯科三国会议的成功，表现了同盟国家空前的团结，宣示了明确不变的战略：首先打垮希特拉，尽一切努力缩短战争时间。一切盟国内部的法西斯应声虫，虽用尽了一切挑拨离间的手段，阻挠与破坏同盟国家的团结，但都徒劳无功。中立的土耳其、瑞典与葡萄牙，均采取了不利于德寇的步骤；一切附庸国家都从广大人民阶层中爆发出对德寇占领者的巨大愤怒，从怠工、罢工、示威与暴动的斗争，一直发展到统治阶层间的尖锐矛盾与冲突；而希特拉德国也正陷入不安与动乱的状态。这局势的发展，正日益迫近着希特拉的末日，苏联的冬季攻势，将逐德寇出国境之外，并将推动西欧第二战场的开辟。苏联与英美会师柏林，打垮希特拉那只是明年夏秋之间的事情，在希特拉德国灭亡之后，中、英、美联合对日总反攻必跟着到来，将日寇法西斯消灭。

在这国际大变化的前夜，法西斯日寇已经感到死亡的悲哀，太平洋上损兵折将，节节溃败；美澳联军的猛烈反攻则

---

① 摘自蔡伟强编著：《抗日战争中的东江纵队》，广东人民出版社2015年版，第293~298页。

正方兴未艾；失败主义的恐怖情绪蔓延全军，遍及全国，敌酋东条虽在计划动员一切力量，准备与英、美决战，但事实将证明，这只是绝望的努力。

国际形势对抗战空前有利，我国当局本应及早抓住时机，加强全国团结，积极作战，改良政治，增加生产，准备反攻力量，但政府当局的做法却恰恰相反，坐拥三百万大军，不对日积极作战，反而撤退河防部队，包围陕甘宁边区，破坏团结，实行反共反人民的法西斯"一党专政"，对一切异己力量实行诛伐，对一切纯洁青年横加迫害，政治黑暗，金融紊乱，贪污枉法，民不聊生，对日寇三次公开诱降不加驳斥，对六十个投敌叛将不加讨伐，对汉奸吴开先则礼以上宾，对友邦诤言反观颜强辩，这种做法对国家民族的危害，诚属空前严重。但由于中国共产党的坚决反抗，由于全国人民，各爱国党派及国民党内爱国之士与同盟国家一致反对内战投降的阴谋，乃遭受严重的打击，这结果宣示了日寇政治诱降的失败，更宣示着日寇未能在与英、美决战前解决"中国事件"就是日寇的死亡。

我国政府当局最近虽然对日寇第四次诱降作了一次驳斥，并签订了中、苏、英、美四强宣言，表示要继续抗战；国民党的十一中全会虽然通过了"共产党问题应由政治方式解决"和"抗战胜利后一年内实施宪政"的决议，这是好的，但观其实际做法，并没有大的改变；国共两党的关系依然未有改善；包围边区的内战大军依然未有撤退；法西斯第五纵队依然逍遥法外；吴开先依然可以自由活动；投敌叛将依然未下令讨伐。这说明着内战投降的危险依然严重存在。因此，日寇对于解决"中国事件"仍图谋作最后努力。这就是停顿了一年多的正面战场，今天又重新活跃起来的原因。日寇妄图利用这一军事新的压力，威胁与动摇我抗战机构，进一步迫使我政府当局投降，以图利用中国的人力物力对付英、美决战。但事实将教训东条依然走不通，因为全世界的胜利前途已经属于同盟国家，属于反法西斯的人民，属于共产党及一切反法西斯的党派，不属于反共反人民的法西斯侵略者。同样，中国抗战的胜利前途，也不是属于反共反人民的法西斯特务机关，而是属于中国人民，属于坚持团结抗战的爱国党派。中国共产党便是坚持团结抗战的中心力量，中国共产党所领导的八路军、新四军，六年来坚持敌后抗战，领导着敌后前线的抗日军民收复国土，实行民主政治，建立起牢不可破的抗日民主根据地，已为国内外公认为对敌反攻的基础和主力。中国共产党有八十多万党员，有五十多万军队，有各抗日根据地一万万以上的基本群众及全国同胞的拥护，有英明的领袖毛泽东的领导，有反法西斯友邦的同情，有全世界和平正义人士的支援，还有各爱国党派及忠诚于孙中山先生革命精神的国民党人继续合作。不论国内变化如何，中国共产党都有力量、有办法排除万难，领导全国人民获得最后解放。一切反共投降的阴谋是必然要被粉碎的。尽管日寇在我正面战场今天能暂时获得多少成就，但这都不能挽救日寇的死亡。

我们广东人民抗日游击队是东江子弟兵。我们当中有各个爱国党派及无党派的人士，有更多的爱国侨胞，我们不分党派、阶级与思想信仰，一致团结在抗日建国的共同目标之下。我们从成立到今天，都得到开明爱国人士的热烈赞助。五年以来，我们在惠、东、宝一带打击敌伪，收复失地，摧毁许多伪组织，收复原有乡政，维持地方治安，提倡教育，发展生产，实施救济。过去也曾获得战区传令嘉奖。太平洋战幕掀开，我队立即开入港九，积极扰乱日寇，营救政府要员及要人眷属，营救集中营内国际友人，营救文化人及知名之士，护商护旅，救济侨胞。这种精神，这一义举，为国内广大同胞及友邦人士所爱戴。然而政府当局对我坚决抗日的东江子弟兵，不但毫无奖励，反而诬为"叛军""奸党""奸匪"，调动大军实行围歼。三年多来，残酷凶狠的进攻从未间断。但我们仍本着顾全大局、相忍为国的精神，尽量避免同室操戈的惨祸，委曲求全到了极点，并再三再四地请求政府当局停止内战，恢复我队名义，以利团结。然而一切呼吁都没有效果，内战愈打愈凶，烧屋杀人，奸淫掠夺，连敌伪惯用的"清乡""自新""三光政策"都采用无遗。这种殃祸国民的暴行，只造成日寇顺利进占广九路的条件。由于内战牵制削弱了抗战力量，使日寇两天之内占领广九全线。惨痛的教训，仍不能使顽固派有所悔悟，内战军又复围攻坪山，大举"清乡"。内战军见敌一枪不发，远见远避；打内战则穷凶极恶，毫不放松。这说明了顽固派仍未放弃反共、反人民、反抗战、反民主的法西斯"一党专政"。事实告诉我们，只有把内战黑暗的局面转变为真正团结抗战的局面，才能对敌反攻，才能争取抗战的最后胜利。

五年来的抗日自卫斗争中，使我们全体同志一致认清：中国共产党是中华民族与中国人民的救星。我们看到中国共产党始终坚持抗战，坚持团结，坚持进步，历次制止了内战危机与投降危险。我们看到中国共产党在任何困难面前都不畏缩后退，总是有办法克服困难，向前迈进。我们东江子弟兵能够坚持敌后抗战，就是由于有共产党正确的政治主张作指导，以及全体同志共同努力与各界的援助，因此我们全体同志一致热诚地拥护中国共产党的政治主张，反对内战投降，坚持团结抗战进步的一贯政策，更一致热烈地接受与拥护中国共产党的领导。我们认为，我们广东人民抗日游击队能够获得中国共产党的领导，是我们全体同志的无上光荣，是东江同胞的无上光荣，是广东同胞的无上光荣！我们认为，在日寇军事进攻与政治诱降的阴谋诡计下，今后敌后的斗争必然更加残酷，我们应该增强我们的力量来保卫家乡。因此，我们成立广东人民抗日游击队东江纵队，在中国共产党的领导下，为打败日本帝国主义，建设独立、自由、幸福的新中国而奋斗！我们深信，我们有中国共产党的英明领导，也一定能够克服一切困难，坚持敌后的游击战争，争取最后胜利。我们的斗争并不孤立，我们不但与中国共产党八路军、新四军、各爱国党派及全国人民的斗争血肉相关，而且与国际反法西斯斗争形成一线。我们一定能够粉碎顽固派的进攻，最后将敌人赶出领土。事实证明，一切革命的新生力量一定向上发展，一切内战与反动的力量一定走向投敌与泯灭之途。我们广东人民抗日游击队过去只有两个大队，且活动范围局处一隅，但经过几年来抗日与自卫斗争的锻炼，我们壮大了我们的队伍，在惠、东、宝的前线与敌后，驰骋纵横，且深入港九，活动于敌人心脏地带。我们的人、枪不但没有减少，反而增加了十数倍。为了适应新的斗争环境，我们今天实行联合组织，统一指挥，发挥抗日的更大效力，克服困难，收复国土，保护人民的生命财产，达到最后胜利。

同胞们！同志们！我们在中国共产党的领导之下，为彻底解放中华民族而奋斗到底，我们坚持抗日民族统一战线，我们坚决与各界同胞不分党派阶级，不分思想信仰，团结一起，我们愿意与各爱国党派及一切忠诚于革命的三民主义的国民党人及国民党军队继续合作。如果政府当局能立即命令内战军队归还抗日岗位，并给我们与一切抗日部队一样的平等待遇，则我们仍愿在余、蒋两长官统一指挥之下完成作战任务。如果顽固派仍继续进攻，则我们必坚决自卫而彻底粉碎之。我们坚持抗战，坚决反对投降；我们坚持团结，坚决反对内战；我们坚持进步，坚决反对法西斯"一党专政"，坚决反对官僚资本的垄断、剥削。我们主张各界同胞在团结抗日的目标之下，互相帮助，互相忍让，以解决一切纷争，改良人民生活，以增强各阶层的合作。我们保护一切爱国同胞的人权、财权。我们欢迎伪军反正，欢迎绿林豪杰参加抗日。过去由于我队内个别人员的幼稚，曾在某些政策上犯过错误，我们已经分别予以处分及坚决纠正。我们希望各界同胞对我们多多批评与指教，只要对国家和民族有利，对团结抗战有利，无不虚心接纳，为的是我们中国共产党领导下的部队也是中国人民自己的队伍，我们除了中华民族与中国人民的利益之外，并没有其他利益。

我们又掬诚向国际友人宣告：我们坚决拥护反法西斯统一战线，并以无限忠诚与各盟邦及国际友人密切合作。过去在港九方面，我们曾经这样做，今后仍将这样做。我们希望能与国际友人在互相尊重、密切合作下，共同完成打倒日寇的任务。

同胞们！同志们！今天敌人已经占领了广九路，迫近惠、博，并对我敌后游击区开始疯狂扫荡，而惠淡指挥部的军队却依然在惠宝前线进行反抗战的行为，在这新的重大局面之下，我东江前线敌后的抗日军民，必须千百倍团结起来，组织起来，武装起来，坚决自卫，保卫东江前线敌后抗日基地，把日本帝国主义赶出国土，建设独立、自由、幸福的新中国！

最后我们高呼：

（一）坚持抗战，反对投降！

（二）坚持团结，反对内战！

（三）坚持进步，反对倒退！

（四）请政府马上撤退一切内战军队，开上前线抗日！

（五）惩办东江内战祸首叶敏予、徐东来！

（六）公审汉奸吴开先，讨伐叛国将领！

（七）取消法西斯"一党专政"，实行民主政治，改良人民生活！

（八）肃清法西斯第五纵队，解散一切法西斯特务组织！

（九）拥护中国共产党！

（十）打倒日本帝国主义！

（十一）建设独立、自由、幸福的新中国！

（十二）中华民族解放万岁！

广东人民抗日游击队东江纵队司令　曾　生

副司令　王作尧

政治委员　林　平

政治部主任　杨康华

中华民国三十二年十二月二日

五、广东人民抗日游击队东江纵队司令部布告①

（纵字第一号）

溯自日寇南侵，百粤山河变色。财产十室九空，道路尸骸枕藉。

国家兴亡大事，匹夫亦有天职。同人用是奋起，志在救亡杀敌。

队伍成立五年，拥有光辉史迹。刻苦坚定勇敢，早为众所

---

① 内容来源于土洋东江纵队司令部旧址纪念馆。

共悉。

歼灭千百敌人，诛奸无数叛逆。收复广阔失地，瓦解汉奸组织。

纪律夙称严明，爱民犹如保赤。根绝盗贼横行，维持治安犹力。

今天局势决定，倭寇命运难久。乃犹野心不死，竟效困兽之斗。

悍然举兵进犯，实行打通广九。堂堂惠淡守军，竟然闻风先走。

不思守土御侮，原系军人职守。此辈只知内战，言之痛心疾首。

本队健儿奋起，坚决对敌战斗。敌后前线驰骋，大小捷音频奏。

宣传演讲大会，揭穿敌寇狡讹。组织武装民众，肃清汉奸走狗。

兹为便利作战，各队联合一起。成立东江纵队，实行统一指挥。

组织虽有改变，宗旨一如往时。凡属抗日部队，自当联合一致。

团结悉本真理，凡事大公无私。倘属有益抗战，爱护应当备至。

如有扰乱治安，破坏本队名誉，甘心叛国害民，一律从严处理。

为此掬诚布告，仰我各界周知。尚望同心协力，为国奋斗到底。

司　令　曾　生
副司令　王作尧
中华民国卅三年一月一日

附录四 红色歌谣歌曲

一、《团结起来打东洋》①

这首歌曲是原宝安县沙溪乡屯洋村（现为深圳市大鹏新区葵涌办事处土洋村，下同）崇德学校自编的客家山歌。抗战爆发后至1938年，崇德学校的抗日救亡宣传队，经常到葵涌、沙鱼涌和溪涌圩镇演唱这首客家山歌。

山歌一唱闹洋洋，各位同胞听分详。
我是不唱别样事，专唱起来打东洋。

专唱起来打东洋，东洋鬼子好疯狂。
发动侵略我中华，到处进行烧杀抢。

到处进行烧杀抢，许多同胞遭灾殃。
肆意强奸民家女，烧杀掳掠真疯狂。

烧杀掳掠真疯狂，同胞家破又人亡。
父母失去亲儿女，孩儿失去亲爹娘。

---

① 李惠群著：《红色纪事》，海天出版社2016年版，第223～226页。

孩儿失去亲爹娘，流浪街头走他乡。
无家可归当乞丐，穿着破烂介衣裳。

穿着破烂介衣裳，哭哭啼啼泪茫茫。
见到人们叫救命，那种情景真凄凉。

那种情景真凄凉，人人见到都思量。
热血中国好男儿，都要拿起刀和枪。

都要拿起刀和枪，誓同日寇拼一场。
男女老少齐奋起，团结起来力量强。

团结起来力量强，有国才能有家乡。
有钱还须要出钱，有力出力正应当。

有力出力正应当，为了救国保家乡。
国家兴亡人有责，义不容辞责无旁。

义不容辞责无旁，团结起来打东洋。
父母送儿参军去，妻子送夫上战场。

妻子送夫上战场，齐心合力打豺狼。
坚决同他打到底，誓把日寇杀精光。

誓把日寇杀精光，还我山河还家乡。
重建祖国和家园，全国人民得安康。

二、《表扬屯洋村妇女抗敌同志会》①

夹板一打响叮当，我把山歌唱一场。
山歌专唱妇抗会，妇抗会来要表扬，敬请大家听分详。

敬请大家听分详，妇抗工作很优良。
拥军优抗做得好，样样做得很周详，广大军民齐赞扬。

广大军民齐赞扬，听到部队来驻防，干部分头去发动，
马上打扫好营房，事情做得很漂亮。

事情做得很漂亮，妇抗会员里外忙。
送来床板和木板，帮助部队来铺床，部队同志齐赞扬。

部队同志齐赞扬，她们继续积极帮。
送来大批柴和草，帮助部队做饭忙，热情问短又问长。

热情问短又问长，同志感到心欢畅。
部队不够房子住，让出自己介住房，军民好到甭商量。

军民好到甭商量，有娣进娣让出房。
诚心诚意来相帮，平时对敌很提防，保证亲人有安康。

保证亲人有安康，叶英长期帮保粮。
部队粮食放她家，经常灭鼠把盗防，保粮责任放心上。

---

① 李惠群著：《红色纪事》，海天出版社 2016 年版，第 229~242 页。

保粮责任放心上，同志觉得不寻常。
部队感到很温暖，土洋好似自家乡，军民鱼水情谊长。

军民鱼水情谊长，黄禾送子上战场。
四个孩子送三个，为了救国保家乡，值得大家学榜样。

值得大家学榜样，这样救国有希望。
余水送夫参队去，嘱咐夫君打东洋，赶走日寇才回乡。

赶走日寇才回乡，样样事情都帮忙。
帮助部队送情报，想法来把情报藏，说要化装就化装。

说要化装就化装，不怕艰险走山冈。
通过敌人封锁线，敌人查问巧应对，沉着勇敢不惊慌。

沉着勇敢不惊慌，情报就和命一样。
罗娣有次送情报，巧过敌人三哨岗，才把情报送妥当。

才把情报送妥当，自己心里才定堂。
赖运挑货带情报，敌人无法查分详，村民有的是妙方。

村民有的是妙方，黄禾是个革命娘。
她送情报不怕苦，走遍下洞介岭岗，最后走到坑尾顶。

最后走到坑尾顶，她把暗号对分详。
暗号一一对得上，取出情报交对方，她才安心返家堂。

她才安心返家堂，革命永远放心上。
部队如果要打仗，妇抗会员来配合，从始至终都相帮。

从始至终都相帮，战前帮助搞侦察。
了解敌情很周详，打起仗来不畏惧，战时帮抬担架床。

战时帮抬担架床，抢救伤员很紧张。
有次抢送一伤员，四个会员轮流抬，连夜抬到坪山乡。

连夜抬到坪山乡，要过三道敌哨岗。
不怕艰苦和危险，为了安全爬坳上，巧妙绕过敌哨岗。

巧妙绕过敌哨岗，到了坪山天将亮。
大家毫无辛苦意，只要伤员安无恙，大家心中乐堂堂。

大家心中乐堂堂，运送武器更紧张。
每次战斗要打响，她们负责支前方，战士安心上战场。

战士安心上战场，枪弹源源接济上。
黄禾有次运枪械，手榴弹与驳壳枪，稻谷盖在枪面上。

稻谷盖在枪面上，敌人查问探亲娘。
敌人被骗给她过，赶快走出敌哨岗，任务完成很漂亮。

任务完成很漂亮，有力出力支前方。
捐物捐款来慰问，就像母亲慰儿郎，鼓励部队打胜仗。

鼓励部队打胜仗，她们又想去开荒。

挥汗如雨耕种忙，二十多亩一大片，每年收获有相当。

每年收获有相当，种出花生和杂粮。

劳动有得心欢畅，鼓励战士打胜仗，挑着箩担支前方。

挑着箩担支前方，堪为大家做榜样。

还有一件重要事，除病祛疾把法想，好让战士得健康。

好让战士得健康，反观败类国民党。

日本鬼子刚投降，接着进行内战忙，不断扫荡我东江。

不断扫荡我东江，长途奔袭我屯洋。

妄图消灭税务处，情况来得很紧张，幸得黄婆来帮忙。

幸得黄婆来帮忙，清早她去探亲娘。

她有高度警惕性，走到后坑介地方，发现敌人围屯洋。

发现敌人围屯洋，转身就跑回家堂。

敌人喝令要停步，不怕危险心不慌，跑向部队讲分详。

跑向部队讲分详，部队匆忙来抵抗。

敌强我弱相悬殊，如果硬顶有伤亡，必须要把办法想。

必须要把办法想，依靠群众来帮忙。

六个走到秀金家，秀金提出在家藏，藏在柴棚不惊慌。

藏在柴棚不惊慌，秀金的确有胆量。
还有一个女同志，秀金拿出旧衣裳，扮成一个村姑娘。

扮成一个村姑娘，扮的样子十分像。
同志带来介行李，把它埋在草灰房，样样做得好周详。

样样做得好周详，态度从容心定堂。
匪兵到来查又问，应对起来不慌张，弄得匪兵没法想。

弄得匪兵没法想，有妹胆大有担当。
保护一位女同志，说是香港过屯洋，大胆来把责任担。

大胆来把责任担，立定主意心唔狂。
敌人来到再三问，她按已定计划讲，敌人还要问端详。

敌人还要问端详，有妹把话再三讲。
敌人还是不相信，她就转用白话说，反复多次讲分详。

反复多次讲分详，敌人果然上了当。
黄禾看到三同志，急忙拉住入家堂，大家赶紧来商量。

大家赶紧来商量，决定男的来化装。
荷锄挑担成村民，不慌不忙出田庄，走出野外就掩藏。

走出野外就掩藏，女的帮她搞家务。
一举一动像个样，愚蠢敌人又上当，机智勇敢黄禾娘。

机智勇敢黄禾娘，十个同志安无恙。

齐声感谢妇抗会，感谢大家来相帮，军民鱼水情谊长。

军民鱼水情谊长，妇抗会员要表扬。

救到十个我同志，功劳大得没法讲，也为土洋争了光。

也为土洋争了光，还有一事要夸奖。

优抗做得很不错，妇抗会员真心帮，帮助抗属耕田忙。

帮助抗属耕田忙，帮耕队来响当当。

样样农活都跟上，搞好生产多打粮，抗属心中喜洋洋。

抗属心中喜洋洋，你话要不要表扬。

做了这么多好事，我说表扬理应当，大家都学她们样。

三、《军民联欢庆胜利》[①]

1943 年，广东人民抗日游击总队彭沃部队攻打驻葵涌圩的国民党地方杂牌军梁永年部（土匪改编而成），得胜归来后，召开军民庆祝大会，举行军民联欢。客家山歌《军民联欢庆胜利》是屯洋村抗日救亡宣传队在联欢会上演唱的曲目。

今晚军民聚一堂，庆祝部队打胜仗。

军民开个联欢会，我把山歌唱一场，希望大家听分详。

希望大家听分详，特把部队来颂扬。

[①]　李惠群著：《红色纪事》，海天出版社 2016 年版，第 243～249 页。

部队这仗打得好，来把敌人消灭光，打得呵呵鸡发狂。

打得呵呵鸡发狂，战前侦察摸情况。
各种枪支有多少，哨位设在哪一方，——了解很周详。

——了解很周详，各项准备跟得上。
突击小组冲进去，时间正好将天光，几个哨兵见阎王。

几个哨兵见阎王，接着冲进敌营房。
呵呵鸡们梦未醒，有的刚刚在起床，一见我军发了慌。

一见我军发了慌，匆匆忙忙来抵抗。
大队人马冲进去，枪声砰砰冲杀上，呵呵鸡来难抵挡。

呵呵鸡来难抵挡，死的死来伤的伤。
部队火力猛射击，敌似缩头龟一样，好似鸭仔赶上场。

好似鸭仔赶上场，我军心雄胆又壮。
再轮冲锋杀上去，敌人晕头又转向，走投无路发惊狂。

走投无路发惊狂，跪地求饶并缴枪。
捉到一大群俘虏，缴获枪弹一大堆，战士个个喜洋洋。

战士个个喜洋洋，感谢群众鼎力帮。
军民牵手庆胜利，高歌凯旋回营房，一路锣鼓震天响。

一路锣鼓震天响，沿途群众齐欢呼。

祝贺部队打胜仗，广大群众笑相迎，战士激动泪汪汪。

战士激动泪汪汪，这次取得大胜利。
全靠群众来相帮，军民团结一条心，保卫祖国保家乡。

保卫祖国保家乡，英勇无畏挺胸上。
战前帮助搞侦察，战时帮抬担架床，运送弹药一箱箱。

运送弹药一箱箱，战士安心上战场。
只要军民配合好，一定能够打胜仗，定叫敌人全缴枪。

定叫敌人全缴枪，部队自己增武装。
俘虏自己去选择，愿意留队则留队，要求回乡给回乡。

要求回乡给回乡，大长军民的志气。
敌人威风一扫光，部队声震又名扬，中国人民有希望。

中国人民有希望，大家都来出力量。
誓把日寇赶出去，国民党也一扫光，山歌唱此就收场。

四、《歌颂东江纵队》①

　　1944 年元旦在屯洋村的屯洋埔草坪搭了一个戏棚，召开千人大会，庆祝广东人民抗日游击队东江纵队成立，以下是屯洋村抗日救亡宣传队在联欢会上演唱的客家山歌《歌颂东江纵队》。

---

　　①　李惠群著：《红色纪事》，海天出版社 2016 年版，第 250～256 页。

军民集中大草场，载歌载舞喜洋洋。
庆东江纵队成立，广大军民斗志昂。

广大军民斗志昂，特作山歌大声唱。
山歌不唱别样事，专把东纵来颂扬。

专把东纵来颂扬，共产党来好主张。
为了救国抗日寇，唤起工农拿刀枪。

唤起工农拿刀枪，组织人民介武装。
人民出钱又出力，捍卫祖国保家乡。

捍卫祖国保家乡，全民抗战理应当。
国家兴亡人有责，武装起来齐抵抗。

武装起来齐抵抗，依靠人民介力量。
人民拥护又支持，力量一天一天强。

力量一天一天强，人心齐来胆就壮。
部队初建在坪山，百十人几十条枪。

百十人几十条枪，现在遍布全东江。
几个支队上万人，巧夺敌人炮与枪。

巧夺敌人炮与枪，就把自己来武装。
插进敌后打游击，插入敌人介心脏。

插入敌人介心脏，军民合作增力量。
部队神出又鬼没，左打右打敌惊慌。

左打右打敌惊慌，化零为整打一仗。
化整为零又散光，突然又缴敌人枪。

突然又缴敌人枪，打得敌人发惊狂。
部队越打心越雄，敌人见到胆就丧。

敌人见到胆就丧，部队名声震四方。
广大群众很高兴，战士心雄胆又壮。

战士心雄胆又壮，东江人民齐赞扬。
人民有了好部队，生命财产有保障。

生命财产有保障，积极生产多打粮。
拥军优抗要做好，慰劳部队支前方。

慰劳部队支前方，反动透顶国民党。
不打日寇打东纵，妄图消灭我武装。

妄图消灭我武装，如意算盘打唔响。
有党领导民支持，你想消灭实妄想。

你想消灭实妄想，国民党来勿嚣张。
部队天天在发展，越发展来越坚强。

越发展来越坚强，誓把敌人消灭光。

庆祝东纵成立会，大会开在我屯洋。

大会开在我屯洋，我们永世不会忘。

全村群众很高兴，恭祝部队万年长。

恭祝部队万年长，年年月月打胜仗。

逐步发展又壮大，祝福首长得安康。

祝福首长得安康，唱此山歌来颂扬。

山歌唱得唔够好，首长同志请原谅。

五、《祝贺乡人民政府成立》①

1944 年，路东新一区沙溪乡人民政府成立，举行庆祝大会，屯洋村抗日救亡宣传队作此山歌在联欢会上演唱，以示祝贺。

全乡代表聚一堂，一首山歌唱分详。

沙鱼涌过一里路，这个地方是屯洋，面朝大海后山冈。

面朝大海后山冈，这是一个好地方。

柴近水便好讨食，村前左右好田庄，农渔牧副都可上。

农渔牧副都可上，任由你做哪一行。

只要辛勤去劳动，耕田出海都一样，行行生产都能赢。

行行生产都能赢，搞好农业多打粮。

---

① 李惠群著：《红色纪事》，海天出版社 2016 年版，第 257～265 页。

村前就是大鹏湾，出海捕鱼鱼满舱，真是一个鱼米乡。

真是一个鱼米乡，猪鸡鹅鸭狗牛羊。
副业做得轮轮转，卖鱼卖肉日夜忙，出门劳动未天光。

出门劳动未天光，做到天黑才回乡。
一日辛苦做到黑，做时做节把猪劏，一两猪肉都卖光。

一两猪肉都卖光，唔舍得留来煲汤。
一年辛苦做到晚，到头来着烂衣裳，吃的番茨粥水汤。

吃的番茨粥水汤，住的则是烂破房。
为什么会这么样？皆因腐败国民党，骑在人民介头上。

骑在人民介头上，土匪阿保到处抢。
又受财主介剥削，佃租利息很高昂，群众日子苦遍尝。

群众日子苦遍尝，年年收获几担粮。
交了佃租和利息，根本剩下无多粮，基本都被剥削光。

基本都被剥削光，穷苦人家真凄凉。
苛捐杂税如牛毛，一日三餐粥水汤，再好地方也冇行。

再好地方也冇行，黑暗社会冇保障。
反动散军黑心肠，突然派兵抢屯洋，抢钱劫物真凶狠。

抢钱劫物真凶狠，捉猪牵牛搬货上。

初时没有来提防，家家户户齐遭殃，全村财物被抢光。

全村财物被抢光，肉在恶人砧板上，
要肥要瘦由他剐，任由恶人来欺凌，你话凄凉唔凄凉？

你话凄凉唔凄凉？家家户户被抢光。
辛苦劳动介财物，样样付之大海洋，越讲越想越心伤。

越讲越想越心伤，好在部队进我乡。
全乡人民有盼望，东纵部队像太阳，照得人心亮堂堂。

照得人心亮堂堂，照得大地放光芒。
妖魔鬼怪均匿迹，牛鬼蛇神来掩藏，与国民党两个样。

与国民党两个样，部队爱民如亲人。
为了救国抗日寇，捍卫祖国保家乡，军民合作力量强。

军民合作力量强，大家心往一处想。
建立人民介政府，处处为民做好事，全乡人民喜洋洋。

全乡人民喜洋洋，感谢部队感谢党。
人民当家又做主，这是一个破天荒，定要建设好家乡。

定要建设好家乡，农渔牧副一齐上。
发挥全乡人智慧，乡府定有好主张，建设家乡有希望。

建设家乡有希望，需要大家出力量。

不能坐等得果实，要有雄心斗志昂，团结一致好商量。

团结一致好商量，一齐努力正应当。
不怕艰难和辛苦，辛苦一点也正常，你说是不是这样。

你说是不是这样，沙溪乡府已成立。
作此山歌唱一场，祝福乡亲身健康，人民政府万年长。

六、《东江纵队之歌》

我们是广东人民的游击队，我们是八路军、新四军的兄弟，我们的队伍驰骋于东江战场上，艰苦奋斗，英勇杀敌，取得了辉煌的胜利。

我们有伟大中国共产党的光荣领导，用我们英勇顽强的战斗，一定把敌伪和顽固军队彻底消灭！

同志们！前进吧！光明已来临，今天我们是民族解放的战士，明天啊，是新中国的主人！

附录五 重要革命人物

一、人物传略

戴卓民

戴卓民（1892—1931），曾用名戴卓文、黄季仲，广东宝安人（现大鹏鹏城社区人），海员出身，先后在"皇后"轮和"总统"轮工作。

戴卓民早年参加孙中山领导的护国运动，组织武装反对袁世凯政权，并一度占领深圳。后接受马克思主义，从事工人运动，参加了 1922 年 1 月至 3 月的香港海员大罢工，并成为工人运动的骨干，担任工会负责人。

1925 年戴卓民加入中国共产党，是香港联义社负责人之一。1925 年 5 月，第二次全国劳动大会召开，成立了中华全国总工会，他被选为总工会的执行委员。同年 6 月他参加省港大罢工时，在香港被机器工会会长出卖，被港英当局抓捕入狱，受尽毒打仍不屈服。1926 年 1 月，他被无罪释放。

1926 年 4 月，香港总工会成立，戴卓民与苏兆征、陈权被选为执委，同年 5 月被选为第二届全国总工会执委。这期间，他终日奔忙，成为职业革命家。

1927 年春，中华全国总工会总部从广州迁至武汉，戴卓民任广州办事处主任。1930 年 7 月，全国海员总工会从香港迁至上海时，他是全国海员总工会领导成员之一，并兼任中华全国总工会巡视员。这时，中华全国总工会和全国海员总工会都已被迫转为秘密活动。

1931 年初，戴卓民以中华全国总工会巡视员的身份到青岛巡视工作，指导工人运动。4 月 13 日，中共青岛市委秘书尹某到码头取中央带来的文件，因没有采取必要的掩护措施，出卡子门时被捕。尹某禁不起拷打而叛变，供出省委、市委多处机关，并领着敌人抓捕同志。4 月 14 日下午，戴卓民在益都路 133 号被捕。

戴卓民在青岛工作时，化名黄季仲。被捕后，他仍用黄季仲之名。不久，被捕同志被押送到济南。8 月 19 日，戴卓民等 21 名共产党员被敌人枪杀于济南纬八路侯家大院刑场。

1989 年秋，全国海员总工会广东省委员会委托青岛方面查询戴卓民的下落，并提供了他海员出身和 20 世纪 30 年代初到青岛工作、后在青岛被反动派逮捕杀害的线索，初步断定黄季仲即戴卓民。公安机关又将戴卓民的照片和黄季仲在狱中的照片进行技术鉴定，证实是同一人。

袁　庚

袁庚（1917—2016），原名欧阳汝山，出生于广东省宝安县大鹏镇（今大鹏新区大鹏办事处水贝村）。

1930 年，袁庚考入广州广雅中学读书。1939 年 3 月，袁庚加入中国共产党。袁庚曾在大鹏镇鹏城村当小学校长，并以此身份掩护其从事中共地下活动。同年冬，袁庚加入东江纵队。

1943 年 12 月，袁庚任东江纵队护航大队大队长。1944 年，袁庚任东江纵队情报处处长，专门负责珠江三角洲和广东沿海敌占区的情报搜集和情报交换工作，并与美国第十四航空队陈纳德将军属下的对日作战情报机构合作。

1945 年，袁庚任东江纵队港九大队联络处处长，以上校军衔赴香港与英国海军元帅夏悫少将负责日本军队受降事宜的谈判，并成为中共驻香港办事处（新华社香港分社的前身）第一任主任。

1948 年，袁庚参加淮海战役。

1950 年初，袁庚率所部炮兵配合解放军全歼盘踞在三门岛的国民党残余武装 286 人，解放了三门岛。同年随中国军事顾问团赴越南，成为胡志明主席的情报、炮兵顾问。

1953 年，袁庚任中国驻印尼雅加达总领事馆总领事。

1963 年 4 月，袁庚参与破获国民党特务刺杀刘少奇的"湘江计划"案。

"文化大革命"期间（1968 年 4 月），袁庚被诬蔑为"美国特务""出卖香港的汉奸"，经康生批准被捕入狱，在秦城监狱被关押了 5 年 6 个月。

1973 年 9 月，经周恩来总理亲自过问，袁庚才得以获释出狱。1973 年，袁庚恢复工作，任交通部外事局负责人。

1978 年 10 月，袁庚任香港招商局副董事长。1978 年底，他向中央提交了在蛇口创办工业开发区的报告。1979 年 7 月 20 日，蛇口工业区正式运作，袁庚任蛇口工业区建设指挥部总指挥、第一届蛇口工业区管理委员会主任。他率先提出的"时间就是金钱，效率就是生命"的口号，得到了邓小平的首肯。他在全国首先实行工资制度改革、领导干部公开民主选举和信任投票制度等一系列措施。在他的领导下，蛇口工业区迅速崛起。高速度、高效益发展的"蛇口模式"成为中国经济体制改革的样板。

1992 年，袁庚离休。2003 年 7 月，袁庚被香港特区政府授予"金紫荆星章"，10 月被授予"中国改革之星"称号。2005 年 9

月 1 日，袁庚获颁由中共中央、国务院、中央军委制作的中国人民抗日战争胜利 60 周年纪念章。2016 年 1 月 31 日，袁庚因病医治无效，在深圳蛇口逝世。2018 年 12 月 18 日，中共中央、国务院授予袁庚同志"改革先锋"称号，为其颁授"改革先锋"奖章，同时袁庚获评改革开放试验田"蛇口模式"的探索创立者。

赖仲元[①]

赖仲元（1918—1988），大鹏鹏城社区人，是清朝抗日名将赖恩爵的后代。

1938 年日本侵略军在大亚湾登陆后，他积极投身抗日救亡运动。同年 10 月赖仲元加入中国共产党，此后历任中共大鹏乡党支部书记、惠阳县白花区区委书记、东江纵队独立中队政委、东江纵队特派员等职。1944 年，他任宝安新一区（大鹏区）区委书记兼区长。

日本投降后，赖仲元在惠阳地区镇隆、永湖一带领导武装斗争，任东江江南第二战线政委。1946 年五六月间，赖仲元跟随东江纵队司令员曾生，在惠阳地区的惠州、平山、多祝等地与敌人展开合法斗争。6 月底，赖仲元随东江纵队北撤到山东，任华东军政大学教导员、华东党校营团队队长、华东野战军司令部粟裕将军随从参谋等职。

中华人民共和国成立后，赖仲元先后任中共中央华南分局党校组教处长，广东省委党校党史研究室主任、副校长、校党委常委，广东省农科院副院长，哲学社会科学研究所副所长，广东省农林水办公室副主任兼省科委副主任等职，为党的干部教育事业

---

① 深圳市龙岗区地方志编纂委员会编著：《深圳市龙岗区志》，方志出版社 2012 年版，第 1072 页。

以及科学研究事业倾注了毕生的精力。1964 年，他带队到东莞县搞农业区划试点，出色地完成了试点工作，对东莞农业生产的发展做出了贡献。后试点在广东省推广并向全国介绍，被国家科委列为 1965 年全国重大科技成果之一。1988 年 9 月，赖仲元在广州病逝。

刘黑仔

刘黑仔（1919—1946），原名刘锦进，大鹏鹏城东北村人。因为他身体结实，皮肤较黑，人们便亲切地称他为"刘黑仔"。

1939 年春，刘黑仔加入中国共产党。随后参加惠宝人民抗日游击总队。他作战骁勇，足智多谋，百发百中，被誉为"神枪手"。

1941 年初，日军第二次在大鹏登陆，在当地奸淫掳掠，激起了刘黑仔的满腔义愤。刘黑仔在大鹏王母圩铲除伪维持会会长袁德等多名汉奸。1941 年 12 月，日军攻打香港，广东人民抗日游击队按中央的指示，派员深入香港地区广九铁路沿线，开展游击战争。刘黑仔奉命任东江纵队港九大队短枪队副队长、队长。他经常乔装打扮，战斗在敌人的心脏里，出色地完成运送武器、护送文化名人、抢救国际盟友、侦察收集军事情报等各项任务。他神出鬼没，骚扰、袭击日军，炸毁敌人仓库、机场、火车、桥梁等，搞得敌人日夜不安，成为名扬港九的传奇式抗日英雄。其所营救的美军飞行员克尔中尉，曾写信感谢东江纵队，称刘黑仔为他的"再生父母"。

1945 年，刘黑仔调任东江纵队西北支队部参谋兼短枪队队长。1946 年，刘黑仔奉命率短枪队随东江纵队粤北指挥部留在南雄、始兴一带坚持活动。同年 5 月，他到与江西交界的南雄县界址圩调解一宗民事纠纷时，遭国民党军伏击而中弹牺牲。其遗体就地埋葬在江西省全南县正合乡鹤子坑村，墓碑上书"东江纵队英雄刘黑仔之墓"。1987 年春，迁葬于大鹏镇鹏城村革命烈士陵园。

蓝　造

蓝造（1917—1990），原名蓝兆麟，大鹏新区葵涌坝岗人。

蓝造青少年时期积极参加抗日救亡运动，在家乡组织人民抗日自卫队。1938 年 10 月他加入中国共产党。1939 年他先后任中共惠阳县大鹏区支部委员、多祝区区委书记。1942 年他任中共惠州区区委书记，参与进步文化人和爱国民主人士的香港秘密大营救行动。

1948 年，蓝造任广东人民解放军江南支队司令员，指挥部队在沙鱼涌、山子下、红花岭等地作战，歼敌 1 500 余人，扭转江南地区对敌斗争的局势，粉碎了宋子文的第二期"清剿"计划，受到了中共中央香港分局的通报表扬。

1949 年，蓝造任粤赣湘边纵队东江第一支队司令员，率领部队攻克淡水，解放粤东重镇惠州市，为华南解放战争的胜利做出了贡献。

1949 年 10 月后，蓝造历任惠州军事管制委员会主任、中共东江地委委员、华南军区东江军分区第一副司令员、武汉军区军政干校副校长、信阳步兵军官学校副校长、武汉军区司令部军事科学研究室主任、武汉军区作战部长等职。

1955 年，蓝造被授予上校军衔，1961 年晋升为大校，获得二级解放勋章、中国人民解放军独立功勋荣誉章各一枚。1990 年 11 月，蓝造因病在广州逝世。

张　新

张新（1922—1998），大鹏新区葵涌人。

1941 年 4 月张新入伍，5 月加入中国共产党，入伍后任广东人民抗日游击队第五大队班长。1942 年 8 月，张新先后担任广东人民抗日游击总队珠江队正、副小队长。1943 年始，张新先后任东江纵队第五大队中队长、第三支队第二大队大队长。张新在抗日战争中参加战斗数十次，曾 4 次负伤。

1946 年，张新随东江纵队北撤山东，历任华东军政大学教导团参谋，两广纵队第一团第一营营长、第二师第五团参谋长。曾参加南麻、临朐、诸城、豫东、济南、淮海等战役。在淮海战役徐南阻击战中，率部坚守卢村寨前沿阵地四天四夜，出色地完成狙击任务。

1949 年 7 月，张新随两广纵队南下，参加广东战役，历任广东军区珠江军分区独立第 16 团参谋长、副团长，林业第二师第五团、广东军区暂编第 29 团副团长，广东省茂名市兵役局局长，广州军区守备第五团团长，广东省连县、韶关市人民武装部政治委员等职。

1955 年，张新被授予中校军衔，1962 年晋升为上校军衔，获三级独立自由勋章、三级解放勋章。1964 年 4 月，张新转业，先后任广东省艺术专科学校党委书记、艺术学院院长、劳动局局长等职。1998 年 12 月，张新在广州病逝。

钟　明

钟明（1919—2003），曾用名钟子鸣，大鹏新区葵涌坝岗人。

1936 年 11 月，钟明加入中国共产党，后担任广州地区地下党党委书记。

1938 年 10 月，钟明任中共香港市工委青年部部长、中共香港市委青年部部长。

1938 年 10 月至 1939 年 11 月，钟明任中共粤东南特委青年部部长、中共粤东南特委直属九龙区区委书记。

1939 年 11 月，在中共广东省委扩大会议上钟明被选为中共七大候补代表之一，从广东奔赴延安。

1946 年至 1949 年 10 月，钟明先后任中共广州地区特派员，中共中央香港分局城市工作委员会（亦称"港粤城工委"）副书记，分管广东内地城市工作，仍兼广州市地下党总特派员（市委书记）。

中华人民共和国成立后，钟明历任广东省第五、第六届人大常委会副主任，广东省顾问委员会副主任，广州市委书记等职。2003 年，钟明在广州逝世。

黄　闻

黄闻（1916—1945），原名黄文华，葵涌坝岗洞梓村人。

1931 年，黄闻考上淡水崇雅中学。1934 年初中毕业后，黄闻受聘于大鹏下沙小学。1935 年冬，黄闻与陈培、陈永、蓝造、黄业、黄岸魁等聚首坝岗，组织海岸读书会，广泛地宣传抗日救亡。

1937 年暑期，黄闻组建海岸流动话剧团，任团长。他们冲破国民党的重重阻挠，带着简单的行李和道具，到大亚湾和大鹏湾的许多山村渔寨，为广大群众进行抗日救亡的宣传演出。

1938 年夏，黄闻回乡组建坝岗抗日自卫队，负责政治工作。他们数度出击日伪军，大大地鼓舞了坝岗群众保家卫国的信心和斗志。

1938 年 11 月，黄闻加入中国共产党，任坝岗的党支部书记。随着斗争的深入和发展，黄闻培养和介绍蓝造、黄业加入中国共产党，动员了一批青年参加曾生领导的惠宝人民抗日游击总队。

1939 年，黄闻任中共惠阳县平白区区委书记。1941 年，调任中共陆丰县委书记。在陆丰县工作时，他以失业青年的身份，广泛接触和联系群众，为中共陆丰县组织的发展做出了贡献。

1942 年，广东各地中共组织相继遭到破坏。他先后在稔山、淡水，以教书做掩护，负责党的单线联系工作。

1944 年，黄闻任东江纵队惠阳大队政训室主任。1945 年，任东江纵队第七支队政治处负责人兼中共惠东县委副书记，同年兼任惠东县行政督导处民运部部长。

1945 年，黄闻在淡水新屋仔村主持召开区委书记会议时，遭日军袭击，不幸牺牲。

萧　伦

萧伦（1914—1948），葵涌坝岗村人。

1939 年，萧伦参加惠宝人民抗日游击总队。次年加入大鹏联防抗日自卫队，先后任小队长、副中队长。

1944 年，萧伦任东江纵队第二支队江南大队第一中队长。

1947 年，萧伦任惠东宝人民护乡团第二大队中队长、第一大队副大队长。此后曾参与指挥沙鱼涌、山子下、红花岭等多次战斗。后任粤赣湘边纵队东江第一支队第一团副团长，奉命东上安墩地区进行军事整训大练兵。

1948 年 10 月，萧伦在惠东三家村战斗中牺牲。

彭东海

彭东海（1897—1975），出生于葵涌张屋村一个贫苦家庭。

因父亲早丧，彭东海只读过两年书，便与母亲一起靠挑担为生，奔波于坪山、葵涌、大鹏一带。后到香港当杂工、海员。因协助同乡、香港知名人士许让成经营商业得到一大笔款项，继而考虑到家乡交通闭塞，彭东海便决定返回家乡，致力于惠阳、宝安东部地区的公路建设，创办澳淡星星行车公司，自任总经理。

经过不断努力，先后修筑澳头至淡水、淡水至平湖、龙岗至深圳、淡水至陈江等公路。

抗日战争期间，彭东海接受中国共产党的抗日主张，协助东江纵队抗日，并提供大量资金及物品。他成立米业平粜行，购送米粮平价卖给旱区百姓，解决农民粮荒。1945年，彭东海当选为首届路东区参议会议长，直接参与抗日民主政权活动。

抗战胜利后，彭东海建立淡平联星行车公司，任总经理。他支持人民革命事业，为部队提供交通运输工具及经费。

中华人民共和国成立后，彭东海结束在香港的生意，返回内地，购买8部新式的长龙福特（FORD）车，装置成客货车，继续发展家乡交通事业，还投资广州民生铁厂。1950年，彭东海当选为惠阳县第一届人民代表大会常务委员会副主任。后被错评为地主工商业而入狱。1956年，彭东海提前释放后，先后任惠阳县侨务局副局长、县政协常委等职。1975年2月，彭东海去世。

二、人物简表

大鹏是具有光荣革命历史的革命老区。1938年11月，中共组织先后在大鹏城、王母圩、坝岗、土洋、葵涌等地，发展了潘清、赖仲元、戴机、郭平、赖枫、张平、袁庚、王柏、张敏、钟少华、李秀灵、李惠群、刁燊等人入党。不久建立了中共大鹏支部，书记为黄闻，支部委员有钟原、蓝造。于是中共组织从星星之火，逐渐形成燎原之势，很快便覆盖整个大鹏地区。这里龙盘虎踞，人杰地灵，英雄辈出。以下为大鹏地区革命人物简表。

大鹏地区革命人物简表

姓名	曾用名	性别	生卒年	籍贯	党团员	简介
曹安		男	生卒年不详	大鹏鹏城村		海员，1922年参与省港大罢工
戴机	戴子机	男	1921—1993	大鹏鹏城村	党员	1938年入党，负责无线电台报务工作。1942年2月，先后任广东人民抗日游击总队电台台长、东江纵队司令部电台总台长。1946年4月，任军调处第八执行小组通信官
钟原	钟宝斌	男	1917—1977	大鹏王母圩	党员	1938年加入中国共产党，1939年任中共大鹏区委书记，参加过淮海战役，曾任四野两广纵队政治部主任。中华人民共和国成立后先后任广西省委书记邓子恢办公室主任，中共中央农村办公室主任
欧阳维		男	1911—？	大鹏布新村		1940年参加抗日人民武装，并担任宝安县大鹏区民主政权的财政部长。香港海员工会复会的主要筹办人之一。解放战争期间冒着生命危险从香港运送物资支援解放军。1959年始，被选为香港海员工会第十四届至第二十四届的执委、常委。1982年当选为广东省第五届人大代表

（续上表）

姓名	曾用名	性别	生卒年	籍贯	党团员	简介
陈维新	陈亦雄、陈维、杨伟、陈平	男	1904—1979	葵涌横头村	党员	1938年参与惠宝人民抗日游击总队跟香港地下党组织的情报联络工作。抗美援朝期间，组织船队为解放军运输军需品。1952年，转战澳门，将操纵群胜馆多年的反动头目铲除。20世纪60年代，被派至澳门报社任编辑部主任
黄柏	康柏	男	1922—1978	葵涌人	党员	1941年加入中国共产党，先后任东江纵队大队长、边区军事特派员、粤赣湘边纵队东江第三支队司令员。中华人民共和国成立后，历任华南军区东江军分区第二副司令员、中共韶关市委第一书记兼市长等职
廖梦		男	1926—？	葵涌径心村	党员	1943年加入中国共产党，历任东江纵队连长、粤赣湘边纵队护乡团大鹏武工队队长、赣湘边纵队一团三营副营长、粤西军区茂名人民武装部股长、台山县人民武装部科长、新会县人民武装部部长、肇庆军分区怀集县人民武装部部长、肇庆军分区副参谋长

（续上表）

姓名	曾用名	性别	生卒年	籍贯	党团员	简介
何俊		男	1925—?	较场尾		1946年北撤烟台后，在人民解放军中先后任连长、营长、团参谋长。中华人民共和国成立后，任中南汽车厂厂长、湖北省农业厅处长，曾被派到刚果（布）国当专家组组长，是湖北省厅级干部
李全		男	1924—2003	大鹏鹏城东北村		1943年参加东江纵队，1946年6月北撤山东烟台，并入人民解放军粟裕部兵团。参加过淮海战役多次战斗，在战斗中颈部受伤，曾担任副团长职务
李和		男	1924—2019	葵涌土洋村	党员	1941年5月加入中国共产党。1945年，任路东抗日自卫总队第一大队副大队长。1947年始，历任惠东宝人民护乡团副大队长，江南支队第三团宝安大队大队长、二团副团长、代理团长兼独立营营长，华南军区独立第七团副团长等职
李春	李仕春	男	1925—?	大鹏王母村	党员	1945年加入中国共产党。先后任粤赣湘边纵队交通员、独立大队副中队长。中华人民共和国成立后，先后任连南兵役局军事股股长，韶关始兴县人民武装部民兵科科长，清远县人民武装部政工科长、副政委、政委

（续上表）

姓名	曾用名	性别	生卒年	籍贯	党团员	简介
李汉兴		男	1912—？	岭澳村	党员	1939年初加入中国共产党并任岭澳党支部书记。1943年，任东江纵队游击队护航大队副官、指导员。1945年，在东江纵队司令部任副官。1946年，随东江纵队北撤山东。参加过济南战役、淮海战役、解放广州城等战役。1950年担任上海铁路局嘉兴工务段副段长。1953年，任工程局科长、西宁铁路工程医院院长等职
李维清		女	1932—2010	大鹏岭澳村		1943年3月，参加东江纵队。1947年，在江西境内战斗中救出7位战友。1954年，加入中国共产党
王小峰		女	生卒年不详	大鹏王母圩	党员	1949年前参加地下党。中华人民共和国成立后任惠东县民政局局长、惠东县人大常委委员
王作		女	1919—2013	大鹏王母圩	党员	1939年加入中国共产党后参加地下党工作。东江纵队北撤后，调入大连市委组织部。中华人民共和国成立后，先后任珠江影片公司主任、广州美术学院党委会办公室主任
王柏		女	1918—2012	大鹏王母圩	党员	1939年加入中国共产党后参加地下党工作。东江纵队北撤后，任天津总工会科长。中华人民共和国成立后，任青海省总工会办公室主任

（续上表）

姓名	曾用名	性别	生卒年	籍贯	党团员	简介
叶佐萍		男	生卒年不详	大鹏油草棚		在东江纵队时，曾受上级委托带一批武装人员护送电台到海南岛琼崖纵队。曾任广东省工商管理局局长
刘茂		男	生卒年不详	大鹏鹏城村	党员	1940年加入中国共产党，曾在人民解放军任团参谋长等职
刘锦才		男	1932—2018	鹏城东北村		抗日英雄刘锦进的胞弟，曾参加抗美援朝作战，为正师级指挥员
林本戎			1925—1999	大鹏王母圩	党员	1943年入伍，曾参加过济南战役、淮海战役、渡江战役，曾任济南军区坦克八师副师长、济南军区装甲兵司令部参谋长等职
欧阳红			1921—2017	四和村	党员	1940年加入中国共产党，负责地方情报工作、办夜校，参与抗日宣传活动。中华人民共和国成立后，当过乡政府乡长
欧香		男	1924—?	下沙村		1943年，参加东江纵队，任南澳税站副站长
钟宝赞	钟宝钻		生卒年不详			曾到延安抗大学习，历任武汉军区步兵学校校长、作战部长，浙江省科委副主任，被授将军衔
赖峰		女	1924—2017		党员	三八式老党员，曾协助赖仲元搞党的工作，后任北京大学处长

（续上表）

姓名	曾用名	性别	生卒年	籍贯	党团员	简介
李昌	李奕昌	男	1927—1998	大鹏岭澳村		1942年1月加入中国共产党。历任班长、排长、连指导员、连长、副营长、营长等职，曾参加过淮海战役、渡江战役、抗美援朝等。于1947年和1949年荣立三等战功各一次。后转业到广东省冶金工业公司工作
罗贵		男	1929—1997	大鹏鹏城村	党员	1946年加入中国共产党。解放战争时期任顺德剿匪大队长。1964年始，先后任桂林军区后勤二十分部军需处处长、参谋长等职。参加过抗美援朝、对越自卫反击战等

三、烈士简表

在长达20多年的峥嵘岁月里，大鹏革命老区人民为了祖国的解放和民族的独立，在中国共产党的领导下，英勇顽强，前仆后继，进行了艰苦卓绝的斗争，共有120多名大鹏籍英雄献出了宝贵的生命。以下为大鹏地区革命英烈简表。

大鹏地区革命英烈简表①

姓名	曾用名	性别	出生日期	籍贯	党团员	参加革命情况	牺牲前单位、职务
陈维康	陈剑 陈燕芬	男	1919	葵涌坝岗村		1938年参加广东人民抗日游击总队，1945年在粤北战斗中受伤，被国民党顽军用火烧死	教导员

---

①　深圳市史志办公室编：《深圳英烈（1990—1995）》，深圳报业集团出版社2016年版。

（续上表）

姓名	曾用名	性别	出生日期	籍贯	党团员	参加革命情况	牺牲前单位、职务
黄新松	黄春松	男	1920	东涌大围村		1943 年参加东江纵队，1946 年在龙岗被捕就义	龙岗乡乡长
李兆霖	李兆林	男	1922	凤树山东心村	党员	1942 年 1 月参加东江抗日游击队惠阳大队，1948 年在淮海战役第三阶段战斗中牺牲	两广纵队连长
王林	王春林	男	1917	鹏一西南村	党员	1940 年参加东江抗日游击队，1946 年在坪山战斗中牺牲	东江纵队中队长
钟红		男	1908	坝光西乡村		1941 年参加东江抗日游击队，1943 年在博罗县罗浮山战斗中牺牲	东江纵队三大队中队长
钟通		男	1920	洞子村	党员	1942 年参加广东人民抗日游击总队，1945 年在陆丰县战斗中牺牲	东江纵队第六支队中队长
李观妹		男	1927	洞背村	党员	1938 年参加惠宝人民抗日游击总队，1945 年在博罗县罗浮山战斗中牺牲	东江纵队指导员
李惠清		男	1917	坝光园岭李屋村	党员	1941 年参加东江抗日游击队，同年 7 月在沙河被围，与敌搏斗时牺牲	抗日游击队五大队税站站长
谢田兴		男	1922	屯围村	党员	1941 年参加东江抗日游击队，1943 年春在惠阳县澳头收税被围，战斗中牺牲	东江纵队税站站长
李华生		男	1919	岭澳大围	党员	1940 年参加东江抗日游击队，1943 年在深圳税站被日军杀害	深圳税站站长

（续上表）

姓名	曾用名	性别	出生日期	籍贯	党团员	参加革命情况	牺牲前单位、职务
李佳才	李运才	男	1928①	土洋村		1947年9月，在袭击驻沙鱼涌的国民党反动军队的战斗中牺牲	东江纵队班长
欧阳康		男	1919	鹏一西南村		1938年参加惠宝人民抗日游击总队，1946年在陆丰县甲子战斗中牺牲	东江纵队班长
陈镜鹏		男	1918	鹏一西南村		1946年春参加东江纵队，1948年在罗浮山战斗中牺牲	东江纵队班长
李晚胜		男	1924	土洋村	党员	1941年参加东江抗日游击队，后调入琼崖纵队，1944年在海南岛战斗中牺牲	琼崖纵队班长
巫观球		男	1923	洞背村	党员	1943年参加广东人民抗日游击总队，1945年在坪山北岭作战牺牲	东江纵队班长
陈灵		男	1920	葵涌		1940年参加东江抗日游击队，1944年在东莞县战斗中牺牲	东江纵队小队长
黄玉维		男	1920	坝光塘唇村		1941年参加东江抗日游击队，1943年在东莞县石龙战斗中牺牲	东江纵队班长
黄贤	黄坚	男	1918	坝光圩一队		1939年参加惠宝人民抗日游击总队，1942年在东莞县被汉奸活埋	抗日游击队三大队小队长
李庚		男	1920	李屋村		1942年参加广东人民抗日游击总队，1945年在陆丰县战斗中牺牲	东江纵队事务长

① 李惠群著：《红色纪事》，海天出版社2016年版，第189页。

（续上表）

姓名	曾用名	性别	出生日期	籍贯	党团员	参加革命情况	牺牲前单位、职务
汤赐昌		男	1921	下径心村		1940年参加新编大队，1942年在连平县瑶山战斗中牺牲	东江纵队班长
廖运祥		男	1917	下径心村		1939年参加新编大队，1944年8月在惠东县平海镇北门战斗中牺牲	东江纵队护航大队振明中队一班长
范祥		男	1919	葵涌公社三溪福田村		1940年参加新编大队，1943年在惠阳县澳头下涌战斗中牺牲	抗日游击队赖祥中队事务长
林华生		男	1921	坝光园岭村		1941年参加东江抗日游击队，1943年在沙湾战斗中牺牲	抗日游击总队班长
黄伟华	黄华勤	男	1916	坝光洞子村	党员	1938年参加惠宝人民抗日游击总队，1942年在坪山红花岭战斗中牺牲	抗日游击队中队长
董潭通		男	1925	岭澳大围村		1941年参加东江抗日游击队，1944年在东莞县企石战斗中牺牲	东江纵队三九队小队副队长
戴正中		男	1915[①]	鹏一东北村	党员	1937年参加地下党工作，1940年在陕北中条山战斗中牺牲	八路军指导员
戴耀坤	戴鼎[②]	男	1917	鹏一东北村	党员	1939年参加惠宝人民抗日游击总队，1942年冬在梧桐山坳下与日军作战中牺牲	抗日游击队惠阳大队小队长
欧南养		男	1919	鹏一东北村		1942年参加广东人民抗日游击总队，1945年在海丰县回龙战斗中牺牲	东江纵队护航大队班长

①② 由大鹏博物馆黄文德提供资料。

（续上表）

姓名	曾用名	性别	出生日期	籍贯	党团员	参加革命情况	牺牲前单位、职务
罗灶金		男	1915	鹏一东北村		1939年参加惠宝人民抗日游击总队，1943年在增城县战斗中牺牲	东江纵队护航大队班长
钟宝集		男	1922	王母黄松山村		1942年参加广东人民抗日游击总队，1944年在海丰县战斗中牺牲	东江纵队第六支队小队长
李伙		男	1915	王母围		1938年参加惠宝人民抗日游击总队，1945年在陆丰县甲子战斗中牺牲	东江纵队护航大队炊事班
刘惠		男	1923	王母黄岐塘村		1942年参加广东人民抗日游击总队，1944年在惠东县高潭战斗中牺牲	东江纵队第六支队小队长
陈柏如		男	1923	王母下圩门		1942年参加广东人民抗日游击总队，1943年在陆丰县甲子收税时被捕遭杀害	东江纵队护航大队税收员
饶善奎		男	1922	王母张家村		1942年参加广东人民抗日游击总队，1943年在坝岗坳战斗中牺牲	东江纵队护航大队爆破班班长
叶木培		男	1915	下沙村		1942年参加广东人民抗日游击总队，1944年在大鹏油草棚战斗中牺牲	东江纵队护航大队小队长
欧阳伙	欧阳伙兴	男	1919	下沙村		1942年参加广东人民抗日游击总队，1945年在惠东县平海镇战斗中牺牲	东江纵队护航大队小队长
王天锦		男	1916	南平西涌西贡村		1941年参加东江抗日游击队，1945年在惠东县平海镇战斗中牺牲	东江纵队护航大队中队长
陈奎		男	1919	鹏一较场尾		1944年参加东江纵队，1945年在陆丰县甲子战斗中牺牲	东江纵队班长

（续上表）

姓名	曾用名	性别	出生日期	籍贯	党团员	参加革命情况	牺牲前单位、职务
陈西厨		男	1928	屯围村		1941年12月19日参加广东人民抗日游击总队，1947年秋在山东省战斗中牺牲	两广纵队班长
王祝		男	1924	南澳南平西涌		1946年参加东江纵队，1948年在山东省济南战役中牺牲	两广纵队班长
钟景新		男	1915	澳头村	党员	1941年参加东江抗日游击队，1948年9月在龙岗圩被捕遭杀害	护乡团事务长
徐维珍		女	1926	澳头	党员	1940年参加苹江抗日游击队，1947年在惠阳县被国民党杀害	护乡团救护队长
李立桃	李立涛	男	1921	石场村	党员	1939年参加新编大队，1948年在山东省惠民地区淮海战役中牺牲	两广纵队站长
钟华荣		男	1921	坝光洞子村	党员	1944年参加东江纵队，1946年冬在大鹏被新一军围捕时牺牲	东江纵队情报站站长
蓝俊		男	1923	坝光蓝屋		1944年参加东江纵队，1946年春在海丰县战斗中牺牲	东江纵队第六支队班长
黄锡		男	1924	坝光洞子村		1947年参加护乡团二团，1948年在龙岗被国民党杀害	护乡团二团事务长
黄维灵		男	1923	坝光洞子村		1947年参加护乡团二团，1948年8月在红花岭战斗中牺牲	护乡团二团事务长
欧阳旋		男	1918	葵涌欧屋村		1947年参加护乡团二团，1948年在坪山夫人岭被国民党杀害	护乡团二团税站站长

（续上表）

姓名	曾用名	性别	出生日期	籍贯	党团员	参加革命情况	牺牲前单位、职务
黄生如		男	1921	坝光村		1940年参加东江抗日游击队，1947年秋在惠阳县横畬战斗中牺牲	护乡团三团惠阳大队副官
钟福金		男	1921	鹏一西北村		1938年参加惠宝人民抗日游击总队，1947年在惠东县平海镇战斗中牺牲	护乡团副官
董运华	董华仔	男	1921	岭澳新屋村	党员	1943年参加东江纵队，1946年在紫金县战斗中牺牲	东江纵队第六支队指导员
钟宝文		男	1920	王母上新屋村		1942年参加广东人民抗日游击总队，1947年在坝岗战斗中牺牲	护乡团小队长
刁新	刁昌顺	男	1919	王母上圩门		1938年参加惠宝人民抗日游击总队，1949年2月14日在龙岗渡头围战斗中牺牲	边纵二团营教导员
袁明		男	1927	布新布锦村		1946年参加东江纵队，1948年6月27日在河南省祀县战斗中牺牲	两广纵队班长
袁仲勋		男	1927	布新布锦村	党员	1946年参加东江纵队，1949年3月在海丰县城突围战斗中牺牲	粤赣湘边纵队警卫员
陈维		男	1923	布新布尾村		1944年参加东江纵队，1948年在坪山公路战斗中牺牲	护乡团小队长
陈玉磷		男	1923	水头		1947年参加护乡团，1948年在惠阳县吉隆征税时被捕后遭杀害	护乡团三团税收员
温才		男	1925	迭福上村		1944年参加东江游击队，1948年在惠东县多祝圩战斗中牺牲	护乡团中队长

（续上表）

姓名	曾用名	性别	出生日期	籍贯	党团员	参加革命情况	牺牲前单位、职务
李道生	李路生	男	1924	土洋村	党员	1941 年参加广东人民抗日游击队，1945 年在东莞宵边战斗中牺牲	东江纵队小队长
陈水容		男	1924	南平西涌学斗村		1944 年参加东江纵队，1949 年在惠州城战斗中牺牲	东江纵队第一支队二团排长
利英①		男	1919	土洋村	党员	1941 年 5 月参加广东人民抗日游击队。1943 年 12 月 4 日在宝安县乌石岩战斗中牺牲	广东人民抗日游击队队员
利佑	利右	男	1921	土洋村	党员	1939 年冬参加中国共产党。1942 年，为掌握反动派的活动情况，经常与反动派来往，后被游击队误杀	
李乃胜		男	1921	土洋村	党员	1945 年被国民党枪杀	
柯彩凤		女	1920	鹏一西南村		1943 年参加东江纵队，1945 年在坪山红花岭战斗中牺牲	东江纵队护航大队炊事员
李满胜		男	1921	土洋村	党员	1941 年 4 月参加广东人民抗日游击队，1943 年在海南岛的一次战斗中牺牲	海南岛琼崖纵队队员
李容生②		男	1925	土洋村		1941 年 5 月参加广东人民抗日游击队。1946 年初，在粤北始兴县与国民党反动军队的战斗中牺牲	部队首长的保卫员
张养		男	1915	鹏一西南村		1939 年参加新编大队，1945 年春在坝岗散头与日军战斗时牺牲	东江纵队护航大队班长

---

① 李惠群著：《红色纪事》，海天出版社 2016 年版，第 218 页。

② 李惠群著：《红色纪事》，海天出版社 2016 年版，第 181 页。

（续上表）

姓名	曾用名	性别	出生日期	籍贯	党团员	参加革命情况	牺牲前单位、职务
吴添	吴松添	男	1915	鹏一洞子村		1943年参加广东人民抗日游击总队，1944年在惠东县平海镇战斗中牺牲	东江纵队护航大队战士
谢华送		男	1923	大鹏		1942年参加广东人民抗日游击总队，1945年在惠阳县白花与日军战斗时牺牲	东江纵队护航大队战士
钟笑①	钟锦笑	女	1924	大鹏王母圩上新屋村	党员	1942年，参加广东人民抗日游击总队，1945年在陆丰县甲子战斗中牺牲	东江纵队护航大队民运队
卢金		男	1918	上角村	党员	1940年参加东江抗日游击队，1941年在增城与国民党反动军队作战时牺牲	抗日游击队战士
钟容妹		女	1921	鹏一		1944年参加东江纵队，1945年在惠阳县澳头战斗中牺牲	东江纵队炊事员
张志思		男	1927	南平村		1943年参加东江纵队，1944年在坝岗战斗中牺牲	东江纵队护航大队队员
梁茂秋		男	1920	鹏一西南村		1945年参加东江纵队，1949年在惠东县平海大洲战斗中牺牲	粤赣湘边纵队战士
欧金生		男	1921	鹏一较场尾		1947年参加东江游击队，1949年在海丰县城突围战斗中牺牲	粤赣湘边纵队战士
戴辉		男	1917	鹏城东北村		1938年参加革命，1946年在北京门头沟战斗中牺牲	解放军战士
陈来		男	1925	南平新大新屋村		1944年参加东江纵队，1946年在紫金县战斗中牺牲	东江纵队第六支队战士

---

① 深圳市龙岗区地方志编纂委员会编著：《深圳市龙岗区志》，方志出版社2012年版，第1062页。

（续上表）

姓名	曾用名	性别	出生日期	籍贯	党团员	参加革命情况	牺牲前单位、职务
梁兆鉴		男	1913	鹏一西南村		1939 年参加惠宝人民抗日游击总队，1945 年在大鹏被捕后遭杀害	东江纵队护航大队战士
李福		男	1927	大鹏公社王母石禾塘		1942 年参加广东人民抗日游击总队，1947 年在陆丰县甲子战斗中牺牲	护乡团战士
陈华喜		男	1924	王母围		1944 年参加东江纵队，1949 年在山东省济南的一次战斗中牺牲	两广纵队战士
潘作良		男	1913	葵涌三溪村		1947 年参加护乡团情报站，1948 年在葵涌分水岭被捕后遭杀害	护乡团情报员
李娇		男	1928	屯围松树墩村		1947 年 10 月参加护乡团二团，1948 年 8 月在龙岗红花岭战斗中牺牲	护乡团二团罗特中队战士
吴观龙		男	1924	葵涌公社		1943 年参加东江游击队，1945 年 11 月在葵涌深水田村被捕后遭杀害	葵华沙溪联乡办事处武工队队员
黄佳		男	1923	南平		1943 年参加广东人民抗日游击总队，1944 年在博罗县公庄战斗中牺牲	东江纵队第三支队战士
冯安		男	1924	南平西涌沙岗村		1943 年参加广东人民抗日游击总队，1944 年在西涌沙岗与日军作战时牺牲	东江纵队护航大队战士
陈金兴		男	1923	南平西涌学斗村		1943 年参加广东人民抗日游击总队，1944 年在西涌沙岗与日军作战时牺牲	东江纵队护航大队战士
李九		男	1919	南平		1941 年参加东江抗日游击队，1942 年在南头白芒战斗中牺牲	抗日游击队战士

（续上表）

姓名	曾用名	性别	出生日期	籍贯	党团员	参加革命情况	牺牲前单位、职务
李九		男	1924	土洋村		1941 年参加东江抗日游击队，同年底在东莞飞鹅岭战斗中牺牲①	抗日游击总队战士
黄植坚		男	1922	鹏二西北村		1943 年参加广东人民抗日游击总队，1945 年在陆丰县甲子战斗中牺牲	东江纵队战士
谭有		男	1921	谭屋村		1941 年参加东江抗日游击队，1943 年在惠阳县澳头下浦丝苗埔战斗中牺牲	抗日游击队赖祥中队战士
林添福		男	1924	南平西涌学斗村		1947 年参加护乡团二团，1949 年在惠州城战斗中牺牲	东江纵队第一支队二团战士
潘连进		男	1923	下沙油草棚村		1943 年参加东江纵队，1946 年在博罗县公庄战斗中牺牲	东江纵队战士
黄金顺		男	1925	东涌上围村		1944 年参加东江纵队，1946 年在深圳牺牲	东江纵队战士
吴魁		男	1923	南澳南平		1944 年参加东江纵队，1946 年在坝岗战斗中牺牲	东江纵队战士
赖灶		男	1922	南澳南平		1947 年参加护乡团，1948 年在新大被捕后就义	武工队队员
黄长		男	1924	南澳大新屋村		1943 年参加东江纵队，1947 年在坝岗战斗中牺牲	护乡团战士
周来秋		男	1926	南平村		1942 年参加广东人民抗日游击总队，1944 年在坝岗战斗中牺牲	东江纵队护航大队队员

① 李惠群著：《红色纪事》，海天出版社 2016 年版，第 139 页。

（续上表）

姓名	曾用名	性别	出生日期	籍贯	党团员	参加革命情况	牺牲前单位、职务
潘恩焕		男	1919	葵涌油榨村		1942年参加广东人民抗日游击总队，1944年在增城县战斗中牺牲	东江纵队战士
董观带		男	1917	岭澳大围		1942年参加广东人民抗日游击总队，1943年在惠阳县沙坑牛龙径被捕后遭杀害	东江纵队护航大队战士
刘马传		男	1924	盐灶产头村		1947年参加护乡团二团，1948年秋在惠阳县澳头罗岭战斗中牺牲	护乡团二团战士
李来		男	1923	王母下新屋村		1942年参加广东人民抗日游击总队，1944年在惠东县高潭战斗中牺牲	东江纵队第六支队战士
凌观来		男	1921	坝光石古墩村		1942年参加广东人民抗日游击总队，1944年在惠州被国民党杀害	东江纵队护航大队战士
陈贵		男	1915	龙岐下埔村		1941年参加东江抗日游击队，1945年在惠东县平海镇战斗中牺牲	东江纵队卫生员
廖进		男	1929	葵涌溪村		1947年参加护乡团二团，1948年秋在惠阳县澳头罗岭战斗中牺牲	护乡团二团战士
林木养		男	1922	南平东涌上村		1942年参加广东人民抗日游击总队，1946年在东涌战斗中牺牲	东江纵队护航大队战士
叶龙	叶容	男	1918	王母鸭母脚		1942年参加广东人民抗日游击总队，1946年在海丰县战斗中牺牲	东江纵队第六支队炊事员
吴水福		男	1921	王母石禾塘		1942年参加广东人民抗日游击总队，1943年在陆丰县甲子战斗中牺牲	东江纵队护航大队民运队员

（续上表）

姓名	曾用名	性别	出生日期	籍贯	党团员	参加革命情况	牺牲前单位、职务
戴鉴全		男	1923	王母上圩门		1942年参加广东人民抗日游击总队，1943年在陆丰县甲子战斗中牺牲	东江纵队护航大队战士
李福贤		男	1924	王母石禾塘		1942年参加广东人民抗日游击总队，1943年在陆丰县甲子战斗中牺牲	东江纵队第六支队战士
李宝灵		男	1917	王母下圩村		1942年参加广东人民抗日游击总队，1944年在博罗县公庄战斗中牺牲	东江纵队第三支队战士
范佳	何锋	男	1925	土洋村	党员	1943年加入中国共产党，1948年7月在惠阳县龙岗岗背收税时被捕，后遭杀害	下陂头税站税务员
曾送		男	1924	葵涌大埔畲村		1942年参加广东人民抗日游击总队，1943年8月在坝岗狮牛望月顶战斗中牺牲	惠阳七区桂岗乡民兵
冯金成		男	1922	南平西涌沙岗村		1941年参加东江抗日游击队，1942年在西涌战斗中牺牲	抗日游击总队战士
何根①		男	1926	南澳		早年加入抗日游击队，任南澳基地交通站的交通员，1943年在交通船上被日军杀害	交通员
石十五		男	1928	南澳		早年加入抗日游击队，任南澳基地交通站的交通员，1943年在交通船上被日军杀害	交通员

---

① 深圳市龙岗区地方志编纂委员会编著：《深圳市龙岗区志》，方志出版社2012年版，第1061页。

附录六 回忆录

一、坝岗坳伏击战[①]

刘 培

1942 年 11 月,国民党顽军兵分两路,向我大鹏半岛抗日根据地大举进攻:一路是国民党正规军一八七师的一个加强营,从淡水出发经茜坑、金龟肚直扑葵涌、沙鱼涌;一路是国民党杂牌军袁亚狗和陆如钧(群众蔑称"大鸡六")两个大队,从澳头出发经小桂、坝岗直扑大鹏城、王母圩,企图围歼我广东人民抗日游击总队刘培海上独立中队。刘培中队早已获悉情报并安全转移,袁、陆扑空后,转为"驻剿",对葵涌、大鹏城、王母圩和南澳各村进行反复搜索"扫荡"。

12 月上旬,驻葵涌顽军撤回淡水,袁亚狗从王母圩撤到澳头驻防,留下陆如钧大队分驻半岛的大鹏城、王母圩和葵涌三个点,继续"驻剿"。刘培中队得知这一情况后,立即于 22 日秘密返回半岛岭澳村对面的树林里。群众知道消息后,立即派代表找部队,要部队回村里去住,并提供了有关情报:"呵呵鸡"这次来半岛,先到南澳、径心,奸淫妇女、

---

① 摘自旗红大鹏湾编纂委员会编:《旗红大鹏湾——大鹏革命斗争史录》,海天出版社 2005 年版,第 164 页。

敲诈勒索，后到过一次岭澳村，抢走一些衣物和群众来不及运走的粮食就急忙跑了，因时间已过中午，他们怕游击队袭击。群众代表对刘培说："刘队长，快带同志们回村里住吧！乡亲们都盼望着你们呢！"刘培想了一下说："还是在这里好，不要让'大鸡六'（即陆如钧部队）知道我们回来半岛有所准备，因为我们要找机会教训他们，把他们赶出半岛。"群众代表听说要打"大鸡六"，非常高兴，立即回村布置，做好防奸保密、后勤给养、各处联系等工作。

这天，刘培与副中队长叶基和小队干部一起研究：怎样才能把"大鸡六"赶出大鹏半岛？是打袭击战还是打伏击战？是打葵涌、王母圩还是打大鹏？刘培分析道："前两个点的敌人虽少，但住在炮楼里，天未黑就关上铁门，我们还没掌握爆破技术，不易进攻；大鹏敌人较多，四面都是围墙，难于突袭，速战速决，以我之见，还是打伏击战好！"大家都赞成打伏击战，但用什么方法引出敌人，到哪条路上打，这个问题没有解决。

23日，桂岗乡乡长、地下党员陈培获取情报后送来岭澳，他说："'大鸡六'大队部带两个中队驻大鹏城，王母圩和葵涌也有他的部队。'大鸡六'每天派一个中队从大鹏城到坝岗、小桂一带村庄搜索游击队，抢劫老百姓的东西，宰牛杀猪，弄得鸡犬不宁，群众恨之入骨。他们是上午出来，下午两三点就回大鹏城。他们还派人去径心抢劫呢！"刘培听了，顿时喜上眉梢："好，打伏击战有条件了，但必须把情况摸清楚，侦察好地形。"

24日，刘培和政治指导员李帝送亲自带领魏辉、林英2位小队长及范班长等5人，化装后到坝岗径心一带侦察。径心群众反映：从上月底到现在，"呵呵鸡"总共来过3次，每次都是一早就从山上下来，走时先派人到对面山上，然后大部队才走，什么东西都要，能吃的都吃，吃不完就带走，还强奸妇女。小桂群众也反映："呵呵鸡"最近来了6次，这群饿鬼，见猪杀猪，见狗打狗，见鸡抓鸡，见衣物便抢，连破烂的棉被都背走，下午两点钟才离村。群众要求游击队快点把这些"刮民党""呵呵鸡"消灭掉，解除他们的苦难，给他们报仇。

25日天未亮，刘培等几人就隐蔽在坝岗坳的树林里，观察从大鹏出来的敌人的情况，但这一天国民党顽军没有出来。他们选择好阵地后，便返回岭澳。在归途中，他们进行了讨论，认为打大鹏城出来的敌人比打到径心的敌人有利，径心的敌人警惕性高，规律难于掌握，而且径心坳在葵涌、王母圩、大鹏城三角点上，两面都是树林，一旦打起来，敌人容易组织抵抗和逃脱。大鹏城出来的敌人，其活动时间和规律都较容易掌握，警戒敌增援兵力的人不用很多，坝岗坳左边路上长了密密的树丛，利于我军隐蔽设伏，右边是光秃秃的石坡，若敌人向下逃即暴露在我方火力之下，不易组织抵抗和逃脱。

26日，刘培中队召开会议，刘培介绍和分析了敌情，并提出打从大鹏城出来之敌人于坝岗坳的归途上，即"打其怠归"的建议。经过热烈讨论，决定打回归大鹏城的敌人。

27日，部队转移到盐灶村后的树林里。次日下午，刘培、叶基带领赖桂小队长和王健手枪队队长共4人到坝岗坳选定了队伍进入伏击位置的道路。

30日晚，部队转移到离伏击位置约500米的树林里。午后，部队开始做战斗动员。刘培号召大家勇敢战斗，"剁鸡过新年"（意即打"大鸡六"），说明这次战斗的意义是拔掉在半岛里的"钉子"的一次关键性战斗，是为半岛人民报仇的战斗，一定要全歼敌人，不让一个敌人跑掉。动员后，战士们的战斗情绪高涨。

1943年元旦拂晓前，部队进入伏击位置，放出潜伏哨。战士们个个精神抖擞，怀着只要"大鸡六"出来就杀"鸡"过年的坚定信心，整装待命，可惜这一天国民党顽军没有出来。

翌日，部队仍按原计划进入伏击位置。不久，陈培乡长跑来报告说："'大鸡六'出笼了，是王玉如中队到小桂抢东西。"与此同时，潜伏哨也报告敌人上山的消息。刘培立即将情况通报部队，命令战士们在伏击位置休息，严格遵守隐蔽规定，不准吸烟和谈话，不准到树林外方便，以免暴露目标。

过了一会儿，敌人果然过了坝岗坳坳顶，向坝岗、小桂方向前进。当敌人通过刘培中队伏击阵地时，可看清他们有60多人、2挺轻机枪、50多支长短枪。

敌人下山后，刘培马上命令部队进入伏击阵地。副中队长叶基立即到达突击指挥位置，选好机枪发射阵地，然后到左上侧的2支冲锋枪发射点、投弹手的阵位、班以上的指挥位置进行检查，再到右下侧王健手枪队的投弹手阵位检查，并要求大家沉着、勇猛，不失时机地冲锋，在压倒敌人后要喊口号等。最后检查赖桂小队的隐蔽情况，要求他们听到上面枪响后立即占领阵地，不让一个敌人通过，把从山上往下逃的敌人全部消灭掉。刘培也和党代表张东荃迅速带领预备队占领了坝岗坳坳顶作为指挥位置，派出瞭望哨和警戒人员，监视大鹏城的敌人。小队长刘英则带领一个加强班开到径心坳，准备阻击葵涌驻敌可能增援的部队。

战士们按"隐蔽""发挥火力"和"便于冲锋"等三个要素进入各自的阵地。他们都希望太阳快点下山,快快消灭回大鹏城的敌人。每每不到 20 分钟,他们就要望太阳一次。有个战士埋怨起太阳:"嗨,太阳,太阳,你要有个好心肠,就快快下山,让我们将那些伤天害理的'大鸡六'军队消灭在我们的阵地上,多缴敌人的枪和抓俘虏吧!"又过了一段时间,他们干脆不望天了,把希望小桂之敌快点回转的消息寄托在小队长魏辉的那块手表上,问:"小队长,现在快两点了吧?"得知还不到 11 点,他们就不高兴地说:"你的表是老爷表吧!慢吞吞的,把它丢掉算了。"

下午两点多钟,王玉如果然带着他那群匪徒往大鹏城回转。他们将抢来的东西抬着、背着走,队伍稀稀拉拉,毫无戒备。他们万万没有想到游击队会在坝岗坳这个地方设伏。刘培发现敌人后,立即通报部队,要求大家沉着冷静,以机枪开始射击作为开始战斗的信号。

不久,敌人已全部进入伏击圈内,刘培一声令下"打",指挥所的机枪立即对着前面的敌人尖兵射击。紧接着,突击队的机枪、冲锋枪和步枪也开火了,手榴弹在敌群中连续爆炸。敌人在刘培中队的火力袭击下,死的死,伤的伤,余者四处逃命,溃不成军。叶基随即发出冲锋命令。魏辉小队长站起来,将驳壳枪一挥,叫了一声"跟我来",范祥、彭灵和袁贤 3 位班长就跟着站起来,带领本班战士按分配好的突击路线、地段冲下山去。

魏辉最先冲到路上,看见 2 个敌人向路旁的小树丛爬去,其中一个手持短枪,另一个拖着一挺"白朗宁"轻机枪,正想抵抗。魏辉瞄准持短枪的敌人一扣扳机,3 发子弹直射在他的背心,那个家伙"哎呀"一声就再也爬不动了。魏辉又一个箭步冲到拿轻机枪的敌人前头，大喝一声"放下武器，缴枪不杀"，敌方机枪手乖乖放下轻机枪，拼命磕头，口里不断哀求："长官饶命，长官饶命！"

范祥和战士刘友搜索到山坑底的一个石洞旁，看见一个只有下半身露在外面的敌人，刘友迅速走到洞口前的一块石头后面，用枪对着敌人，命令他："用手抓着枪口退出来，不然就开枪了！"敌人连忙说："不要开枪，我们退出去缴枪。"范祥一听是2个人的声音，恐防有诈，又在旁大声说："要一个一个地往后退。"洞内的敌人听到是2个人的声音，就老老实实地手持枪口，一个一个地退出来缴枪投降。

小鬼班战士王秋仔搜索到半山腰，发现乱石缝中有一个敌方排长，他先把身体隐蔽好后，大声喊口号："缴枪不杀，优待俘虏！"敌方排长随声音开枪过来，"叭"的一声。王秋仔火了，心想：你这家伙还顽抗，请你吃个"弹"。于是他把手榴弹扔了过去，"轰隆"一声，敌方排长被炸死了。但不幸的是，王秋仔在扔手榴弹时身体暴露在外，被敌人开枪击中了下身，他因伤势过重、抢救无效而光荣牺牲。

王健队长和邓金副小队长听到"冲锋"口令，立即站起来带领手枪队和一个步枪班，迅速冲到山下被我方火力打得溃散的敌人中间，喝令他们把枪放下，把手举在头上，站起来面朝山、眼看地。这群无人指挥的散兵，看见冲下来的"神兵"个个威武骁勇，吓得胆破心惊，全部乖乖地执行了命令。王健把邓金和步枪班留下来处理这十几个俘虏及一应武器、物品，他则和手枪队去打扫战场，搜索残余的敌人。

王健看见一个敌人躲在乱石丛中，六神无主地坐着，手颤抖地抓着机枪枪管，便持手枪对着他走去。他急忙下跪说："长官饶命，我带你们兄弟去把轻机枪找回来。"王健让3个战士押着他去把轻机枪缴回来。刘茂和刘来在路上搜索，发现2具"尸体"，一个脸朝天满身是血，一个趴着的只是头、颈、背糊了点血。他们停下来看，那个趴着的人还在打哆嗦，原来是装死。刘茂用脚踢了他一下，说："不要怕，只要将枪支交出来，我们还是优待你，快起来吧！"这个人站了起来，刘茂、刘来缴获了2支枪。

赖桂小队长听到山上的枪声，立即带领他的小队跑步登上坝岗坳坳下路口的一座小山，观察了坝岗周围的情况，没有发现敌情；回过头来观察，见有6个国民党散兵，右手拿着枪，左手还拿着抢来的衣物，拼命地跑下山来。他留4个战士在小山上，自己带领部队到路口两侧埋伏，等到这几个残兵跑进伏击圈内时，他大声喝令："站住！举起手来，缴枪不杀！"这时其中一个敌人，丢下他左手拿的衣物想顽抗，但还未来得及开枪，就被埋伏在一旁的战士黄干一枪打倒在地上。其余5个敌人看到两侧都埋伏有人，小山上也有人，便一起说："饶命，饶命！我们缴枪。"一齐举起双手，低头看向地下。

坝岗坳伏击战结束了。陆如钧还在打麻将，传令兵跑去向他报告：坝岗方向有枪声。他站起来把牌一推，说："叫副官发布紧急集合号令，限10分钟全体人员集合起来。"大约20分钟后，陆如钧便带领100多人从坝岗坳后山往上爬，他边走边对部下说："快点翻过山到坝岗那边去，这次不要让共产党、游击队跑了，升官发财的机会到了，大家都有份儿的，机会难得啊！"他万万没有想到此时此刻王玉如的中队已全部"报销"了。在刘培部队打扫战场时，机枪班携2支冲锋枪已回到指挥所了。刘培将2挺轻机枪、2支冲锋枪和20多支长短枪组成交叉火网，对准从大鹏城上山的路，待

"大鸡六"爬到离我军二三百米处时，轻机枪和步枪同时开火，打得敌尖兵班七八个人仓皇卧倒，向山下乱滚。后面的部队朝天乱开枪，调头拔腿向山下逃命。陆如钧比谁都跑得快，第一个跑到大鹏城城门下，上气不接下气，面如土色。他的卫兵把他扶住，告诉他："到家了。""大鸡六"大喘了几口气后，破口大骂："等什么？赶快进城，关上城门，加强警戒，坚决抵抗，把进攻的游击队消灭掉，万不能让他们打进来！"

就这样，刘培中队仅十多分钟便结束战斗，全歼陆如钧大队的王玉如中队，俘敌30多人，毙伤20多人，缴轻机枪2挺、长短枪50多支。此战开创了广东人民抗日游击总队以一个中队歼灭国民党顽军一个中队的先例。曾生司令员接到战报后，十分高兴，立即写信表扬刘培中队打得好，希望他们再接再厉，多打这样的歼灭战。

坝岗坳歼灭战的胜利，对国民党顽军震动很大。第二天，驻大鹏城、王母圩和澳头等地的国民党顽军慌忙撤回淡水。国民党顽军的"驻剿"计划被粉碎了，大鹏半岛又牢牢控制在我游击队的手中。

二、伯球的故事①

张　平

伯球离开我们已有19年了，今年11月是他诞辰101周年。在这些日子里，我不时想起抗日战争时期，他和我们在大鹏半岛改造农工党（那时叫作"第三党"）的武装，共同

---

① 摘自旗红大鹏湾编纂委员会编：《旗红大鹏湾——大鹏革命斗争史录》，海天出版社2005年版，第122页。

创立东江纵队江南独立大队，风雨同舟、共同战斗的经历。斯人虽逝，风范犹存。他热爱党、热爱社会主义，他的一生是爱国的一生、革命的一生。他是我尊敬的革命老者，是一位可亲的良师益友。我认识他的时间不短，在他直接领导下工作的时间却不长，但在抗战时期和中华人民共和国成立初期，有缘先后和他有过一段时间的接触，聆听了他的指教，给我的印象非常深刻。

抗日时期，他坚决拥护中共《抗日救国十大纲领》和抗日民族统一战线的主张。抗日军兴，他为抗日民主革命大业，不辞劳苦地奔走呼号，擎旗呐喊宣传党的主张，支持抗日青年运动，支持群众武装抗日。虽屡遭国民党的迫害打击，他仍矢志不移，坚持抗日、团结、进步，反对投降、分裂、倒退，坚决反对蒋介石的独裁统治，反对"安内攘外"的反动政策。

对于武装抗日问题，他非常支持，认为是最高最好最直接的斗争形式，动员全民武装起来才是打败日本帝国主义的根本保证。他说过，统一战线工作必须服从武装斗争，武装斗争必须接受中国共产党的领导，依靠大地主、大买办、官僚资产阶级的代表是不可靠和不可能的。这个思想在他指导改造大鹏农工党的武装时充分体现出来了。

大鹏半岛位于香港东部大鹏湾与大亚湾之间，抗日战争时期是军事必争之地。这个半岛很早就有农工党的组织（当时称为"中华民族解放行动委员会"）活动。1938年春，全国抗日浪潮高涨，他们号召募集了民枪200多支，组成宝安第七区民众抗日自卫总队。但这个队的主要领导受中间路线思想影响很深，拒绝与中共合作，排斥进步青年参加，妄想"自树旗帜，独打天下"，认为国民党是"正统"，要依靠他

254

们，一切要通过他们。结果在日本人的进攻和国民党的利诱下，这个队的主要领导听信"集训候命"的欺骗，被缴了枪、解散了队伍，他自己则远走他乡做他的官梦去了。此事给农工党人一个极大的教训。据说此事被伯球得知后，他大为恼火，大斥中间路线流毒的罪恶。

1941 年夏秋间，大鹏农工党在中央的支持下，建立了大鹏人民抗日联防自卫大队，大队长是叶锦基。当时，因为上次失信于民，借不到钱粮，农工中央为此筹了些款，买了一些枪回来，才勉强凑成一个中队的队伍。那时，广州沦陷，广九、粤汉铁路都不通，东江纵队从海陆丰转移到东（莞）宝（安）敌后，遭受国民党的重重封锁、包围。此时，大鹏半岛成为香港与内地交通的唯一通道，每天都有大批商旅往来、大批货物出入。这就招引各地土匪云集大鹏，大小总计有 10 多股、1 000 多人。他们各占地盘、开设烟赌、走私贩毒、勒索行李、打家劫舍、海上劫船、奸淫掳掠、无恶不作。他们这些恶行，往往又是和国民党勾结进行的。加之国民党军队、海上的日本人和龟灵岛上的伪军频频前来骚扰袭击，真是兵匪祸结，生灵涂炭，人民处于水深火热之中。在这种形势下，对这个初创的部队来说，开展活动是很困难的，他们既要与多种敌人斗争，又要与各种经济上、物质上的困难做斗争。能否坚持下去，能否把这支队伍发展壮大，是摆在他们面前的迫切问题。他们多么希望上级能够派人来加以指导和帮助。在"皖南事变"发生后不久，国民党反共气焰嚣张，对东江游击区封锁盘查得很严，他们稍有不慎，便有杀身之祸，要和上级取得联系也不容易。

就在这极端困难的时候，约在 1941 年 11 月，香港沦陷前夕，伯球不顾个人安危，代表中央前来大鹏视察这支队伍。

他不怕劳累，行装甫卸就有计划地举行报告会、各类干部座谈会、个别谈话并到各个连队视察生活情况。在报告会上，他分析了国内外形势，宣讲党的抗日纲领，宣讲了毛主席《论持久战》《新民主主义论》。讲到国民党反共反人民的倒行逆施时，他非常气愤，说中国要想民主革命成功，必须实行武装的革命、反对武装的反革命，否则绝难成功，舍此别无他途；对蒋介石不要抱有任何幻想，要接受上次组织武装的教训，不要重蹈覆辙；要和东江纵队联系，争取中共领导的帮助；要和邻近的中共刘培部队密切合作，抗击敌人，相机各个击破敌人。他还讲了党的"三大法宝"的关系，争取在中共的领导下，把这个武装队伍搞好，为建立革命根据地，为打败日本帝国主义竭尽全力。通过这些活动，大长了农工党干部的斗志，使得大家明确了前进方向，增强了胜利信心，振作起部队士气。

伯球到这个部队的时候，恰也是我到这个部队将近两个月的时候。那时，我奉党的命令从惠东平山调回家乡，带领王母乡的抗日自卫中队和农工党合作，我被任命为第二中队中队长兼指导员。伯球找我谈话时，我觉得他讲话的内容观点和共产党的主张很一致，我们一见如故，毫不拘束地畅谈起来。他除讲抗日的大道理外，还谈到干部的具体问题。我也毫不客气地把经过调查后得出的个人意见和看法向他反映：一是还有些农工党员对共产党有误解，不愿和共产党亲密合作，要继续做好他们的工作，以免影响部队之间的合作关系；二是队伍新、成分杂，军事和政治素质都很低，政治干部应大力加强连队工作，否则难于在这恶劣处境中坚持斗争壮大自己；三是为了打破困难局面，还要注意在新地区开展工作，不要局限在三个乡，要开展沙溪、葵涌、桂岗三个乡的工作，既可以把局面扩展开，也可以开辟财源、解决困难。此外，我还建议加强地方民运工作，发动群众参军，改变部队素质。同时，我还表示愿意带领第二中队，担任这方面的工作。他听后非常高兴，说这和他的看法是一致的，应该从这几个方面来改进部队。谈话中他向我提出许多问题，我作答后，他问我是否可以参加农工党，并讲了农工党创始人邓演达的理论学说：党的主张、历史、指导思想、当前任务等。老实说，那时我对农工党是不太了解的，听后使我对这个党派有了进一步的认识。这次谈话将近 4 个小时，双方谈得非常愉快。

他随后去东江纵队找曾生、林平联系，汇报这里的情况和商讨协助改造这个部队的工作。1942 年夏，他派李义容来工作。李义容上过军事学校，富有军事工作经验。李义容来后，名义上是在大队部任军事教官，除执行军事训练外，主要是做农工和一些老党员的政治思想工作。这个时期，工作开展得比较顺利，并和刘培部队合作打退了国民党的几次进攻，当地土匪也大部分被肃清或被赶跑，大鹏局势比较稳定。

是年秋末，国民党侦知农工党武装与中共合作抵抗他们，就下令解散队伍，取消"番号"，并声言派县保安队前来收缴武器，接着派张光琼一八七师大举进攻。在此紧急情况下，东江纵队派交通员来叫李义容前去商讨如何共同作战的问题，不幸途中遭遇敌人，李义容光荣牺牲。虽然敌人的这次进攻很快被打退，但我们失去了一位对革命非常忠诚的朋友，伯球得知这一不幸消息后，非常惊愕、悲痛。

这一连串事件的发生，不但没有搞垮队伍，相反更激起大家对国民党的憎恨，促使大家更紧密地和中共合作。在中国共产党的领导下，在东江纵队的帮助下，这支队伍根本不理睬反动政府所谓的"解散令"，它克服种种困难，依然以原来的名义自由活动。这个时期国民党反复派兵前来进攻，对东江游击区封锁得更紧、岗哨设得更密、盘查得更严，出入游击区变得非常危险。就在这么危险的时候，伯球肩负周总理的嘱托，筹办开展南方民主同盟的统战工作，他几次冒着生命危险，前来游击区找曾生、林平、连贯等人商讨工作。每次他都顺道来大鹏视察部队、指示工作，并先后派李世浩、陈晓帆前来工作，又和东江纵队商量调一批政治干部和知识青年前来参军，这些同志中有的已是中共党员，大部分青年后来也加入了中国共产党。这些同志的到来，大大提高了队伍的素质，增强了队伍的战斗力。

1943 年夏秋间，国民党调任叶敏予为"惠（州）淡（水）指挥部"的指挥官。经农工中央彭泽民、丘哲、伯球等研究，决定利用叶粤秀与叶敏予同宗同乡的关系，让叶粤秀打入国民党内部进行统战工作。取得叶敏予批准同意恢复部队的名义，番号改称"国民兵团大鹏联防自卫大队"。而那时派来的区长伍觉民也较开明，在我们和中共地方组织的多方争取下，表示愿意和我们合作，共同抗日。自此相当一段时间内，大鹏游击区局势相当稳定，东江纵队司令部所属机构经常以此为基地开展活动，"抗大第七分校"也在这里举办了几期训练班。这时伯球前来游击区也较容易。记得他最后一次来大鹏是在 1944 年 3 月，那次他是和杨逸棠一道到东江纵队商讨工作，然后专门前来开展农工党"新老党员登记工作"，其主要目的是进一步纯洁那里的党组织，着重整顿思想，坚决接受共产党的领导，坚决把队伍搞好，完成反蒋抗日任务等。他们态度非常鲜明，经过这次登记整顿，使当地农工党员政治面貌发生了较大变化。

这个时期也标志着大鹏建立抗日民主政权、巩固这块根据地的条件已经成熟。从 1943 年春起，在中共的领导下，陆续建立了 7 个乡的民主政权，1944 年 10 月成立路东新一区抗日民主政府，并经协商后决定将农工党这个武装和中共的地方民兵常备大队合并，统一归区民主政府武装部领导，由我任大队长兼政委。不久，这个大队改归东江纵队江南指挥部领导，番号为"江南独立大队"，接受中共武装的统一直接指挥，担负着保卫这块根据地的任务。接着围攻境内驻葵涌的日军据点，击溃了日寇驻大亚湾的特工队，把日军全部赶跑，缴获了机枪 4 挺、手枪 2 支、物资一大批。最后还粉碎了长达半年之久的国民党顽固派所谓的"填空格"战术围攻，保证了东江纵队顺利在大鹏登船北撤。这支统一战线的武装，后来也是由我带领北撤山东，奔赴伟大的解放战争战场的。

以上所述，说明这支武装的建立和成长壮大，都是与伯球的关心指导分不开的，不难说明他坚决跟着党走社会主义道路的决心，说明他早就是与共产党合作、风雨同舟、患难与共的亲密战友。他不愧是爱国人士的一面旗帜。每当想到我和他的这段经历，我都对他肃然起敬。在今天纪念他诞辰101 周年的时候，我们应该学习他始终爱党爱社会主义的思想，学习他对工作认真负责、为人民革命事业鞠躬尽瘁的精神，学习他严于律己、坦诚对人的风度，学习他生活朴素、平易近人的作风，为改革开放、建设强大的社会主义祖国而共同奋斗！

三、东江纵队与盟军的情报合作及其他[①]

袁 庚

回忆也有不同的分量。对于我，追怀半个世纪前的一段烽火历程，心思既深且沉。

1941 年是第二次世界大战进一步扩大的一年，也是国际反法西斯同盟逐渐形成的一年。这一年的 12 月 7 日，日本偷袭珍珠港，太平洋战争随之爆发。翌日，美、英对日宣战；再一日，中国正式对日、德、意宣战。从此，中国人民业已进行了四年之久的抗日战争，就名副其实地成为国际反法西斯统一战线的重要组成部分了。

这一时期，日本侵略者的气焰嚣张至极。至 1942 年 5 月，在不满半年的时间里，英、美的势力就像东条英机 1941 年底扬言的那样，被迅速地逐出了东亚。中国方面战局亦然。由于蒋介石的消极抵抗政策，半壁河山任由豺狼践踏，遗民泪血直使日月无光！

然而这时，有一支鲜为人知的队伍在华南富有战略意义的各个地点、在广阔的东江两岸和港澳诸岛神出鬼没。神枪手、飞行兵们转战密林，追踪虎穴。1940 年冬大岭山一役以热血谱写出一曲华南儿女救亡的"正气歌"，致使《读卖新闻》称"无可奈何首次遭遇真正的对手"。这支英勇而神秘的队伍便是东江纵队的前身——中共领导的广东人民抗日游击总队。当日寇 1938 年在大亚湾登陆，1941 年攻占香港并扩大华南占领区而国民党节节败退之时，广东人民抗日游击

[①] 摘自蔡伟强编著：《抗日战争中的东江纵队》，广东人民出版社 2015 年版，第 166 页。

总队深入东江两岸、港九敌后，获得较大的周旋空间。在这一特定的历史条件下，在与日、伪及国民党的斗争中，队伍迅速壮大，1943年12月正式改番号为广东人民抗日游击队东江纵队，同时向国内外正式宣告：这是一支中国共产党领导的华南地区抗日武装。

东江纵队威震南方大地，至战争结束，已拥有成员万余，根据地和游击区六万多平方千米。不仅如此，它还为国际反法西斯统一战线做出过积极的贡献：太平洋战争爆发后，东江纵队即展开工作，大力营救盟邦人员。在此基础上，东江纵队开展起与盟军的情报合作。1944年7月，《美亚杂志》刊文《东江纵队与盟军在太平洋的战略》。该文的发表，显示东江纵队在国际反法西斯统一战线中的地位，已介入盟军战略的层面了。

我在东江纵队领导过对盟军的情报合作，是以知其始末。

率先与东江纵队建立情报合作的是英国。此事缘于东江纵队援救过89名国际友人，特别是逃离香港集中营的英国人士，其中包括后来成为英军服务团发起者的赖特上校（Colonel L. T. Ride）和要员祈德尊（J. D. Clague）。赖氏和祈氏分别于1942年2月与4月获救，前者返回国内便建议英国军事当局组建一个营救战俘的机构。1942年7月，经英国国防部批准，英军服务团在桂林成立，赖氏即任上校指挥官。祈氏则被任命为惠州前方办事处主任，自此开启了东江纵队与英军服务团并肩援救盟军人员、互通军事情报的合作史。赖氏对东江纵队深怀敬意，战后曾由衷地表示："如果没有你们的帮助，我们是不会做出什么工作来的。"（引自赖氏1946年2月份函件）

东江纵队出色的国际合作引起了美国的注意。大约在1943年末或1944年春，美国驻重庆高级顾问史迪威将军通过中共驻重庆办事处与周恩来谈判，要求派8个观察组到中共抗日根据地进行合作。不过至战争结束，成行的只有2个组：一个以包瑞德上校为首的观察组，派驻延安；一个由欧戴义少校领导的观察组，来到东江纵队。而欧氏之来东江纵队又与美国飞行员克尔的获救有关。

克尔本是美国陆军第十四航空队的中尉，1944年2月空袭香港启德机场时因战机中弹被迫跳伞；之后，幸得东江纵队港九支队"小鬼班"营救，匿于九龙一山洞内近一个月，躲过日军一次又一次严密的搜捕，才虎口余生，经游击区回到桂林。克尔将这段经历报告给美国驻华第十四航空队司令（即著名的飞虎队队长）陈纳德将军，陈请示上级后决意与东江纵队联手。我们与欧氏的情报合作正是由此而促成的。

欧氏年近五旬，曾参加过第一次世界大战，官阶少尉，退役后曾在广东阳江、阳春两地传教。太平洋战争爆发后，他又应征入伍，在夏威夷接受了短期培训后便被遣往昆明第十四航空队陈纳德将军麾下，后升为少校。1944年10月初，欧氏持陈纳德及克尔的感谢信，经美国第十四航空队驻韶关办事处主任林露弼介绍，前往东江纵队要求合作。10月9日东江纵队请示中共中央，13日中共中央复电同意。

东江纵队根据中共中央的指示，相应地设置了一个联络处作为特别情报部门，并命我为处长，主管广东沿岸及珠江三角洲敌占区的情报工作，同时负责与欧氏联络，交换日军情报。当时，司令部正处于坪山至罗浮山的行军途中，但曾生司令员仍在新圩举行了一个朴素而动人的欢迎宴会，把我和首席翻译联络官黄作梅以及东江纵队政治部敌工科的林展（女）介绍给欧戴义。从此，我们与欧氏并肩于共同的对敌斗争中。

欧氏体格魁梧，黄发碧眼，非常醒目。尽管他公开的身份是美国陆上技术资源委员会代表，但乍一亮相，仍不免引起群众强烈的好奇与种种猜测。一时盛传盟军即将大举反攻，引起敌伪军的注意，与欧氏之出现不无关系。为保密起见，司令部转移至罗浮山，欧氏的观察组对内被命名为安全保密组，隐蔽在山北某村的一位党员家里，高度保密。电台就绪后，与第十四航空队乃至与美国太平洋舰队总司令尼米兹上将直接联络。不久，发现与欧氏同来的报务员是国民党特务，他暗中蓄意破坏并向国民党发报。我们征得了欧氏的同意，以我们的报务员江群好取而代之。这就成了我们与盟军情报合作过程中的一段变调的小插曲。此后，电台运作一直正常。

联络处组成之日，正是盟军在太平洋大举反攻之时。与之相应，情报组织规模迅速扩大，最后，人员发展到200多人，情报点网纵横交错，遍布敌人心脏，从香港到广州、从潮汕到珠江西岸的整个日占区均为我们所渗透，有效地配合了盟军在太平洋的反攻。

盟军在太平洋的反攻可追溯至1942年6月的中途岛战役。这场战役是太平洋战争的转折点。1943年盟军决定变"逐岛进攻"为"越岛进攻"，由此取得著名的塞班岛之役的胜利，使美军踏上了攻取日本本土的前沿阵地。

到了1944年秋冬，也就是欧氏与我们建立情报合作之时，盟军的反攻有了更大的突破：11月，美国B-29型飞机首次自马里亚内群岛基地起飞轰炸东京；12月，美军在菲律宾莱特岛登陆告捷；同时，美国第四舰队以香港为中心的华南登陆作战计划也渐次形成。

在上述形势下，美方日趋迫切地要求东江纵队为配合反攻而收集日军情报，而欧氏也加强通报关于太平洋美军反攻势态的情况。与此同时，延安通过南方局下达的收集日军沿海情报的要求和指示也愈见频密。

为了配合盟军的反攻和登陆，东江纵队的无名英雄们在看不见的战场上展开了极其艰巨而又卓有成效的工作，给美军第十四航空队及在华美军司令部提供了大量的、精确的情报，其细致部分甚至包括华南日军战斗序列中队以上的人头材料。

据不完全统计，1944年东江纵队向美军提供的重要情报有：日军机场材料——广州天河、香港启德、西乡南头机场图例及说明，日军重要军事基地目标照片，太古船坞建造计划图例，虎门一带日军巡逻船只报告等。1945年东江纵队提供的重要情报有：日华南舰队密码，日陆军符号与命令，日五二部队情况，日波雷部队第一二九师团秘密南下及其布防情况，广九沿线日工事图解，石龙以南、大亚湾海岸区、稔平半岛、太平、虎门、"新界"等地日工事图则，广州外围龙眼洞区日工事图则，香港及广州日防卫力量与意图的详情，日神风特攻队K2飞机图纸，日K.1.84飞机图解，日M型运输舰图解与说明，香港日军机关、油库、船坞详图，香港启德机场图例，香港太古船坞图例，香港海防详图，三月份香港政府情报总结，香港政府第三十六号及四十号情报，日华南司令部宣传计划，日广州货仓、船坞、工厂与政府机关的表册，日广东化学工厂与沙面目标图样，白云机场图则，沿海机场电油样本，稔平半岛以东至惠来县一带的海岸与海滩图等。

　　使我永生难忘的是 1944 年 12 月的一次行动，那次行动直接关系着尼米兹上将的第四舰队和陆军第十四航空队对香港日军的联合轰炸。

　　为了达到轰炸效果而又不伤害平民的目的，盟军通过欧戴义要求我们事前提供准确的轰炸目标资料，事后提供轰炸效果。我们立刻进行了布置并于第一时间将轰炸目标的情报送出。情报内容涉及日军在启德机场的机库，香港海面的舰艇型号活动规律、鲤鱼门炮台、青山道军火库的准确方位图。以上轰炸目标均远离民居。

　　在预定的大轰炸日期之前数天，为了获得轰炸效果的第一手情报，我和欧戴义商量并经曾生司令批准，经过周详部署，组织了一个小队到沙鱼涌附近屯洋村隐蔽下来，然后兵分两路，欧戴义和电台由少数短枪队保护留下，我和两名侦察员渡海经塔门进入九龙半岛。我等 3 人由港九支队派人护送，昼伏夜行，于预定轰炸之当日凌晨悄然攀上启德机场后面的钻石山，迅速隐蔽于树丛中，焦急地等待天明……

　　终于，太阳从东面的海上跃出，视野顿时清晰起来。鸟瞰山下，我看到我们准确无误的侦察效果：启德机场的跑道上停着 2 架日本军机，中环海面泊着 3 艘补给舰和 2 艘巡逻艇，位置一如情报所示。不一会，在东面三门岛方向的上方出现了我所期望的黑点点。黑点点越移越大，于是鲤鱼门炮台和机场东侧的高射炮、高射机枪便"轰轰"地乱放起来。我们正前方的天空不断地闪射出一团团刺眼的亮光和一簇簇白色的烟雾，继而响起一片混杂的爆炸声。爆炸声里，那 3 艘补给舰黑烟滚滚、火焰熊熊，其中一艘开始倾斜，渐渐地往下沉。机场跑道上的 2 架军机企图起飞、升空迎战。说时迟，那时快，一架美国飞机狠狠地俯冲而下，咬住其中一架，射出一梭仇恨的炮弹，使它当即喷着烈火撞向跑道外侧的一座建筑物。于是，消防车来回呼啸，日军狼奔豕突，港九地面上空如沸如汤的画面令人目不暇接。这时只有鲤鱼门炮台仍有还击之力，高射炮弹交织成密密的火力网，严重地威胁着盟军的战机。正在紧张之际，3 颗命中率极高的炸弹接连落下，把它轰哑了。我不禁舒了口气。第一轮轰炸之后，地面上浓烟滚滚，一片沉寂。

中午十二时许，盟国机群再度飞临上空，开始了第二次空袭。然而这次，有一架美机不幸中弹，坠毁于昂船洲附近，飞行员跳伞，在尖东被俘。

夕阳西沉。苍茫中我们沿小径走下钻石山，潜入市区。市区经轰炸后灯光暗淡，行人绝少，直至行近何文田菜地的一排木屋，再转到界限街时，始见一家小烟档。档主乃一老妪，她可能误将我们当成台湾便衣，毕恭毕敬地迎上招揽生意。后来，交通员引我们到云汉口道的一个情报点，才接上了头。

翌日，我们 3 人从尖沙咀大钟楼过海。那里，交通经封锁后即将开放，乘客挤在一起等候渡海小轮靠泊。这时，我赫然发现，一个被五花大绑、满身血污的盟国军人奄奄一息地躺在码头上！无疑，他正是昨天跳伞被俘的美国飞行员。四五个日本兵虎视眈眈地围着，还强迫过闸的旅客朝这位垂死的俘虏啐口水！突遇如此不人道的虐待战俘场面，我毫无思想准备，差点倒退几步失声喊了出来。接着，我便感到一阵恶心，痛苦万分。

趁着人群混乱，我们折回界限街，赶紧和几个地下联络点接上关系，整理出一份关于昨天空袭效果的报告。入黑后，我们循原路经马鞍山返回塔门对面的深涌，乘船回到屯洋；欧戴义在岸边焦急地等待着，他对轰炸效果调查材料如获至宝，并当即向第十四航空队和第四舰队发报。这已是轰炸后的第四天。

这次行动收获很大，同时也目睹了日本法西斯残酷虐待俘虏的变态行为。那以后，我又经历过无数次惨烈的战争场面，无论济南、开封或淮海战役，都是尸横遍野，但没有比尖沙咀这一场面更使人恶心的了。几十年过去了，那个被害的美国俘虏——我素昧平生的盟军战友，依旧深深地留在我心底。如今每当我路过尖沙咀时，仍不能释然于怀。

1945 年，给我较深印象的是围绕盟军华南登陆作战计划的一些情报活动。

这一年的 3 月，欧戴义的电台获悉，尼米兹将军将要选择华南登陆点。接到欧的通告后，我们异常兴奋，当即派出一个小分队待命，准备协助美国在汕头和汕尾之间展开工作。

同一时期，美国海军甘兹上尉持陈纳德的介绍信，率一个 6 人小组来到东江纵队，也是想在大亚湾和汕头之间勘测一个适合美军登陆的滩头阵地。听甘兹上尉介绍，英美盟军已积累了不少欧洲战场的登陆经验。根据他们带来的登陆艇图片，我们判断，关岛、塞班岛的登陆就是以登陆艇运载坦克直逼滩头，再在空军掩护下用火焰喷射器去消灭洞穴工事内的日军的。联络处派遣的小组陪同他们到第七支队所在地（深圳以东至汕头）的海岸开展工作。原中山大学学生黄康被编进这个小组，他发现日军在汕头两岸及东山岛均筑有洞穴工事，遂制成图，证明日军已在沿海构筑与塞班岛同样的洞穴工事。

正当我们协助甘兹上尉在沿海开展工作之际,江村和东莞等处的情报站侦察到日军番号为波雷的部队出现。美军正苦于波雷部队突然消失得无影无踪,无从测知其动向,得到东江纵队的情报,如获至宝。后来,他们对情报做出高度的评价:"这些情报是重要的,实际上是有生命力的,因为它们揭露了敌人的企图和活动,帮助我们的指挥当局取得更好的结论和计划。"(20.5.45 来电) 6.6.45 又致谢电说:"你们关于波雷部队一二九师团部在淡水是我们所得唯一的报告。"19.7.45 又电曰:"华盛顿对发现一二九师及其消息致以祝贺,希望我们继续得到最好的情报来源。"

类似的情况还很多,所以美方盛赞东江纵队联络处"是美军在东南中国最重要之情报站",陈纳德将军和欧戴义也曾多次致函曾生司令,热情地称颂说:"你们经过袁先生的部门所做的情报工作是有显著的成绩的。""对于你们曾做过的工作,我们感到极大满意,请把我们的深切情意和尊敬向袁先生及他的工作人员表达。""这赞扬与真诚的尊重已属于你及袁先生所建立与管理的优良组织,对于这些,没有一个赞扬的字是多余的。"(17.8.45 电)

盟邦的感谢是东江纵队的光荣,而光荣是用无数英雄的生命铸成的。我们智勇双全的情报组长——原中山大学学生郑重,以及其余 3 位香港地下工作者,都永生在这光荣中,令我崇敬不已、轸念不已!

1945 年 8 月 15 日,日寇彻底崩溃。2 天后欧戴义辞别我们回国,由戴维斯少校(Lt. B. G. Davis)接任。交织着胜利的喜悦与别离的感慨,我和欧戴义终于各奔前程,以后由于种种原因彼此音信俱无。直至 1987 年我第二次访美——接受美国邀请参加在美国费城举行的宪法起草 200 周年纪念典礼，才知道欧戴义先生既已作古，不禁为之黯然神伤。我们永远分别了，但我们曾经共同献身的反法西斯事业却永垂不朽。

可惜 1945 年 4 月 12 日战争将近结束之际，罗斯福总统逝世，杜鲁门继任，美国不得不于 1946 年 2 月 4 日将上述提到的情报合作和美军致曾生的感谢信公开刊登在香港《华商报》上，以正国际视听。这是我们国际反法西斯的战士所始料不及的。

随着战争的结束，东纵与盟国的情报合作也就告终。不过，在香港重光的善后工作中，我们仍有一小段和英军的短期合作，这里不妨一述。

早在香港重光前两年，即 1943 年 11 月开罗会议期间，美、英、中三国首脑就已讨论过战后香港的主权归属以及与此密切相关的受降问题。当时，罗斯福总统曾对蒋介石和宋美龄表示，美国同意将香港和琉球群岛的主权归还中国，条件是中国辟香港为自由港。但英相丘吉尔坚不应允，蒋介石乃与之争执甚激烈。罗斯福为避免达不成主要的协议，便居中斡旋，提出香港地位先不明确，而由最近战区的部队受降，故这些微妙的内容均未载入正式公布的会议文件［见美国巴巴拉·塔奇曼的《史迪威与美国在华经验（1911—1945）》及罗伯特·达莱克的《罗斯福与美国对外政策（1932—1945）》，两书各根据美国麦克米伦公司 1978 年版和纽约牛津大学出版社 1979 年版翻译，并由商务印书馆分别于 1985 年和 1984 年出版］。我当时由于职务关系，所了解的信息与上述两书大致相同。

也因此，开罗会议的正式文件《开罗宣言》只笼统地宣布："三国之宗旨在剥夺日本自 1914 年第一次世界大战开始以后在太平洋所夺得的或占领的一切岛屿，在使日本所窃取中国之领土，例如满洲、台湾、澎湖列岛等，归还中国"，"日本亦将被逐出于以其暴力或贪欲所获取之土地"。对于这一宣言，中国共产党是认可的，故毛泽东在《论联合政府》中说："中国共产党同意大西洋宪章和莫斯科、开罗、德黑兰、克里米亚各次国际会议的决议，因为这些国际会议的决议都是有利于打败法西斯侵略者和维持世界和平的。"

至于上述的微妙内幕，据说英美驻重庆大使是向周恩来通报过的。而我之知情则来自上级。

日军宣布投降后，缅甸战场英国海军少将夏悫率一个营率先抵达香港，于 9 月 16 日举行受降仪式，从此英国再次接管了香港。

英国接管香港之前，在日寇占领的三年又八个月的漫漫长夜里，有一支由传奇英雄刘黑仔率领的人民武装——东江纵队港九大队，单独抗击日军，他们在港九"新界"离岛建立了地方政权，使日军闻风丧胆。英军接管之初，立足未稳，兵力不足，治安上出现真空，九月下旬夏悫少将派了他的上尉参谋为代表到沙头角和港九大队接上了头，要求会见我方代表。东江纵队请示中央同意委任我为上校首席代表来港。会谈是在九龙的半岛酒店七楼英军总部夏悫少将的办公室进行的。

夏悫少将是个军人，坦率热情，彼此交谈没有丝毫外交上的繁文缛节，他坦诚相告：一、由于英军事前没有受降准备，对港九情况知之不详，只有俘房营中释放的政府官员如詹逊先生、原卫生署长司徒永觉先生等提供信息和意见，他本人对于管治港九尚无头绪。二、日投降后英军抵港兵力不足，希望港九大队能协助维持治安。我本着上级指令，也坦率地告诉对方港九大队已奉命撤出港九地区，目前已大致撤退完毕。夏悫少将对此耸耸肩表示失望，问我部队是否可以缓撤或返回原地，以免地方治安出现真空。我说，他们正式发表了《告别港九同胞书》，目前要改变港九大队撤离的命令是不可能的。我还告诉夏悫将军，市区之外"新界"地区在战争期间，村民已有守望相助的传统，那里的乡村政权有自卫武装，治安可保无忧。这位新任的军政府总督后来在我们的协助下与"新界"离岛地区的抗日政权一一接上头，并发给他们枪支弹药和财政补助。

这次会谈，我还谈到三年又八个月我军单独抗击日军，伤亡抚恤等善后事宜需要设一机构处理。夏悫少将一口答应，但这一机构的地点不能设在半岛酒店之内，因为国民党已派了余兆祺少将在酒店内设有代表机构，他建议地点可由他的参谋协助在任何汉奸产业中选择。事后我们选择九龙接近半岛酒店的弥敦道一七二号二、三楼为办事处，对外名称为东江纵队驻港办事处，为此特举行简单酒会，夏悫少将亲自参加。东江纵队北撤后乔冠华接替，改名为新华社香港分社。

我与盟军进行合作的种种经历，为我后来的一段外交官生涯奠定了基础，这是我始料不及的。不过，这一切都成为过去，永存的只有那座伟大的全人类反法西斯斗争的神圣祭坛！

附录七 大事记

1925 年

5 月，全国第二次劳动大会召开，成立中华全国总工会，戴卓民被选为执行委员。

10 月，国民革命军第二次东征，击败了陈炯明部队，统一广东革命根据地。但英国援助陈炯明、郑润琦残部约 400 人，并在香港九龙招募数百人，总兵力超过 1 000 人，在英方支持下，占据了深圳大鹏湾等地。10 月 30 日，反动军队袭击驻沙鱼涌王母圩的工人纠察队，抓走队员 10 余人，挑起事端。铁甲车队派周士第、廖乾五率领 4 个班共 50 余人由深圳赶往沙鱼涌救援。

11 月 4 日发生沙鱼涌事件。港英当局纠集陈炯明残部及民团、土匪，围攻驻守沙鱼涌的铁甲车队和工人纠察队，纠察队第十支队队长蔡林蒸和铁甲车队排长李振森壮烈牺牲。

1935 年

12 月，进步知识青年黄闻、陈永、陈培、黄业、蓝造等在大鹏半岛坝岗村成立海岸读书会，广泛吸收当地青年参加，开展抗日救亡的宣传。

1937 年

8 月，由黄闻等进步知识青年发起，在葵涌坝岗村成立海岸流动话剧团，在大亚湾、大鹏湾海岸沿线进行巡回演出。

1938 年

1 月，中共香港海员工委派严尚民、叶锋、刘宣带领香港惠阳青年回乡救亡工作团 18 人回到惠宝沿海地区，在淡水、坪山、坑梓、葵涌、大鹏等地开展抗日救亡运动。

7 月，香港惠阳青年回乡救亡工作团举办了为期 2 个多月的"惠阳沿海青年自卫武装干部训练班"，坪山、坑梓、盐田、沙鱼涌等地都派了中共党员或进步青年参加。

10 月 12 日，日本侵略军在大亚湾澳头登陆。

11 月 22 日，日军 5 000 余人在大鹏湾登陆，攻陷大鹏城。

11 月，中共惠宝工委派黄国伟到大鹏地区发展中共党员，并建立大鹏地区第一个党小组，由黄闻任组长。

12 月，中共大鹏支部成立，书记为黄闻。

1939 年

春，解放大鹏区的葵沙乡。

3 月，中共大鹏区委成立，由黄国伟任书记。

夏，曾生、王作尧两部相互配合，打击日军。新编大队在葵涌、盐田、沙头角、横岗一带积极开展游击战争，与日军作战 30 余次，取得很大胜利，初步开辟了惠宝沿海游击区。

7 月，中共惠宝工委撤销，其管辖的坪山、大鹏、龙岗、葵涌、盐田等地党组织划归中共惠阳县委领导。

9 月，日军占领葵涌、沙鱼涌等沿海地带，封锁大鹏湾海面，切断内地与香港、南洋的国际通道。

9月12日，曾生领导的新编大队主动出击盘踞在葵涌和沙鱼涌的日本侵略军，迫使日本侵略军撤回澳头。新编大队一举收复葵涌、沙鱼涌，缴获日军大批军用物资，这是东江地区抗击日军的第一次大胜利。

秋，中共大鹏区委组织全区性的青年团体——大鹏青年抗日同志会，开展抗日救亡活动。会长为袁庚，副会长为蔡觉民。

冬，大鹏地区开办妇女夜校近10间，入学妇女共800多人。

年底，国民党宝安县党部下令解散大鹏青年抗日同志会。

1940 年

元旦，为了公开揭露国民党的反共投降阴谋，中共大鹏党组织在王母圩光德学校门前召开了一次有相当规模的青年座谈会（后称"元旦座谈会"）。

1941 年

春，在中国共产党的帮助下，张平和叶锦荃重建了大鹏人民抗日自卫大队，后改用"国民兵团大鹏联防自卫大队"的名义活动，先后由叶锦荃、张平任大队长。

3月，香港的中共组织发动海外侨胞捐款，与国民党在英属地方坪州建立义民营，收留从大鹏地区逃难出来的难民。

4月，12个日军在岭澳村海港登陆，由沙岗吓田向新屋村进犯。岭澳村民焚烧了日军的"书信船"，并于当晚将被俘的日军押到大王亚公棚吉岭（地名）处决。随后，日军出动大批人马包围岭澳村，施行"三光"政策，杀害村民数人，烧毁房屋数十间，抢去耕牛十余头，掠去财物一大批。

8月，日军退出大鹏，义民营逐渐撤销。

12 月，在中共大鹏区委的支持下，正式成立海上护航队，刘培任队长，叶基任副队长。

年底，广东党组织布置香港文化名人大营救，经过 6 个多月的努力，多位文化名人、爱国民主人士和盟国友人经大鹏湾脱险。

1942 年

2 月，广东人民抗日游击总队在葵涌围歼盘踞大鹏半岛的国民党部队梁永年大队的 1 个加强连，毙伤敌 50 余人，俘敌 10 余人。

3 月，茜坑、马鞍岭抗日自卫队，长杆（枪）队和塘埔抗日自卫队，合编入王竹青大队，驻防葵涌一带。

4 月 13 日，刘培独立中队在沙鱼涌缴获伪军陈乃秀机帆船 1 艘，俘伪军 8 人。

1943 年

1 月 2 日，广东人民抗日游击总队刘培独立中队在坝岗坳伏击国民党顽军王玉如中队，歼敌 50 余人，缴获轻机枪 2 挺、长短枪 50 多支。此战对附近顽军据点震动很大，迫使驻大鹏城、王母圩、澳头等地的顽军撤回淡水，大鹏半岛为游击总队所控制。

5 月，刘培率领独立中队攻打南澳海关的国民党杂牌军，缴获机枪 2 挺、长枪 60 余支。独立中队小队长赖桂和 1 名战士牺牲。

7 月，刘培海上独立中队在马鞍岛海战中取得胜利。

7 月中旬，刘培海上独立中队从岭澳转移到大鹏半岛枫木浪后，奉总队部命令扩建为护航大队，刘培任大队长，曾源任政委，叶基任副大队长。陆上编 2 个中队和 1 个独立小队，一中队由叶基兼任中队长，韩藻光任指导员；二中队由赖祥任中队长，林英任指导员；袁贤任独立小队队长，刘贤任指导员。海上编 2 个中队，海队一中队在大鹏湾活动，由吴海任中队长；海队二中队在大亚湾活动，由邓金任中队长。

12 月，根据中共中央的指示，广东人民抗日游击总队改称广东人民抗日游击队东江纵队。东江纵队司令员曾生、政治委员尹林平、副司令员兼参谋长王作尧、政治部主任杨康华，联合发表《广东人民抗日游击队东江纵队成立宣言》，通电全国，公开宣布接受中国共产党的领导。

1944 年

1 月，土洋、龙华等地召开庆祝东江纵队成立的群众大会。东江纵队成立后，纵队的领导机关驻在坪山和大鹏半岛等地，中共广东省临时委员会和东江军政委员会的领导机关、东江纵队的电台、《前进报》报社等设在大鹏半岛的半天云、油草棚、西涌等地。

春，大鹏保卫战击败徐东来等国民党杂牌军共 2 000 余人的进犯。2 月，国民党顽军独立第九旅 1 个团、徐东来支队和杂牌部队分两路向大鹏半岛推进，因东江纵队护航大队的坚决抗击，顽军的第一次进攻被击退。3 月，国民党顽军独立第二十旅 1 个团、徐东来支队和李乃铭大队，以大鹏半岛为主要目标，发动大规模进攻，集中兵力由淡水直取葵涌，经下径心进入王母圩。护航大队在下径心至王母圩、王母圩至坝岗圩的山地，以及澳头至淡水的三间店，以麻雀战、伏击战毙伤敌 70 余人。顽军的第二次进攻又以失败而告终。

5 月，东江纵队护航大队、港九大队一个中队、大鹏联防大队、坝岗和澳头抗日自卫队，由袁庚、曾源统一指挥，在东线的小桂、坝岗、上下径心等地抗击敌人，在坝岗坳、将军坳结合地雷战进行阵地防御，毙伤敌 200 余人，击退顽军的多次进攻。

5 月，东江纵队卫生处先后在土洋、洋坑、王母、罗浮山等地办了 4 期卫生员训练班，培训了 130 多名卫生人员。

7 月，东江抗日军政干部学校在大鹏正式创办，由王作尧兼任校长，李东明任政治委员，林锷任教育长，饶卫华任秘书长。校址设在大鹏的东山寺。该校共训练学员 2 期约 700 人。

8 月，东江纵队港九大队海上中队在大鹏湾黄竹角海面夜袭日军海上挺进队，击沉敌船 3 艘，毙敌 25 人，俘敌 13 人，缴获机枪 2 挺、长短枪 30 余支。

8 月，中共广东省临时委员会和东江军政委员会在大鹏半岛的土洋村召开联席会议，会议由中共广东省临委书记尹林平主持。

8 月，东江纵队政治部在大鹏所城开办青年干部训练班，共举办 7 期，每期一二百人，先后由黄文俞、张江明等负责。

9 月，王母乡成立了大鹏区第一个民主乡政权，民主选举王舒为乡长，张群为副乡长。接着沙溪乡（乡长为李惠群）、桂岗乡（乡长为黄谭水）、鹏一乡（乡长为钟木春）民主政权也先后建立，并在此基础上积极酝酿区政权的诞生。

10 月，大鹏地区抗日民主政权——路东新一区抗日民主政府成立，区长为赖仲元。同时成立中共路东新一区委员会，书记为赖仲元，组织委员为彭明，宣传委员为王舒。区政府成立后，将民兵常备中队与农工民主党掌握的联防中队合并，成立大鹏抗日游击独立大队，由张平任大队长兼政委，直属区府领导。政权成立后，区长赖仲元领导农民开展"减租减息"运动。

11 月，东江纵队港九大队海上中队在大鹏湾黑岩角海面夜袭日军运输船，俘敌 7 人，缴获烟叶等物资一批。

1945 年

12 月，国民党一五四、一五三师开始多次进攻大鹏半岛，持续三个月。

1946 年

2 月 24 日，海上独立大队第二中队 2 艘武装船，在中队长肖华奎的率领下，于小桂东面大亚湾辣甲岛海面，与国民党海军"舞风"号炮舰和 2 艘炮艇展开激战。中队长肖华奎和副指导员陈华等 16 位同志牺牲。

6 月 29 日，在大鹏湾沙鱼涌海滩举行欢送东江纵队北撤的大会。第二天，东江纵队在沙鱼涌分乘美国的 3 艘舰艇，北撤山东烟台。

7 月，中共江南地委转入地下活动，大鹏境内的中共组织也坚持隐蔽的地下活动，由惠阳西区特派员叶源负责。

11 月，国民党驻布吉的一个加强营长途奔袭驻在土洋村的江南税务处。

1947 年

春，中共广东区党委决定在粤赣湘边区成立江北、江南等地区的工作委员会。中共江南工委以蓝造为书记，同时建立惠东宝人民护乡团。

春，蓝介、廖梦建立了武工队，在大鹏地区亮起了反"三征"、反迫害的旗帜，广泛开展武装斗争活动。

3 月，江南"靖沿"事件发生。国民党军队向江南部队发动第一次较大规模的进攻，目标是消灭中共外围武装——大亚湾联防大队（代号为"靖沿"）。从 3 月 23 日开始，国民党军队分四路进攻驻在稔山、霞涌、澳头、大鹏的"靖沿"部队。26 日，因何联芳不听劝告，除罗汝澄、林文虎率刘立中队及时撤离外，其余 2 个中队遭围歼，20 余人阵亡，何联芳等近 50 人被俘，多数人被就地枪决。

4月10日，罗汝澄率护乡团肖伦中队的4个班和1个短枪组，采取奇袭战，歼灭驻沙鱼涌海关的黄玉如部1个排，缴获步枪9支、短枪1支、毛毡10余张，俘敌5人。

4月11日，护乡团肖伦中队以1个小队的兵力突袭葵涌乡公所，缴获敌步枪8支、税谷3 000多斤以及弹药一批，俘敌2人。

1948 年

3月，惠东宝人民护乡团扩建为广东人民解放军江南支队。

4月，根据中共江南地委的指示，重建中共大鹏区委，书记为李光，组织委员为邹锡洪，宣传委员为邓庭。

7月15日夜，江南支队全歼沙鱼涌守敌327人，其中毙敌120人，伤敌营长以下官兵22人，俘敌连长以下官兵185人。江南支队副连长戴来及张石连、黄谭胜、徐仔、宋华、黄才、陈生雄、文润、林观华、彭英、罗添、刘炳等12人英勇牺牲，20人受伤。

冬，中共大鹏区委鹏城、下沙和葵沙乡3个支部先后建立。

11月，大鹏区人民政府成立，区长为邹锡洪，副区长为曾其中，下辖葵沙、王母、鹏城、桂岗、南平等乡人民政府。

1949 年

8月，大鹏区桂岗乡党支部建立起来，书记为陈木荣，组织委员为黄容光，宣传委员为林顺通。

中华人民共和国成立前夕，受命参加接管广州的近千名中共干部会集于大鹏半岛王母圩解放区接受培训。

10月1日，粤赣湘边纵队东江第一支队二团、三团、八团在大鹏王母圩会师。

10月1日，近千名中共干部在王母圩光德学校（今大鹏成校）操场上的大榕树下升起了自制的五星红旗。

后记

2018 年 8 月，根据广东省老区建设促进会和深圳市史志办的部署，大鹏新区组织开展《深圳市大鹏区革命老区发展史》的编写。编写大鹏革命老区发展史，对挖掘整理老区红色史迹、传承红色基因、发扬红色传统，具有十分重要的意义。本书填补了大鹏新区党史编纂的空白，也是大鹏新区党建工作和精神文明建设的重要成果。

大鹏是具有光荣革命历史的革命老区，红色资源丰富。据 1990 年《宝安区老区村庄分布表》统计数据显示，全市有 368 个自然村落被评划为革命老区，其中大鹏地区有 88 个自然村被评划为革命老区，占 23.9%；而据 1997 年《广东省革命老区村庄名册》显示，补划后深圳市有 740 个革命老区村庄，大鹏地区就有 153 个。这里龙盘虎踞，人杰地灵，英雄辈出。在长达 20 多年的峥嵘岁月里，大鹏革命老区人民为了中国的解放和民族的独立，在中国共产党的领导下，英勇顽强，前仆后继，进行了长期艰苦卓绝的斗争，谱写了深圳地区历史上辉煌的一页。

为编纂好《深圳市大鹏区革命老区发展史》，我们分别到深圳市及宝安区档案馆调阅相关资料，同时到各相关史志办、街道、社区及居民小组调研挖掘史料，并根据普查资料、地方文献、书籍及村民口述，对已有材料反复进行比对，核实归属大鹏区的革命人物。经过几个月的调查走访，我们对全区红色革命人物、革命文物、史迹及老区的建设发展进行了充分的摸底；同时走访革命历史亲历者或知情者，搜集到了大量的文字和图片资料。在此基础上，我们认真遴选，严谨表述，终于完成《深圳市大鹏区革命老区发展史》的编纂任务，作为《全国革命老区县发展史》丛书的组成部分，即将付梓。

本书篇目设置严格按照广东省老区建设促进会（粤老促［2018］9 号文件）要求，结合大鹏区的实际情况，采用史体的方法落实编写任务。大事记采用编年体的形式，章节则以时间为序记述。本书以革命人物、事件及老区的建设发展为载体，真实地记录了发生在大鹏境内的革命故事和中华人民共和国成立后革命老区发展的情况。

《深圳市大鹏区革命老区发展史》的编辑出版，得到了大鹏新区各级领导的关心和支持以及各区史志办、街道、社区、居民小组的大力配合和协助。在此，我们向所有支持和参加本书编写工作的同志表示诚挚的谢意。

由于时间仓促和资料所限等原因，本书难免存在不足之处，敬请广大读者批评指正。

《深圳市大鹏区革命老区发展史》编辑部

2020 年 6 月